从原点到远点

——守望在生长教育的田野

孟晓东 著

江苏凤凰教育出版社
Phoenix Education Publishing, Ltd

图书在版编目(CIP)数据

从原点到远点——守望在生长教育的田野 / 孟晓东著.
— 南京:江苏凤凰教育出版社,2016.5(2020.9 重印)

ISBN 978-7-5499-5759-0

Ⅰ.①从… Ⅱ.①孟… Ⅲ.①教学研究—文集 Ⅳ.
①G420-53

中国版本图书馆 CIP 数据核字(2016)第 107220 号

书　　名　从原点到远点——守望在生长教育的田野
作　　者　孟晓东
责任编辑　朱凌燕　薛　柏
装帧设计　李广玹
出版发行　凤凰出版传媒股份有限公司
　　　　　江苏凤凰教育出版社(南京市湖南路 1 号凤凰广场 A 楼　210009)
苏教网址　http://www.1088.com.cn
照　　排　南京书梦圆图文制作部
印　　刷　济南市莱芜凤城印务有限公司
厂　　址　山东省济南市莱芜区高庄街道办事处任家庄村
经　　销　江苏省新华发行集团有限公司
开　　本　787×1092 毫米　1/16
印　　张　19
字　　数　400 千字
版　　次　2016 年 6 月第 1 版
印　　次　2020 年 9 月第 2 次印刷
书　　号　ISBN 978-7-5499-5759-0
定　　价　48.00 元
网店地址　http://jsfhjy.taobao.com
新浪微博　http://e.weibo.com/jsfhjy
邮购电话　025-83658689
盗版举报　025—83658579

“寻找教育的DNA”

——为孟晓东《从原点到远点》而作

一

大教育家杜威在《经验与教育》一书的最后写道：

“在本文结束时，我仍要表明我的坚定的信念，我坚信，根本的问题并不在于新教育和旧教育的对比，也不在于进步教育和传统教育的对立，而在于究竟什么东西才有资格配得上教育这一名称。……我们所缺少的而又是必需的教育，是纯粹的和简单的教育。只要我们专心致志于寻求教育究竟是什么，以及具备什么条件才能实现这种教育，而不使它停留在名称或口号上，我们就能取得更确实、更迅速的进步。”

当我读完孟晓东先生这一部《从原点到远点》，我想到了上面这段话。我觉得，作为一名教育行政干部，孟晓东通过这本书，正是在告诉我们，他心中的“教育”究竟是什么，同时也告诉我们，他又是如何实践他心中的“教育”，并使之取得“更确实、更迅速的进步”。可以说，这本书是晓东对杜威先生多年前的言论之回应，也真正成了他多年教育思考与实践的总的反映。阅读过程中，我不仅重温了晓东在教育改革中所取得的美好成就，又感受到他作为一位教育思想者的独特魅力，更经历了一次对于“教育究竟是什么”的终极探问，有发现、有慨叹、有收益，感觉好极了。

二

“教育究竟是什么?”从晓东饱蘸激情与力度的文字里，我读到了他至少四大方面的回应。

教育是生长。

——用“生长”来观照课堂，教学应该是教师和学生交互作用而生成的一项具有生命意义的活动，这是课堂教学的应然选择。它预示着课堂教学应有的生命意识，有生命的体验，有生命与生命的交往和互动，有生命的不断完善和超越。课堂应该从过分强调认知性目标，过分强调知识本位，弱化“过程与方法”，虚化“情感、态度、价值观”，转向从根本上追求课堂对人的生命存在及其发展的整体关怀，追求为儿童打好“终身学习”与“终身精神成长”的底子；从传统教学视野中的以教师、教材为中心开展教学活动转向以儿童的学习为中心，注重儿童的自主发现与自主建构。(《生长课堂：从应然到必然》)

这一段话，中心落在课堂——但还是不难看到，“生长”二字，是晓东对教育的核心认知，教育事关生命，是“生命与生命的交往和互动，有生命的不断完善和超越”，这两句话说得太好了，教育不是生长是什么呢？如今，有很多教育人在谈论教育时喜欢引用日本女诗人金子美玲的一句诗，叫“向着明亮那方”，教育是生长，这里的生长，就是要带着可爱的孩子们向着明亮的那方，向着成长，向着幸福，我想，要是能够确认并做到这一点，就一定会是杜威所谓的“必需的教育”。

教育是为了儿童。

——一切为了孩子，这是现代教育的核心宗旨，也是基础教育的本质应然。教育的根本问题是关于儿童的问题，基于对儿童认识的儿童立场是教育的根本立场。从孩子出发，就应该以儿童为本，关注儿童的视角，研究儿童的心理，满足儿童的需要，保护儿童的权益；从孩子出发，就要求教育的原点和设计遵循儿童认知的发展规律，贯彻以学定教、先学后教、因材施教原则，以儿童的“学”作为教师“教”的出发点；从孩子出发，就应该顺应“自由和探索”的儿童天性，但绝不是对儿童的迁就和放任，对孩子爱与赏识并不排除必要的批评惩罚，但一定不要将惩罚上升为体罚。(《一切为了孩子》)

——陪伴儿童生长，教师就应该做“长大的儿童”，既能蹲下去“平视”，也能站起来“引领”，“以儿童之心度儿童之腹”；陪伴儿童生长，教师就应该是“平等中的首席”，保持倾听和对话的姿态，引领儿童生长；陪伴儿童生长，教师就应该在教育过程中，关注全体而不是少数、全面而不是片面、全程而不是短程。就应该少一点“规”、多一点“范”，少一点“管”、多一点“理”，少一点“控制”、多一点“顺应”。(《儿童在课程中央》)

或许，“教育是为了儿童”，这是现在做教育的人都说得出的话，并没什么新鲜，但在我看来，“为了”，哪一个都会说；“儿童”，并非谁都识得。“为了儿童”，难的是认识儿童、理解儿童，如此方能合宜地从事儿童教育，对于这一点，晓东的优势就在于他正是一位儿童研究专家。在多篇文章中，他强调一个观点，即“人是未完成的存在”，学生就是“未成熟”“未完成”的存在，所以，就意味着“可能性”“独特性”，同时，也就能理解学生在教育中出现的这样那样的现象，准确说，这些现象并不是“问题”，更不是“缺陷”，只是因为他的“未完成”。当有这样的认识与理解，教育就会成为“纯粹的”，这个“纯粹”里有缓慢，有安静，有踏实，而不会是功利的，喧闹的，冒进的。你看以上选段里晓东所讲的话，不急不躁，稳稳当当，平和而充实，鲜明而坚定，这是真正有着教育家视野与情怀的人才能讲得出来的话呀！

教育是课堂重建。

——“教师做学生研究”与“学生做研究”是教学的出发点与归宿，也是一个教师“科研素养”的根本体现。课堂教学不是以传授别人的知识为核心，而是把知识当作探究的对象以及探究生活问题的工具。这堂课不蔓不枝、亦庄亦谐，恰恰揭示了现代教学的本质——自主合作探究——通过自主探究学科知识和日常生活而产生教师和学生自己的思想。这也许是这堂课给我们最深的启示吧。(《从“一堂科学课”看教师的科研素养》)

这是晓东给我们讲的一节课，就像一个精彩的故事，来自美国的杰夫老师，他给中国孩子上了一节《科学》课。这节课上，杰夫不仅呈现出先进的教育理念和准确的学科定位，而且透过这节课，听课者可以看到这位老师优秀的“科研素养”。晓东周密地分析了这节课，我想，他为什么要这么一环一环地分析呢？后来，我大概想通了，之前的“生长”与“为了儿童”可以说是从“通识”的角度来表达他对“教育究竟是什么”的回应，而“课堂”则成了他作为一位中国教育学者对此问题的接地气的表达。毋庸置疑，在我们的视野里，还有一些并不适宜生长，也没有为了儿童的教育生态，那么，面对这样的状况，我们该怎么办？晓东贴地而行，不讲大话，不讲空话，从课堂着手，从课堂切入　　他自己就提出了“语文生长课堂”，成为自己的语文教学主张。书中还有多篇文章涉及此话题，总之，晓东的态度极为明确：课堂教学仍然也永远是主阵地，课程改革的实施归根结底是课堂教学的变革——重建课堂。这，正是晓东孜孜以求的教育梦得以实现的必由之路，想来，也正是杜威所指的教育的必备条件。

教育即研究。

——教育科研是教育活动的知识形态表现和精华，是对教育实践的科学研究和开发，对教育规律的探索和把握，在教育的发展中起着“第一生产力”的作用。“让每一位教师走上教育科研的幸福之路”，我们就必须关注教育科研的现实生产力，让教育科研引领学校、教师持续发展。（《教育科研的现实生产力》）

“教师即研究者”，是国际教师专业化发展运动中的重要观念。那么，教师所研究的正是教育，所以，教育即研究。纵观晓东的文章，他是服膺这个提法的。首先，他自己就是一位研究者；第二，他还带着老师研究（行政身份不谈，他还带着一个名师工作室）；第三，他一直在推广着这样的研究意识与探索精神。从文章中，可以看出他为教育研究所做出的努力，他试图重构教研文化，力求改变传统的教研组织形式、设计思路和教研模式，最终提升教研的核心价值，有效地提高教与学的水平和人才培养的规格。事实上，从教育科研出发，才能真正塑造一线人才，使得“教育究竟是什么”能从问题变成行动，这是好教育必须有的保障。

“教育究竟是什么?”除了以上四大方面，晓东这本书里还有着另外的或明显或深藏的回应或解读。比如，他的“教育絮语”，言简意深，不少话语都表达了他对教育的认知与理解，他以他的观察力与思考力，将之浓缩在三行两行中，其实都有爆发力和辐射力，堪称格言警句，值得读者琢磨、推敲一番。

三

回到杜威的话，其中有一句相当重要，那就是“而不使它停留在名称或口号上”。“教育究竟是什么”，当教育者有了对它的理解与回答，就应如杜威所言，积极行动、构建实体。多年来，晓东做过老师，做过校长，做过局领导，他一直在行动，一直在构建，做了很多有分量的事，只是他一向谦和，本书没有收录太多直接写他之辛勤耕耘教育田地的文字，但只要读一读他为当地各所学校撰写的各类“序言”，为同道者的实践或理论文章写下的多篇“点评”，即可想见他之辛劳。由此也表明，他一直心系一线，想方设法，和一线老师一起追寻教育、推动教育，从来没有将自己对教育的理解“停留在名称或口号上”。此中景况，无须我赘述，相信凡阅览此书者，均会有此同感。

说到“名称或口号”，其实，第一次看到晓东这本新书的书名，我就眼前一亮，“从原点到远点”，这个说法真是好。做教育的人，一定要立足传统，把握现实，依循教育规律，这正是“原点”；有了“原点”，站稳脚跟，眺望前方，形成愿景，那就是“远点”。教育，就是沟通过去与未来的事业，从过去到未来，这中间，正是教育者的行走，最后，也就成了教育者的人生。“从原点到远点”，略有人间沧桑，却始终志存高远，大概，这正是晓东的自我描述，也是自我认同。

话说回来，探究一位教育人，我们要知道他说了什么，做了什么，还有一点同样必不可少，那就是他为什么会说出，为什么会做出——他的动力之源在哪里？将这一点弄清了，对同行者或后来者的启发会更大。就我个人所见，孟晓东能够成为今天的“孟晓东”，就在于他不懈的追寻与坚守，这是一份人生的执著，是对教育事业最最忠实的大爱。这一点，实际上根本不用我多说，还是用他自己的话来讲，讲他一直在想的，一直在做的，一直在收获的：

寻找教育的DNA，就要思考一千年前的教育举措，以后还会是教育的良方，今天我们是否坚守？

寻找教育的DNA，就要掂量今天我们赋予教育的一些做法，千百年来未曾有过，未来也不会使用，我们是否可以摒弃？

寻找教育的DNA，就要厘清什么才是教育真正的“遗传微粒”，是教育分子中的核心基因，我们是否应该守望？

寻找教育的DNA，就要审视今天出现的基因变异，是文化的迷失，是机制性障碍，还是我们内心的彷徨？我们是否必须“正本”？

寻找教育的DNA，就要未雨绸缪，坚持教育的方向和方法，“转基因”未必都是有害的，但如果不利于教育生命体的健康，就应该研制“良方妙药”，对症下药。

没错，正是“寻找教育的DNA”！就像目前专家们正在研究与探讨的各学科核心素养　教育的DNA，正是教育的核心所在，如果能够让这　教育生命的蓝本得以优化，那产生的能量足以刷新当下。我希望，有更多老师可以读到晓东的这部新著，得到更多启迪，获得更多力量，从而响应晓东的呼唤，共同踏上教育路程，寻找教育的DNA，构建更加完善的课程文化，展开更加美好的教育质态。如此，“则儿童福矣，民族幸矣”！

是为序。

于2016年初春

目录

第二章 视 点

第四章 评 论

第一章 序言

教育，是生长；教育，重实践；教育，在继承中发展；教育，就是为爱忙碌……

一篇序言，能听见一朵教育的花开；一篇序言，能触摸一群教育人的心跳。

24篇序言，是24个具体教育故事的开端，映射24群教育人充满激情的教育生活，凝聚24份炽热的教育情怀。

请透过每一篇序言，去窥见一片属于那些教育人的温存广袤、灵秀深邃的星空。

教育絮语

◎为人师者，不仅要教给学生丰富的知识，更要在学生的生命里种下一棵树，让他们未来的生命历程踏踏实实、蓬蓬勃勃，既扎根沃土，又伸向天穹……

生长课堂：从应然到必然

——为天一中学“聚焦课堂·生长课堂”专辑而作

“生长”不仅是一个诗意的语词，而且是一个具有理论渊源的概念。近代以来，西方教育思想已经逐步形成了以卢梭、杜威为代表的教育生长论。“教育即生长”，强调教育必须顺应儿童天性发展的自然历程。陶行知、陈鹤琴等国内学者、专家从对儿童深刻的爱出发，提出“教育应当培植生活力，使学生向上长”，关注儿童精神，强调儿童教育必须为儿童的健康成长服务。

用“生长”来观照课堂，教学应该是教师和学生交互作用而生成的一项具有生命意义的活动，这是课堂教学的应然选择。它预示着课堂教学应有的生命意识，有生命的体验，有生命与生命的交往和互动，有生命的不断完善和超越。课堂应该从过分强调认知性目标，过分强调知识本位，弱化“过程与方法”，虚化“情感、态度、价值观”，转向从根本上追求课堂对人的生命存在及其发展的整体关怀，追求为儿童打好“终身学习”与“终身精神成长”的底子；从传统教学视野中的以教师、教材为中心开展教学活动转向以儿童的学习为中心，注重儿童的自主发现与自主建构。

课改以来，日常课堂教学正从理念与行为两方面逐步改进。但是，不可否认的是，依然存在一些问题：从课堂教学的设计看，较多地思考“教师如何教”，忽视研究“学生如何学”；从课堂教学的实施看，较多地强调知识训练，忽视引导学生基于经验和体验的自主建构与精神成长；从课堂教学的效果看，较多地追求表面气氛的热闹，忽视课堂学习活动内涵的丰富性、深刻性以及对于学生潜能发展的真正推进。天一中学持续近20年“聚焦课堂”，不断地面对、改进实践中各类真实的问题，不断追问和探究课堂教学的本义，从把“教会”作为课堂的核心目标，转向把“促进生长”作为课堂的价值追求，把“课堂是一种生长”作为课堂改革的核心理念，形成了相应的学生观、教师观、学习观和教学观，并将理念化为课堂教学的务实行动，“以学定教”“以教导学”“先学后教”“先学后导”，提炼出“依学而导，共同生长”的三种课型，即基于“问题”的课型、基于“项目”的课型、基于“资源平台”的课型。课堂也因此呈现生态性的变化，成为学生成长的肥沃土壤，学生经历丰富和有意义的学习过程。真实的对话、内心的自由表达、新思想的发现、经验情感的分享、合作解决问题等成为课堂生活的基本方式，师生共同创造丰富的课堂精神生活，传统的“知识课堂”正走向“能力课堂”、人的“生长课堂”。

素质教育的深化正在推动课堂教学文化的变革，许多中小学都积极展开将新课程的理念转化为具体教育形态的尝试。在此背景下，天一中学以“生长”价值引领，展开课堂教学实践，推进教学方式与学习方式的转变，提升课堂教学对师生生命成长的意义，是一条值得探索的路径，它提供了一种新的课堂教学的样态与经验，也昭示了课堂教学改革的必然趋势。

教育的“草根”研究

——写给羊尖高中《草根》杂志创刊

“草根”(grassroots)一说，始于19世纪美国，彼时美国正浸于淘金狂潮，当时盛传，山脉土壤表层草根生长茂盛的地方，下面就蕴藏着黄金。后来“草根”一说引入社会学领域，被赋予了“基层民众”的内涵。

近年来盛用的“草根文化”，是相对于御用文化、殿堂文化而言的。她生于民间，长于民间，没有经过主流意识的疏导和规范，没有经过文化精英的加工改造，充满着乡土气息，蕴涵着丰富的生活共识。

因此，当新一轮课程改革倡导的课程由“专制”走向民主，由封闭走向开放，由专家走向教师，由学科走向学生的时候，当课程从“文本课程”(教学计划、教学大纲、教科书等)，走向“体验课程”“生活课程”的时候，教育界也就沿用了“草根研究”一说。我个人的理解是，“草根”最显著的特点是平凡而富有生命力，它看似散漫无羁，但却生生不息，绵绵不绝，它因植根于大地而获得永生。“草根研究”需要我们时刻关注研究的过程，也就是生命的历程，“草根研究”需要我们时刻关注的课程是扎根于常态的、与生活相链接的、充满无限生机的课程。

“草根研究”应该蕴含三层含义：一曰“扎根本乡本土”，二曰“群体参与”，三曰“固本强基”。可见，“草根化研究”是我们教师进行教学研究的很有实践意义的趋势和方式。“草根研究”研究的是教学中的实际问题，研究教育中的真问题，也许不是高深的学问，不是单纯的理论，却可以直接作用于学生，这样的研究恰如平民生活一般，而不是身居在高墙红瓦的宫廷之中。

如何把“草根式研究”扎扎实实地开展起来，我以为有三个关键之处：一是草的根应当扎到哪里。草就是草，草有草的妙处，“草根研究”应当扎根课堂。研究教与学的方式，师与生的关系，知识技能、过程方法和情感、态度、价值观的融合……“草根研究”还应扎根关乎学校发展、教师发展、学生发展等关键方面。

应当从中吸取营养，培育属于自己的一片原野、一抹新绿、一方小荷。二是怎样才能扎根。在教学研究过程中，如何避免从经验到经验的低水平重复，如何实现先进理念对教学实践的指导，如何实现教育理论和教学实践的整合，是摆在我们面前急需解决的问题。教师们应该结合教学中的问题，有针对性地阅读相关的教育专著、专业理论书籍，夯实理论基础，站在更高的层面来审视教学实践，促进从感性认识到理性认识的升华。三是开什么花。我以为，多开小花、野花为好。如各种教育叙事、举办各种论坛、小型课题研究，用自己的眼睛看，用自己的脑袋想，用自己的话说，自己教育自己。这是“草们”的优势，草的根基所在。千万不要“拔草栽柳”“挖塘育荷”，相反，一些一味“栽洋树”“种洋花”“植洋草”的地方，应该“退洋还土”“退耕还草”。正如著名教育家陶行知先生一般，让“洋理论”中国化、本土化、常态化、生活化，深深扎根于教育实践的土壤，展现教育研究的生命与活力。

《草根》创刊号封面

当然，“草根研究”是建立在教师个体和群体积极的学习行为之上的研究，没有学习就没有研究，学习与研究相互促进。我们进行的虽是最基本、最现实的“草根”研究，但我们必须透过草根看到这是一种绿的色彩，这绿色所蕴含的是春的气息，生命的活力，自然的本真。因此，推进“草根化研究”，学校应把学习化氛围的创设、学习化制度的建立与学习化机制的形成，作为一项重要工作来抓，促使教师群体形成“学习—研究”的日常习惯和生活方式。“草根研究”需要学校以学习型组织的建设为重要支撑，学校学习型组织的建设将为“草根研究”提供动力。

值此《羊中教研》改版为《草根》杂志，写下自己的思考，与同仁们共勉！

让研究成为师生创造的摇篮

——《怀仁教育研究》创刊词

欣闻《怀仁教育研究》即将付梓，甚感欣慰。作为迅猛发展的省四星级高中，怀仁中学积累了丰富的办学经验，形成了鲜明的办学理念和办学特色，在新课程改革的沐浴下，培养了一批改革新生力量。怀仁从来就重视教育研究，孙祖洁校长喜欢研究问题，喜欢通过研究发现问题、分析问题，从而解决问题。无论是教学还是管理，乃至学校办学理念和办学特色的形成，学校发展规划，都是积极研究的结果。可以说，研究使学校走上了可持续发展的康庄大道，研究的风气正在怀仁中学蓬勃兴起。这份刊物的诞生，正是研究成果的积累。

这是一个展示风貌的窗口，交流互动的平台，形成并张扬校本培训特色的阵地。借助这个教研平台，可以进一步丰厚怀仁办学理念，宣传怀仁办学成就，引领教师关注读书，关注思考，关注探索，关注合作与分享，提高素质，服务教学。教育需要互动，发展更需要沟通交流，教师的培训学习和提高，比以往任何时候都更加重要。建立与新课程相适应的以校为本的教学研究制度，是当前学校发展和教师成长的现实要求，也是深化教学改革的方向和重点。这份刊物又成了教师从事集体研究的纽带和桥梁。

《怀仁教育研究》创刊号封面

提高教学质量靠什么？有人说，靠县中模式，靠死揪。这种想法在今天教育的大舞台上很有市场。但是可以肯定的是，即使在当下的教育环境下，我们也仍旧有更好的出路和选择，那就是研究。领导者研究管理，可以提高效益，降低成本；教师研究教材，研究课标，研究学生，研究考试，研究如何让学生学得轻松，减轻学生过重的课业负担，而相应地增加学生的思维训练的内容，提高学生的实践能力和参与社会生活的能力；学生也需要研究如何快乐地学习，并学以致用。这样学校就成为研究者的组织，成为研究的天地。教育不能简单化。只有耐心细致、以人为本地进行研究，才能因地制宜、因材施教，使当下的教育成为绿色教育，成为可持续发展的教育。

这也是一个衍生创新思维和培养创造精神的园地。教师如果是一名研究者，自然会用自己的思维习惯教育和影响学生，学生也会在教师的引领下进行创造性的学习。当我们抱怨学生缺乏创造力的时候，是否思考过，我们的教师只埋头于流水线的备课、上课、批改作业，留有多少时间给自己读书、思考和研究？又给自己多少张扬个性、驰骋想象的空间和自由？换句话说，如果教师成了教学的“复印机”，日复一日年复一年地重复着自己甚至别人的教学内容，又怎能培养出具有创造力的人才？面对新课程，我们碰到了原先估计不到的困难和困惑，甚至会出现暂时的茫然无措。这些都需要我们且行且思，探索研究。在探究学习的路上，教师也许不能完全走在学生前面，但是教师可以将自己看到的一线曙光，指引给学生，让学生向着曙光、向着太阳走去。

正当怀仁新校区的建设者们殚精竭虑、运筹帷幄之时，又恰逢怀仁高考取得丰硕成果的日子，《怀仁教育研究》作为抢抓机遇、加快发展的载体，奏响了属于自己的第一声。新的起点，孕育着新的希望；新的征程，展示着新的未来。

祝《怀仁教育研究》办成有效服务教育、具有怀仁特色的阵地，成为校刊中的精品！

教育絮语

◎教师的成长，要依次经历“入格”“定格”“破格”“出格”。“出格”就是不拘一格，形成自己的独特风格。

◎教师应该具有古典心态、宗教情怀。

走向新目标教育

——荡口中学《新目标教育》序

无锡市荡口中学教科研“十一五”立项课题《提高课堂教学有效性的行为策略研究》结题在即，学校为总结经验、推广成果，决定将本课题研究过程中发表或获奖的优秀论文汇编成集，我知道后甚感欣慰，并应肖国宝校长之邀，欣然提笔为此论文集作序。

传统的教育，由于种种原因，往往忽视了学习者自身，在善意的遮蔽中无形中剥夺了学生们的学习权利，导致了一种违背教育规律的非和谐的教育。荡口中学《提高课堂教学有效性的行为策略研究》课题，以“新目标教育”课堂教学研究性改革实践为抓手，通过“立标、达标、查标、补标”等重要环节，深入持久地开展“有效教学”研究，旨在把教育集中到如何启迪生命，激励生命，帮助生命去实现教育目的的具有现代意义的命题上，对教育的本体和教育的真正主体作了更深一步的思辨与实证的研究。

这本优秀论文集中所载的文章，指向了学校教师们共同的价值认同，凝聚了他(她)们潜心研究的勤奋与智慧，记录了他(她)们追求“新目标教育”的经历和足迹。打开这本优秀论文集，字里行间，使我感受到一种既敬业浓醇又清逸澹远，虽属不期邂逅却还似曾相识的况味，一种犹如云水相关的教海情思。一缕缕清香，一片片秋色，一串串硕果，一份份感动扑面而来。一篇篇精美的文章，记录着心灵的对话，迸溅出师生思想碰撞的火花……它们既是教师们专业成长的轨迹，也是研究型工作的记录，更是智慧型生活的见证。

拿起这本优秀论文集，也让我真切地感受到了“科研兴校”所蕴藏着的巨大的潜力和带来的勃勃生机，教育科研正悄悄地改变着教师的行走方式，改变着学生的生存状态。教师们的教学理念已在悄然地发生着变化，以“学生为主体”和“以学生发展为本”的教学思想已具体体现为教师的教学行为。教育科研已真正成为教师实现专业成长的理想舞台，成为学生享受成长快乐的理想乐园，成为学校提升教育品质的理想平台。

子曰：“言之无文，行而不远。”怀揣教育理想和专业精神的教师们，他们不只想让莘莘学子饱受知识灵光的沐浴，享受智慧圣水的润泽，他们还追求用灵动的文字昭示别人：我们经过、想过、做过。

所有的这些经历，必将会给更多的学校与教师以启迪和教益，也必将引领自身向更远处漫溯。我衷心地希望荡口中学的老师们“而今迈步从头越”“只顾登攀不看高”，去创造教育更加美好的未来！

让实践留下美丽的足迹

——《八中教育研究》序

教改大潮，风起云涌；课改园地，百花争艳。是八中教育改革发展的催生，也是八中人教研热情的涌动，更是八中人教育梦想的放飞，《八中教育研究》和大家见面了。她将展示八中人教育智慧和策略的画面，演绎八中人实践与反思的动人故事，记下新一代陶子们的真切感悟，描绘八中教育科研繁花似锦的美景，引领八中教育事业向着更高的目标迈进。

从传统意义上来讲，“教育研究”是研究人员以寻找教育的客观规律及其普适性的方法原则为价值取向的专业活动。随着时代的变迁、社会的发展，如今，“王谢堂前燕”飞入了“寻常百姓家”，身处教育一线的教师俨然成了教育研究的主体，而学校也就顺理成章成为教育研究的主阵地。

与传统的教育研究侧重用思辨或实证方法去发现普适性的理论原则不同，教师的教育研究是把教育教学实践活动本身作为审察、分析、思考的对象，实践性是教师教育研究的最明显的特征。因此，教育研究成果的表达，也就需要从理性至上的宏大思辨转变为兼顾感性的个性化叙事，从严肃规整的科学话语转变为充盈生活气息的日常化用语。

我期待着，《八中教育研究》这样一个成果表达的平台，能够促成教师“唤醒自我”，无论是教学过程，还是研究过程，都是教师个体的生命实践过程，置身其中，尝遍苦辣酸甜，从而深切感知个体生命的存在价值；也能够促成教师“唤醒他人”，通过“实践—体验—反思—总结—实践”的不断循环，感知教育是生命与生命的相遇，感悟教育是学生在教师的指引下自我生长的过程。既“自知”“知人”，也“成己”“成人”，这应该成为教师崇高而又持久的职业愿景。

果能如此，我们的教育实践就一定会在这里留下美丽的足迹！

在继承中发展

——寄语《羊中》

自2009年7月羊尖高级中学实现初高中分设后，羊尖中学便迈入了具有历史意义的新的发展期，它赋予新的羊尖中学的使命是：在继承中发展，在发展中提升。

教育的价值在于传承文明与文化，教育的生命在于不断创新与发展。羊尖中学是创建于1943年的老校，历经70载的风雨洗礼，几代人的艰苦创业，积淀了深厚的文化底蕴，凝练成了朴实而有力的校风与学风。这是羊尖中学几代人共同创立的精神财富，也是羊中独具魅力并能区别于其他学校的法宝。

来到羊中，无论在羊中的教师还是学生身上都能看到与众不同的东西，这里淳朴，不张扬，但却透露出勤勉与执著；这里简约，不奢华，但却昭示着务实与本真。

记得省羊中当年创办了一本刊物就叫《羊中教研》，办得很有特色，为学校的品牌提升和教师的专业成长提供了很大支持。后来改刊为《草根》，我也写了寄语。如今从省羊中脱胎而来的羊尖中学又重拾这个刊名，我想这不仅是纪念，更是一种返璞后的归真，是继承中的创新，借鉴中的发扬。

当然，作为一本校本化的刊物，它不可能承载太多的负荷，但它可以发挥“四两拨千斤”的作用，担当起属于它的责任与使命。我以为最核心最主要的就是传承和打造学校文化。

文化是一种力量。一个民族的兴与盛、强与弱全在于不同文化的不同特质，民族的竞争力最终是文化的竞争。一个民族如此，一个组织、一所学校也是如此。不同组织对应着不同的文化，反之，不同文化也决定了组织的不同命运。

文化是一片土壤。无论是谁都在自己文化的土壤中吸取营养，在自己组织氛围中改变自己的品性及习惯，“桃李不言，下自成蹊”。同一文化圈的人，会坚

教育絮语

◎在生长性语文课堂中，既要追求训练的密度，也要追求发展的自由度；既要磨炼学生思维，也要充满人文涵咏；既要着力于生长的“原点”，更要着眼于发展的“远点”。

守同一价值观，会有相似的生活方式、行为习惯。一个组织一旦形成了自己的优秀文化，培育了这样的土壤，就能应对任何时势的变化，也不会因为人才的流失而带来致命的冲击，因为人才的流失带去的仅是个人的智慧，而带不走组织所特有的文化。有这样的土壤在，就会有更多人成长。

继承需要坚守，需要坚守羊中的文化。与此同时，为了更好地传承，就需要发展，需要不断地发展学校文化。只有发展才有生命力，只有发展才能办出让人民满意的教育。

《羊中》作为学校的一个刊物，是一种很好的文化载体，也是学校的一个窗口，她承载着学校的精神，承载着学校的文化，同时又不断地在向别人传播着学校的文化。我们能从这样的刊物中感知到学校的每一次脉动。在《羊中》创刊之际，我衷心祝愿她办得更有品位、更有品质，并能成为校刊中的品牌。

积极教育，一种蓬勃的情怀

——东亭实验小学《走向积极的学校生活》序

无锡市东亭实验小学校长凌红编著的《走向积极的学校生活》一书即将付梓之时，邀我写一篇序言，我欣然接受。一方面，我作为她20多年来的同事和领导，见证了她的点滴进步，为她今天的成绩而骄傲；更重要的，在寻求特色兴校、科研强校、文化立校的今天，为她和她的团队终于找到了一条既传承学校传统文化、又具有强烈时代意义的校本发展之路而高兴。因为这本书反映的不仅是一位校长的责任与使命，更在于一位校长"积极"的情怀；这本书不仅是"写"出来的，更是"做"出来的。

本书立足于"理论的内化"，积极心理学是西方心理学界正在兴起的一个新的研究领域，矛头直指向过去近一个世纪中占主导地位的消极心理学模式，其主张通过灌注希望、塑造力量等策略，正视人类自身存在的诸多正向品质，使人们的生活更加丰富充实、发现并培养有天赋的人。本书更表现在"校本的建构"，近几年来，凌红校长和她的团队在"积极心理学"思想引领下，研究、践行"积极教育"，他们深入学习，不断自省，延拓创新，对"积极教育"有了自己校本化的理解，呈现出积极生动、活泼主动的发展态势，让人感受到了一种昂扬的、蓬勃的教育情怀。

一种充满诗兴的人文情怀

当今时代，信仰危机、快餐文化的勃兴在很大程度上造成了教师职业价值观的迷失，理想与信念成了消遣之余可有可无的点缀，而教师的人生态度、处事方式等都潜移默化地影响着学生。积极教育下的人文管理能更好地激活教师的内在需求，形成群体向心力，使教师产生依属感。在心理舒适的状态下，教师就能更客观地理解自己的职业，确立职业目标，拥有职业追求，而不轻易为外物所干扰左右。

教育絮语

◎“生长”不是赋予的、外加的，而是“主体”自觉的、应然的。而我们，都只是含情脉脉的守望者。

◎课堂要敞开空间，要向四面八方打开。

东亭实验小学将“管理”理解成“吸引”，凌校长及其他几位女校长锐意而细腻，充满了诗性的教育理想。在她们的带领下，学校将教师这一职业的规则、习惯、道德等，融合在日常的自我管理行为之中，身体力行，去感染、吸引一个团队、一个教师群体，变行政式的强制命令为设身处地、量身定制的体察，实施人文化的管理。校行政、骨干教师身先垂范的“开门献课”“上门送课”等活动，一改习惯中的“推门听课”，很好地构筑了学校教师间的一种“同僚性”，在尊重、平等的氛围中开启新的学期，并由此辐射到学校管理的方方面面。作为无锡市的一所窗口学校，东亭实小在日常的学校管理和非常态的各类大型课程活动中所表现出的很强的执行力，正源于此。

一种弥散游兴的知识情怀

“压缩式现代化”的形态实现了产业、教育的高速现代化发展，但也不难发现，借助“效率”和“竞争”促进的教育也造成了学生“逃避学习”的现象，且这一现象有愈演愈烈之势，小学阶段就出现了极严重的两极分化，这对推进教育均衡化发展是很不利的。

东亭实验小学进行“积极课堂”的研究，将对知识的尊重、多元人才观的树立放在课堂教学的首位，尊重、保护学生的学习权。通过各种各样的学科研讨活动，他们不断警醒自己做到四个“三”：审视教材践行三种身份，即自觉的学习者、自悟的教学者、自然的“学生本我”；设计课堂思辨三种关系，即内需与外驱、回归与发展、立足与延伸的关系；推进课堂摆准三种姿态，即平等中的“首席”引领、相长中的“伙伴”认同、旁观中的“助力”关怀；反思教学倚借三种目光，即情感状态的回顾、知识技能的反观、学生发展的审视。以此来努力促成课堂的四个“变”：变“教本”为“学本”，变“课堂”为“学堂”，变“教程”为“学程”，变“教学能力”为“学生学力”。回归儿童、观照儿童、追寻儿童意义的研究，使他们的课堂弥漫着童心童趣的游乐之兴，学习也因此变得可爱、可亲。

一种抵达尽兴的行者情怀

东亭实小的积极教育着眼于师生的共同发展，提出了骨干教师团队的梯次培养策略，明确了“顺应天性，张扬个性”的学生发展路径，其中最突出的表现为包容差异，以“帮学”带动“求学”，以“助教”实现“求教”，校园中充盈着分享与互助式的沟通所形成的共享文化。他们致力的师生个性发展是以团队发展为基础的，首先，确立个体在团队中的角色，通过具体的教与学的行为来促进团队整体能力的提升；其次，借力团队培育突出个性，砥砺教与学的品质，形成团队核心人物；再次，发挥核心人物的辐射影响，带动团队进一步发展。他们胸贮着“我行、同行、远行”的行者情怀，这是一种积极的发展状态，以主观能动的驱驰之姿，始终行走在提升之路上。

显然，积极教育的内涵不止这些，如课程规划中的积极建构，课堂实施中的积极表达，班级集体中的积极生活等，这些让读者们通过阅读去慢慢体会吧。客观地说，凌红校长和她的团队的实践探索也才掀起“盖头”初显“眉目”，还需要不断内化和深化，以寻找“属于自己的句子”。但他们对教育的钟爱与执著的情怀，使他们的研究充满了不竭的动力和持久的生长力。“走向积极的学校生活”——这不仅是一个目标、一种理念，更是一个姿态、一种情怀，它将无声地融进学校文化发展的血脉之中，我们静待这朵理想之花慢慢绽放。

《走向积极的学校生活》封面

用“生长”定义教育

——隆亭实验小学《儿童生长：课堂的行走方式》序

三年前，隆亭实小以“儿童生长”为路径，探索和追寻课堂的行走方式；三年后，隆小课堂从宏观的教学理念，到微观的课堂形态都已悄悄地发生了变化。《儿童生长：课堂的行走方式》正是三年来，隆小致力于教育教学研究与实践的总结和回顾。

在西方，教育一词源于拉丁文“educare”，本意为“引出”或“发挥”，指教育活动即引导儿童固有能力得到完满发展。

教育是历史范畴，亦是生命存在的方式之一；教育之河宛转流淌，试图融合教育价值与人的价值，试图统一教育的社会价值与个体价值，引领我们回到教育的原初意义——儿童教育。儿童恰似一颗内蕴自然天赋、具有无穷成长潜能的种子，这是人的类生物属性；“因材施教”“顺天致性”“教育即生长”则是中外教育的智慧。由此，用“生长”定义教育有返璞归真的意蕴。

第一，用“生长”定义教育，其主要途径为生活。杜威主张“教育即生活”，陶行知提出“生活即教育”，尽管表述形式相反，但对教育与生活内涵及彼此间关系的解读却殊途同归。教育就是儿童“当下”的生活，学习体验发生着、进行着、经历着；教育又反映儿童“整体”的生活，经历与体验总是呈现出一种延续状态。在“生长”的定义下，教育从“广角”转为“微观”，意味着不仅要关注儿童生活，更要深入生活与体验的细节，近鉴毫端地去关注儿童的生活方式和生命状态，在教学活动中唤起儿童各自的生活体验，在教学方式上师法自然与生活，将文字还原为真实的生活情境，给学习以广阔的视野和高度，使头脑得到解放，使思维自由度得到提高，使独特的领悟、个性的见解如雨后春笋般获得破土而出的强大力量。

第二，用“生长”定义教育，其主要特征为生长性。表现为经历与经验的连续性丰富，个性与能力的充分自由发展，生命意义的不断实现。“生长”既说明生命的存在，又说明发展的状态。在生长目标状态上，杜威指出“教育是经验继续不断地改组和改造”，“估量一个经验的价值标准在于能否认识经验所引起的种种关系或连续性”。课程、课堂、教学，应该发挥特殊的生长意义，根据重要程度以及对学生后续学习支撑程度的不同来确定学科的核心教学价值；应该发挥每一篇每一课的独特学科价值，使每一篇每一课成为生命体不可或缺的“生长节点”；应当发挥学科的本质智慧，使教学的内容体现层次性，教学的方式体现可选择性，教学的达成体现梯度性，使儿童获得不同程度、不同维度的生长。

第三，用“生长”定义教育，其主要方式为自生长。“生长”不是赋予的，不是外加的，而是“主体”自觉的、应然的。教育是影响，是吸引，是促进内在生命的自主改造，自我更新，自动建构。儿童就像一棵树，守静、向光、安然，然而每一天都在隐秘地成长。生长，在“动静”之间。生长的能源来自宁静，静能生慧，静能开悟，静能正道。静，表明学习是缓慢的自然进程，不是飞快地从一个问题换到另一问题，一个活动接着一个活动，把课堂上的每一秒钟和每寸空间都填满。静，表明教师主动从课堂的中心退隐，转而把学生推上教学舞台的中央。动，指课堂深处充盈蓬蓬勃勃的生命律动，教师要点化，去追问，去引发儿童思考，究诘，如切如磋，如琢如磨，百般揣摩，千般思量，恍然开“悟”。动，指儿童进行的是符合其学习本性的深刻的真学习，静态的学习材料转换成动态的活动建构，抽象的符号转换成契合的体验活动，感性的活动方式促进理性智慧的生成；他们身动、心动、脑动，身体舒展，脑洞大开，课堂充满生机；他们学习主动、师生互动、文化联动，走向探索、发现、体验、实践的生动生长。守静的姿态，动态的教学，动静相宜，意味着一场革命，意味着课堂结构的根本性变化。

隆亭实小的老师们以“儿童生长”为核心，在以上三个方面进行了紧贴地面的、饶有意思的、富有成效的课堂实践研究，并且行且思，汇聚为本书。此书近26万字，参与撰写人员达40人；既有学术领域的博览与耕读，有研究层面的建构与假说，又有教学领域的探索与改革，有实践层面的操作与反思。

兴许，从专业编著的视角，这只是一本“土书”，但从生命成长的情怀而言，这是一本有着温度的草根专著。可以肯定，隆亭实小沿着“生长”的路径去追寻教育的本义，课堂的田园会与“树叶映覆，种种香华，种种杂果，青草弥布，众鸟和鸣”的美好境界愈来愈近。

◎教师是因为他们懂“教育”而不是因为他们只有专业知识才被聘用的，那种以为精通某些知识并能传授给他人就可以做教师的观念已经过时。

追寻“和而不同”的文化轨迹

——《和而不同：柏小人的文化行走》序

“和而不同”是中华传统文化的精髓。在中华5000多年的文明历程中，它蕴含着天人合一的宇宙观、协和万邦的国际观、和融共生的社会观、和善睦邻的道德观……中国历代的文人学者都对“和而不同”的学术文化发展规律作过不少精辟的论述，老子、孔子等人的思想中包含了许多正确反映人与人、人与社会、人与自然和谐生存发展规律的真理性认识。从哲学意义上理解，“和”即统一、和谐、中和的思想。它是抽象的、内在的；“不同”是具体的，外在的。容“不同”，才能达到“和”的境界。现实中，“和而不同”就是在坚持原则的基础上不强求一致，承认、包容乃至尊重差异，以达共存共荣。

“和而不同”作为一种优秀的传统文化，在江南吴越文化中尤为突出。在人文关怀日益凸现，生命价值倍受关切的今天，作为江南一所发展中的学校——柏庄实验小学，认真审视地处城郊接合部特殊的地理位置，直面外来人口众多，新市民占多数的现实，以百年的文化积淀，智慧地选择并坚持“和而不同”的价值取向，把“全纳并蓄、和而不同”作为立校之基，积极打造学校“至和”文化，是非常有现实意义和历史意义的。

一、确立了“和而不同”文化的校本理解

“潜在其本，承本而运”。学校文化的建设，首先必须秉承学校的优秀文化传统。“柏庄”之名系于“柏木桥”的美好传说，在淳朴的柏木桥“爱”与“孝”的

文化滋养下，柏小教育人把一所不起眼的村小发展为如今的实验小学。从2001年独立建制起，十几年间上下求索、同心协力，定位、规划、创建、积累……聚焦于“和”字校训，着力于和谐校园、和乐童年、和美环境、和衷团队、和睦家庭、和慧教师的营造，把“一开口、一迈腿之间的高尚与文明”作为学校的价值追求，在教师之间、师生之间、生生之间、家校之间形成良好的“交互状态”，呼唤人的本真，演绎各自的精彩。一拨又一拨的人从校园离开了，带走了个人的智慧，却慢慢地留下了柏小人的气质——“和而不同”。

天地万物之有序和谐则称之为和。柏小努力追求“至和”的教育品质。“和”是学校发展的共性，“不同”是个性。学校追求共同价值观下人际关系的和谐，培养师生积极、主动的交往品质，鼓励个体和整体的协调发展；他们促进以文化人，用文明来融化、情化、点化、教化人。春风化雨，润物无声。通过氛围染人、精神励人、价值导人、课程育人、愿景催人等方法和举措，以追求由文至心，由心至身，由己及人，由人及世的文化境界。

二、自觉建构“和而不同”的文化行走轨迹

法治其外，必德化于内。一个团队的文化就体现在每个人不经意的“一开口(言)一迈腿(行)”之间，就体现在能否守望学校的共同价值成为每个人的行为自觉。柏小在建构自己的文化轨迹中，侧重于制度文化、行动文化和育人文化等方面，卓有成效。

传播以“规范”促进自觉行为的制度文化——从他律走向自律。校园制度文化，能促进师生良好品行和价值观念的形成，更能凝结为一种无须强制就能在师生中自然传承的精神文化传统，推动学校、教师、学生的共同发展。学校通过建立科学的管理制度、确立常规的活动制度、增设必要的监督制度以及出台《学校管理手册》与《小学生行为规范手册》等一整套符合校情且又行之有效的规章制度，加上人文地操作执行，极大地调动了师生自觉参与学校文化建设的积极性，让师生们在自我教育中达到精神升华和认识的飞跃，明白什么该做，该怎样做，真正让自律成了一种习惯，基本形成了自我激励、自我约束、自我管理的规范的校园制度文化。

构建以“人本”体现个性发展的行动文化——把外驱转为内驱。制度的建立，强调了管理的规范化、程序化、制度化。但如果能在制度的规范性和管理的“人本化”之间找到一个契合点，那就能得到“1+1>2”的效果。也就是说只有

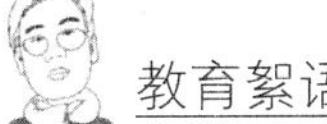

教育絮语

◎教育应该少一点“规”、多一点“范”，少一点“管”、多一点“理”，少一点“控制”、多一点“顺应”。

当我们赋予其生命力，让制度的驱动式转变为人性化的“温馨服务”时，才能真正使外驱成为内驱的助推力。因此，柏小近几年对此进行了一系列的研究和实践。基于“和”文化的核心价值追求，学校人本化的管理提升了师生言行的“自由度”，开阔了师生创新的空间。学校通过集中主题培训、针对性的个体即时培训、小组问题式培训等多种方式对教师进行校本教研“诱导”；通过开展“我为学校作贡献‘金点子’征集”“特色班级、特色组室、特色家庭”等各项评比活动，充分发挥每位师生的创意才能；通过自探生长式课堂教学，充分挖掘学科知识的生长点和师生发展的生长点；通过国际化交流、多校联动活动等多维教育教学空间的创设，充分展示师生的专长。可以说，更大的空间造就了柏小人更多的发展机遇。

营造以“道德”催化生命成长的育人文化——从共同走向不同。文化的核心是道德，道为万教之根，德为万法之本。道示于人的是德，德示于人的是以人不以己，中通归之恒常道。文化的本质就是教导人做人的文化。柏小在“和”字校训的引领下，寻求到了“德和”的突破点，寓德于事，传播“和谐、平等、互动”的人际文化，积极打造校园“全和”生命共同体，以“新课程背景下的和谐师生关系的研究”这一教改实验主课题为依托，全方位推进师德内省、品行内化等教育，开展“心中有棵感恩树”系列感恩活动，使学校德性外显于“行”，内植于心。

文化就是“一种包含了精神价值和生活方式的生态共同体”，是集体人格的反映。在日常教育教学活动中，柏小力求将师、生和校园中每一处景、物、场构成一个个生命共同体，每个生命共同体又都具有其独特性。学校尊重生命个体的差异，在差异发展中寻求促进群体发展的有效途径；反之，又通过群体的发展催化个体的良性发展。这个漫长又复杂的生命成长历程，是新型教育文化与个体道德成长相互协调发展的统一过程，其中经过了洗礼与挣扎、拼搏与奉献的阶段，虽然有共同的精神生活和价值追求，但也是独具特色，各有“建树”，体现各自的美丽蜕变。

三、阐发着学校发展的文化愿景

文化就是生命，生命需要孕育。文化就是植根于内心的修养，是无须提醒的自觉。在这其中，可以体现法规与民主、理性与情感的和谐统一与平衡发展；体现从生命的高度俯瞰教育，始终以呵护、成全、引领每个个体生命成长为教育宗旨。在本书的通篇叙述中，我们可以感受到学校积极倡导尊重生命本源的需求，通过校本化规划定“魂”理“线”；通过课程化实施搭“台”亮“相”；通过多元化评价连“点”成“面”。在这里，教师可以通过“相约课堂”“有效研讨”，用对话和协商去解难答疑；通过“专家引领”“骨干示范”，用智慧去激活灵感，让理论与实践知行合一；通过“校际交流”“校本培训”“师本研究”让每一位教师寻找到各自的角色定位；在这里，师生们可以畅游书海，感恩经典，驰骋赛场，挥洒汗水，在丰富的活动中感受阳光体育的健康活力，感悟艺术才艺的生命滋润，领略网络科技的开阔视野……

扬和致远，走向至和的学校生活。真诚地希望柏小继续努力探求并践行“至和”文化，力求使“倡和、求和、乐和、宣和”落到实处，真正成为学校师生生命成长的基本行为要素，让每一个校园成员在多元化的学习、工作和活动中享受生命的美好，感悟学校“和文化”的魅力，最终实现六个“和谐发展”：“建设与效益”的和谐发展，“制度与人本”的和谐发展，“学习与品行”的和谐发展，“师德与教艺”的和谐发展，“特色与全面”的和谐发展，“学校与社区”的和谐发展，从而不断丰富学校文化内涵，提升学校办学品位，引领着学校逐渐走向卓越、走向辉煌！

建构模块化的阅读教学

——八士实验小学《小学语文模块教学》序

在这“十二五”收官、“十三五”即将开局之时，欣闻由八士实验小学陆胜新校长编著的《小学语文模块教学》一书即将付梓出版，感到十分欣慰。这个课题是江苏省“十二五”教育规划重点资助课题，它最大的研究价值是改革以往阅读教学的思维定势和惯用方式，建构模块实施教学，从而使文本间组合，课内外结合，点与面糅合；节约了教学成本，拓宽了学生的阅读面，增加了读写训练的机会，提高了教师集约式、板块式备课与教学的水平。从这个角度来看，此课题涉及课程改革的深化、语文教学的革新、课堂教学的效率等核心命题，体现出了较高的设计与实施水准。

在研究过程中，课题组能够着眼于整体，探索出了形成模块的各种策略，如点面结合、比照赏析、读写迁移；能够聚焦于方法，总结出了模块教学的主要课型，包括整体感知、比较研读、板块聊读、拓展延伸等；能够立足于实践，实验团队积累了近10万字的特色课例。尤为可贵的是，在研究实践中，聊读、比较读、群文读等有别于常规的阅读教学方式呼之而出。它们非常实在地解决了学校传统语文教学中“少慢差费”、模式单一等问题，使得学生的学习效率在自主、合作、探究的教学场域中明显提高。一批实验骨干也在研究中不断成长，成为区域内语文教学改革的带头人。

语文教学，乃至任何学科教学，都要以儿童的视角展开，要基于儿童找准教学的角度，设计适合的梯度，提升教学的效度。多年来，我一直倡导，“要为儿童的生长而教”。首先就要不断地改造儿童的生活经验，模块教学中建构的模块要有助于儿童知识的习得、能力的形成、品德的养成、素养的获得，要帮助儿童积累生活经验，丰富对生活经验的体验，感受生活的意义。其次要不时地满足儿童的生长需要，模块教学中各个课型的实施，要立足于儿童语言文字的生长，要服务于儿童生命的成长，教学要让儿童站在课堂中央，教师要不断探索让儿童“在学”“乐学”的教学方式，尝试着改革儿童的学习方式。再次要不停息地实现儿童的生命意义，语文教育只有回归到生命，才能展示出它的无穷魅力，模块教学就是要聚焦语文核心素养、儿童核心价值观、学校特色文化，让其成为富有八士实验小学特色的语文教育品牌，从而培养出一批批“勤学善学、康乐童真”的八小学子。

《小学语文模块教学》封面

最近，我在一篇文章中谈到，“让教育科研产生现实生产力”。任何课题研究，我们都要努力占据研究的“制高点”，如模块教学就要思考与主题教学、板块教学、单元整体教学的细微差异，让研究更具特色亮点；我们要聚焦教育教学改革中的“生长点”，既要立足学科教学本来的“原点”，又要致力其发展的“远点”，通过研究寻找到合规的、适切的、可行的方式，并以解决问题为主要目的，来促进教育实践的优化；我们要抓住研究成果的“辐射点”，既要注重“物化”的研究成果，更要注重“人化”的研究成果，通过研究的不断深化和经验的不断提炼来成就学校、成全学生、也成功教师自己。

教育科研是对教育实践的科学研究和开发，在教育的发展中起着“第一生产力”的作用。我期待更多优秀的课题踏实前行，让教育科研引领学校持续发展，让每一个教师走上教育科研的幸福之路。

“武”动童年

——安镇实验小学校本教材《武韵桃李》序

当跆拳道、空手道、泰拳等异国功夫的习练，在中国的都市悄然兴起的时候，中国功夫也正漂洋过海，让异国习练者为之狂热、为之迷恋。这便是当今的国际文化态势，不同的民族文化既在交融，也在竞争。

文化若水，柔却有力，沁透人心。文化是民族的灵魂。中国武术文化博大精深，源远流长，其丰富的武韵内涵、深邃的思想哲理，向世界展示着中国人文风貌，传扬着中华民族的伟大精神。传承这一独特的文化，弘扬民族精神，在民族文化互相浸润的今天，意义尤为深刻。

欣闻无锡市安镇实验小学将中国武术纳入了校本课程建设，经过不断的探索、实践，武术之花正在校园渐渐绽放，武术之韵正悄悄浸润着学生的心田。今天，又见到学校自主开发的这套武术教材，更是为其鼓舞。这套教材图文并茂，用学生喜闻乐见的形式，将武术技能与武术精神有机结合、融于一体，散发着浓浓的武术韵味，质朴、简洁。“武”动童年，定会给孩子的童年时光留下更加美好的记忆。这套教材分上、下两册，上册以武术基本功训练为主，既有传统的“五步拳”，又有学校自创的武术操，简单易学，旨在培养兴趣、引领入门；下册主要以武术套路练习为主，有机穿插了武术理论、精神、历史、器械、文学、影视等武术文化的学习，内容丰富，启迪心智。

我想，校本课程的开发，既是对国家课程的补充，又是对办学特色的凝练。它既要考量学校的文化传承，又要考虑学校的师资支撑，更要从学生的需要出发，关注不同学生的不同需求，给学生留下自由发展的空间。这样的校本课程必然会促进学生的个性发展，促进教师的专业成长，促进学校特色的真正形成。

一所正在走向现代化的实验小学，立足于传承与弘扬优秀的独特的民族文化，富于激扬人生、磨砺意志、催人奋起的崇高情怀，不禁欣然命笔。

云林雅韵一脉传

——“云林少儿书画院”《水墨云林》序

江南山水，钟灵毓秀，情韵绵亘，孕育了众多享誉世界的艺术大师。云林——李绅故里、倪瓒家乡，着实是一个人杰地灵、物华天宝的翰墨之地。

云林，是元季文艺大家倪瓒的名号，云林大师以诗书画三绝称于世，诗坛巨擘，诗中有画，自然清新，情景兼融；书法恬淡瘦劲，静穆秀雅；绘画开创中国水墨山水的一代画风，与黄公望、吴镇、王蒙并称“元代四大家”，被公认为“中国古代十大画家”之一。

云林实验小学以“云林”尊号命名，旨在秉承云林遗风，着力弘扬民族文化，建构“向善、臻美”的文化价值体系。学校成立的“云林少儿书画院”，为学生营造领略美、欣赏美、创造美的成长环境，通过书画文化的滋润涵养，培养学生的个性特长，全面推进素质教育，以书画绘就学校特色教育之路。

书画语言是一种特殊的语言，它主要由形体、明暗、色彩、空间、材质、肌理等视觉语汇组成。云林少儿书画院内，“小墨点儿童水墨画社团”“怡心书法社”“云林印社”“黑白灰俱乐部”是孩子们挥洒艺术想象的场所，他们用自己独特的语言，表达着情趣和美感。走进书画院，触摸着儿童的世界，感受着孩子们纯净美好的心灵，分享着孩子们自由快乐的生活，欣赏着孩子们挥毫泼墨的成果，那份惬意、舒畅与自豪足以使成年的我们驻足、留恋、流连……这里的孩子是幸福的！

这本作品集，收集了一百多幅云林少儿书画院小成员的作品，他们用稚嫩的笔触涂抹着童心的世界，展示着内心天马行空的美妙梦想。那一个个夸张的人物形象，一幅幅细腻的生活小景，或泼墨，或勾勒，或浓烈，或淡雅……孩子们在水墨的世界里徜徉。云林先生倘若有知，定会为这一脉相承的桑梓后学们而欣喜和欣慰！

我相信，云林雅韵，高山流水，文脉相续；我期待，云林未来，莘莘学子，灿若星辰，熠熠生辉！

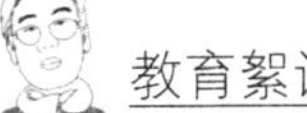

◎用“生长”来观照课堂，教学应该是教师和学生交互作用而生成的一项具有生命意义的活动。它预示着课堂教学有生命的体验，有生命与生命的交往和互动，有生命的不断完善和超越。

为学校发展保驾护航

——东北塘实验小学《学校管理手册》序

无锡市东北塘实验小学，是一所具有百余年建校史的省级实验小学。在一个世纪的办学历程中，校舍虽几度变迁，但治校信念不变、意志弥坚。学校始终坚持“诚毅”校训和“让每个孩子走向成功”的办学理念，学校规模逐年扩大，教育质量不断提升，办学特色尽情显现。

近几年，东北塘实小坚持走内涵发展、特色发展、和谐发展之路，坚持依法治教、以人为本的治校原则，学校管理逐步走向了规范化和精细化，有效地调动了广大师生员工的积极性，有力地推进了素质教育的深入实施。

学校的规章制度是一种导向和激励，是实现民主管理的依据和准则，是人本发展和学校发展的内在动力。为了进一步深化学校管理体制的改革，充分发挥教职工的主导作用，学生的主体作用，做到依法办学、从严治校，保障制度本身的有效性、完整性、科学性和严肃性，学校将管理章程、部门职能、岗位职责、制度条例等内容作了系统的梳理，对学校管理的诸多方面进行了规范，并汇编成册，这是现代学校建设很重要的基础性工作。这些规章条例凝聚了学校管理者和教职工的智慧与心血，是一项创造性的劳动，必将为学校今后的进一步规范管理和科学管理提供范式和依据。

《学校管理手册》是为学校发展保驾护航的，更是为践行办学理念、打造学校文化作保障的。“没有规矩，不成方圆。”但任何制度都不可能是完美无缺的，这就需要我们在现实的变化中与时俱进，既不能对制度随意更改，又不能完全教条僵化，这样才能充分发挥这些规章制度的积极作用。希望这本手册不要把教职工“管死”，而要把教职工“管活”，依赖这本手册去追求一种规范化与人文化相结合的管理方式，真正发挥教师的主人翁作用，让这本手册成为教师人生充实与幸福的奠基石。

《学校管理手册》是学校文化的一部分，是学校的又一标识物。随着历史的延伸与实践的积累，期盼这本手册能定期调适、不断完善，从而使制度内化为“习惯”，升华为“自觉”。相信，在依法办学、民主管理的道路上，东北塘实小的明天一定会更好！

教育絮语

◎儿童在课程中央，教师在哪里？教师在陪同，在与儿童共同生长。

◎重建课堂审美：该浓则浓、该淡则淡、能简不繁、当艳不让。

一花一世界

——东北塘实验小学“花卉诗校本教程”序

花是美的精灵，爱的化身。人的天性中都有爱花的情结，常常透过花卉外在的婀娜姿态，去领略其内在的风格、神韵和气质，并由此产生曼妙生动的联想。

小小的花朵承载着厚重的华夏文明。翻开中国文学史幽幽的长卷，从东晋陶公采菊东篱，到盛唐李白醉卧花丛，至宋朝林逋梅妻鹤子，再到近代领袖歌梅颂菊……自古至今，有多少文人雅士为名花佳木所倾倒，创造了众多以花卉为元素的千古佳作，出神入化地将花卉的自然形态转化成了文学艺术之美。

站在弘扬花文化的立场，从陶冶学生真善美的性灵出发，东北塘实验小学校本教材编写组花费了大量的精力和心血，收集各方材料，编纂而成《花卉诗校本教程》。本教材从“花卉诗文”“走近诗人”“疑难点拨”“品味诗意”“花卉知识”“趣闻传说”“实践探索”七大板块，呈现了经典花卉诗的内容与特色。被选诗文文辞优美，立意深刻，充满各种灵动的意象，展现中华民族的精神气节。它犹如一幅工笔细腻、瑰丽多彩的卷轴画，从不同侧面弘扬花卉文化，对春夏秋冬四季花卉倾情解读，展现了花文化生生不息的活力，彰显了花文化沉淀千年丰富厚重的文化底蕴。

手捧《花卉诗》轻轻吟诵，这些“人格化”的花卉形神兼备、意味深长。我能想象东北塘实验小学的孩子们怎样被它们所折服、所感染，并慢慢亲近并热爱上了这具有浓郁生活气息和强烈艺术魅力的经典花卉诗文。我能看到，品着“春色满园关不住，一枝红杏出墙来”，孩子们感受着迎面扑来的春天的气息，心随淘气的红杏在微微春光中荡漾；吟着“接天莲叶无穷碧，映日荷花别样红”，孩子们的眼前不禁铺展开了夏日里莲叶接天、荷花映日的壮美画卷；读着“耐寒唯有东篱菊，金粟初开晓更清”，孩子们仿佛看到菊花金粟般的花蕊初开，为清晨添了一丝清新美丽的情景；诵着“俏也不争春，只把春来报。待到山花烂漫时，她在丛中笑”，孩子们又品味到雅致深婉的梅花，铭刻着一代伟人生活情趣和人生追求的意境。

《品读四季花木——春之吟》封面

我相信，《花卉诗》作为东北塘实小的校本课程教材，将以其真挚的内在、独特的魅力引领莘莘学子更好地了解花文化，并从中汲取奋进的力量；将带领东小的孩子们徜徉于五彩缤纷的百花诗园，激发他们关爱自然、热爱生命的美好情愫，培养他们磊落光明、坚毅果敢的良好品性；也必将成为东北塘实验小学“新经典”诵读活动中一道亮丽的风景，成为锡山教育园地中一朵亮丽的奇葩，焕发出勃勃生机、熠熠光彩。

“一花一世界”，树叶间容纳宇宙，花瓣里别有洞天。愿东北塘实验小学的孩子们人人知花爱花、吟花诵花、悟花感花；愿东北塘实验小学的孩子个个如鲜花般灿烂明媚，盛开在这一方希望的土地上！

儿童眼中的世界

——厚桥实验小学儿童版画册序

曾看到过许多画册，那些精妙之作给我带来强烈视觉冲击的同时，总能引发我很多的感叹，带来无尽的美的享受。此刻呈现在我面前的，是厚桥实验小学的儿童版画册。这些版画的作者，都是厚桥实验小学的学生。画中的内容，有可爱的动物，有朴素的生活元素，有熟悉的生活环境，更有体现吴地传统文化的内容……

这些儿童版画作品，把我带入童年，带回那一个个熟悉的场景……仿佛我也成了孩子，走进了多姿多彩的童年生活。孩子们用稚嫩的画笔，以版画这一民间艺术特有的形式，展示了他们眼中的真善美。

儿童版画，是一双眼睛，美好的事物在这里发现；儿童版画，是一首歌谣，动听的旋律在这里奏响；儿童版画，是一对翅膀，童年的梦想在这里飞翔；儿童版画，是一个舞台，生命的自信在这里历练；儿童版画，是一个象征，艺术与儿童的和谐在这里造就；儿童版画，是一个空间，心灵的图像与童年的欢乐在这里幻化为色彩的奇境……

儿童版画，是伴随着新一轮课程改革出现在厚桥实验小学的一道亮丽风景。经过短短几年的耕耘，儿童版画已成为锡山区教育园地中一朵奇葩，盛开在厚小校园，传遍了大江南北。这是课程改革以来，厚桥实验小学创建特色学校所取得的硕果。

时光如水，岁月如歌。值此厚桥实验小学百年诞辰之际，儿童版画汇集成册，这是孩子们献给母校的一份厚礼。

版画绘理想，七彩伴童年。愿厚桥实验小学的孩子们画出更多更好的版画！愿厚桥实验小学的版画之花开得更鲜更艳！

正是扬帆远航时

——2010年"教海探航"《正是扬帆远航时》序

与"教海探航"结缘在24年前的1989年，地点在吴县东山实验小学，那是一个美丽的收获季节，我的一篇《年年养蚕苦，殷殷慈母情——谈〈春蚕〉的教学设计》在首届"教海探航""我的教学设计"征文中获奖。之后，我又先后12次分别作为获奖代表、论坛主持或点评嘉宾参加了颁奖盛会。每次活动归来，都满怀着收获与感动，都引发起新的教育激情与思考，也会在心中期盼着，这被誉为江苏小学界"奥林匹克盛会"的教育品牌活动能在无锡、在锡山这片教育热土上荣耀举行。

2010年，梦想终于变成了现实。江苏省第22届"华夏杯·教海探航"征文颁奖大会暨"苏派"教学观摩研讨活动圆梦锡山。

25年的春华秋实，没有哪一个活动像"教海探航"一样历久弥新、厚积薄发，富有蓬勃的朝气与生命力。在越来越多的目光追随里，她熠熠生辉，成为水手们坚定的航向，成为思想者精神的家园，成为探航人心中圣洁的殿堂！

"教海探航"，处处闪耀智慧的灵光。目之所及，名师荟萃的课堂，带来教育思想的尽情释放，在挥洒自如与起承转合间，在个性抒放与举手投足里，名师们诠释着热爱与积淀的力量。主题论坛的精彩，似思维的盛宴，甘之若饴，回味悠长。一个观点，引发另一个观点的共鸣；一个思想，触发另一个思想的绽放；一个灵魂，焕发另一个灵魂的活力。和谐、思辨、共生、成长，空间里充满"真教育"的芬芳。专家学者的领航，让心灵在顿悟间再次明晰飞翔的方向，无论是教育关怀，人生哲思，还是人类文化的传承展望，都伴随着精神的成长，传递教育最热切的希望。

"教海探航"，时时涌动生命的自豪。走进探航队伍的，很多都与我一样，从邂逅开始，逐渐展开一段追寻的旅程。这份执著与坚定可能只是来自一次参

教育絮语

◎有的课堂把孩子控制得很紧，一点自由的空间都没有，是在饲养孩子，而不是在牧养孩子，这样的课堂不是生长课堂。

◎没有闲暇与自由，就没有生长。

与，一回获奖，一种礼遇，一份赞赏，她让你享有教育者的荣光，从而油然而生对于自我教育生命的敬仰。坚守教育，怀揣梦想，25 年来，从“教海探航”这个能够尽情挥洒才华的地方，已走出了 200 多位特级教师，还有一大批优秀青年教师在茁壮成长。他们在各自的岗位上思索着，实践着，创造着，梦想着，实现着生命价值与人生理想。

潮平天地阔，正是扬帆时。今天，做一个幸福的探航人，已成为教育人的共同心声。以文会友，以课会友，用微笑互相问候，用思想彼此交流。“教海探航”征文活动所带来的反思与影响力，所形成的探航文化与科研氛围，也不断地提升着我区教师的专业素养，引领着学校乃至整个区域教育的持续发展。

风雨强筋骨，浪涌立潮头。让我们鼓起风帆，一路远航，在风雨中接受身心的洗礼，在冲浪中享受腾跃的欢畅……路就在脚下，理想的彼岸就在前方！

为爱忙碌

——爱尔艺术幼儿园《艺术教育与园本研修》序

无锡市爱尔艺术幼儿园要出一本名叫《艺术教育与园本研修》的书，朱立群园长邀我为此书写个序，我没有推让。一是为“爱尔”办园十年来的业绩高兴，为“爱尔”坚持走科研兴园之路的执著而感动；二是为朱园长在“名师成长之路”上对教育理想的孜孜追求和务实的园本行动而感佩。所谓的“欣然接受”大概讲的就是这样的心境。

当年给初创的幼儿园起“爱尔”这个名字，是来自家里“海尔”空调的灵感，也是受到卢梭《爱弥儿》的启迪，还在于这个中文词汇本身的含义，但骨子里我根深蒂固地认为：教育是爱的事业，幼儿教育更要“为爱忙碌”！

为爱忙碌，就要求我们全身心地爱孩子。“爱是永恒的教育理念。”爱的教育，是教育力量的源泉，是教育成功的基础。爱孩子，就要把孩子当成孩子；就要把别人的孩子当成自己的孩子；就应该把自己当成孩子，“以孩子之心度孩子之腹”，去触摸孩子们的脉搏，去感受孩子们的心灵。

为爱忙碌，就要求我们为孩子打造适合他们发展的课程。为每一个儿童设计课程，让课程为他们终身的幸福奠基。“儿童都是艺术家”，课程活动中要让孩子们充分地用纯真的眼睛去捕捉世界，用敏锐的耳朵去聆听自然，用独特的心灵去领悟美好，用稚嫩的双手去创造未来……使每一次课程活动真正走进童心，激发童趣，释放童真。

为爱忙碌，就要求我们付出更多的艰辛与努力，去打造一个叫作“爱尔”的品牌。“十五”期间，“爱尔”从自身发展需求出发，尝试把名曲、名画和优秀文学作品作为艺术主题的切入口，努力将传统的优秀文化与现代的教育理念有机融合，用“儿童”的方式来诠释和演绎，不断拓展对艺术化园本课程的研究，不断生发新的课程内涵，走出了一条属于“爱尔人”自己的园本课程开发之路，为“爱尔"的快速发展奠定了扎实的科研基础。"十一五"期间,"爱尔"成功申报了江苏省教育科学研究规划立项课题《以构建园本课程文化为导向的园本研修的研究》,以深化艺术化园本课程文化的研究为切入点,不断尝试新的课题研究方法和园本研修模式,在借鉴企业项目管理的成功经验的基础上,尝试将项目式研究引入幼儿园的课题研究之中,通过艺术化主题实践、教师专业成长、艺术化环境创设以及家园一体化等亮点项目工程的开发研究,全方位地提高了教师的专业素养与艺术品位,逐步摸索并形成了适合"爱尔"成长的园本研修之路。

无锡市爱尔艺术幼儿园办园之初,朱立群就调任业务园长,而后又担任园长职务。多年来,她一直坚定着"为爱忙碌,用艺术浸润童心"的教育信念,带领全体"爱尔人"以创新的精神,追求卓越的姿态,努力营造和凸显"爱尔"的办园特色,丰厚爱尔"平、合、真、乐"的园本文化底蕴,让幼儿在爱的海洋中自由遨游,在艺术的天堂里快乐地成长。

"'爱的教育'能促使一个人的成长与成熟"。朱立群的名师成长轨迹是清晰和从容的,因为她有研究的"基地",也有行动的"样本";有追寻的"方向",也有实施的"方法";有个人的"智慧",也有团队的"力量"。更重要的是她的艺术教育理念呈现出发展的多元性和广泛的适切性,既不拘泥于幼儿教学的范围和领域,也突破了一般仅从形式切入的教学模式和流派常规。这种研究是"本真"的,也是"创新"的。所以我们有理由相信,她的探索之路是坚定和坚实的。

"一个人的成长能带动一群人的成长",尤其对于"首席"来说。我真诚地希望年轻的"爱尔人"能一如既往地"为爱忙碌","认认真真找前进入口、扎扎实实做课题研究、时时刻刻想幼儿发展";把广大教师引领上教育科研的幸福之路,进一步提炼"园本文化",进一步提升"爱尔"品牌;为了"爱的教育"的神圣理想,"为爱忙碌"!

是为序。

新课程实践者的足音

——“语文说课系列”序

无锡市锡山区，历来是崇文尚教、人文荟萃之地。锡山的教育，继在全国率先普及九年制义务教育后，又率先启动教育现代化工程，现在又率先进入国家基础教育课程改革首批实验区的行列。由硬件投入到软件建设、由基础普及到重点突破、由外延拓展到内涵深化，这一切铺就了锡山教育的发展大道。

锡山教育的发展，得益于一支素质过硬的教师队伍。锡山的教师，有幸生长在这方土地，得益于教育先行的发展策略，奠基于以前的“普九”工程和教育现代化工程的实施，提速于如今的国家基础教育课程改革的实验。教师对学习新课程理念重要性的认识已不言自喻，因为“一方水土养一方人”，他们有着这样的责任担当和文化自觉，教师对新课程改革的具体实施业已有准备，因为他们一直以来走的就是一条“科研兴教”的道路。“教师”对他们而言，已不是“教书”的职业，而是“教好书”的事业，已不满足于做搬运式的教书匠，而是致力于当研究的行动者和行动的研究者。

《新课程教材说课系列·小学语文》封面

正是锡山教师的坚持与坚守，改革与探索，在“新课程”实施一年多来，已初见改革成效，摘得了一个又一个令人欣喜的硕果。“国家级、省级、市级培训”，我们的教师登上了讲坛；“专家组、参观团、学习者来校”，我们的教

教育絮语

◎生长课堂要利用好儿童的“错误”资源，顺着儿童的问题进行建构。

◎孩子的大脑要先放“空”，然后才有思维、疑问的产生。

师纷纷献课；“公开课、研究课、推门听课”活动，我们的教师踊跃参与；“心得交流、经验介绍、论文发表”，我们的教师跃跃欲试……他们已走进新课程，正感受着新课程，创造着新课程……

丰富的活动，带来了丰富的经验。一批课改经验专著应运而生，这套《说课系列》就是其中之一，它是锡山教师“新理念”的体现，“新教育”的尝试，“新经验”的表达；它是改革的产物，反思的结果，践行的成果。这些说课材料大部分是在“上课后”的凝成，已不再是纯粹意义上的“课前”说课，这样赋予传统“说课”以生动的事实背景，使教学设计更贴近学生生活，更切合课堂实际。

新课程理念是丰富而深刻的，教学环境也是多元而又万变的，在新课程起步不久的时候，老师们怀着满腔的热情，已坚实地迈出了重要的一步。但“新课程改革”绝不是一朝一夕之事，今天的“成果”也未必是完美的，所以我们还要戒骄戒躁，脚踏实地，且行且思，以开创更美好的未来。书中定有不当之处，恳请同行和专家批评指正。

但愿这套“语文说课系列”能带着新课程第一批实践者的足音，与您一起远行！

创新和有效是校本培训的最主要特质

——《校本培训案例选》序

校本培训是基于学校、在学校中、为了学校的一种培训。校本培训是教师终身学习的重要形式，是培训与实践相结合的主要途径，是促进教师从经验中学习、于反思中成长、在研究中提高的主要举措。

开展校本培训，有一定的框架性要求，但校本培训绝对不能是一种固定的、程序化的模式。不同学校之间应该有不同的要求及其表现，相同学校在不同的时期也要有不同的要求及其表现。为体现实践要求而不断变化的多元化的校本培训，才是符合教师发展理论和实践需要的校本培训。从根本上说，校本培训应该是不断创新和不断发展的。只有这样，校本培训才能成为整个教师培训中的一个有机组成部分，才能推动整个教师培训的开展。对校本培训"创新"的要求，表明了校本培训的高标准和严要求。由此，也可以判别实践中哪些校本培训才是真正意义上的校本培训。

在校本培训中，我们不仅要创新组织形式、培训方式，还要关注其实效性。当培训的双主体真正互动起来的时候，"校本培训"就会真正与"有效"链接。对于培训者来说，我以为要从"把握、了解、跟踪、反思"等几个主题词上入手。

把握。在开展校本培训的过程中，组织者必须把握国际国内教育的动态，把握时代的脉搏，把握教育改革的方向，还要注意把握教育教学的规律。如果我们的培训者不明确这一些，那么培训肯定是无效的。

了解。既然"校本培训"是根植于学校的培训，那就需要培训者了解学校的办学思想、办学目标，要了解学校的办学特色，要了解教师们的需要，要了解教育教学中实际存在的问题，要了解学校的优势资源。这一切是培训者确定培训内容的依据，这样培训的指向性就会增强。

跟踪。"校本培训"后，培训者的任务并未随之结束。培训者一定要跟踪调研，要跟踪了解参加本次“校本培训”教师的想法与真实感受，要了解本次培训是否真正对教师有所帮助，要了解教师是否有新的思考，要认真地倾听教师建设性的意见和建议。重要的是培训之后我们的培训者应该亲临课堂，结合培训的内容与培训参与者进行研究。

反思。作为培训的组织者，“反思”是非常重要的。作为培训者要反思“校本培训”主题的确立是否恰当，要反思“校本培训”的形式是否有利于教师的交流，是否让教师真正地“动”起来了，要反思“校本培训”的效益等。这一切反思都将有助于提高“校本培训”的实效性。

对于被培训者而言该怎样做？

带着自由来。在参与培训的过程中，作为被培训者一定不要拘束自己，要尽可能地表达出自己的看法。如果在培训中只听到培训者的一种声音，那么培训的效果一定不高。正如肖川老师所言：“当只有一只夜莺在歌唱，别的夜莺都被割掉舌尖的时候，这只夜莺的歌喉再美妙也是令人毛骨悚然的。当只有一个人在写诗，别的诗人都被捆住了双手的时候，这个诗人的诗再出色，也只是撒旦的诗篇。”所以，在培训中被培训者的自由表达会丰富我们的校本培训。

带着思考来。被培训者是否能带着思考来，是决定我们的培训是否能向纵深方向发展的重要因素，所以我们提倡提前把培训的主题告诉被培训者，让培训的参与者做充分的准备。要善于让参与者围绕培训的主题，广泛地查阅资料，认真审视自己的教育教学行为，认真地进行思考，然后带着这一切走进培训，与别人一起交流，与别人一起碰撞。

带着问题来。“问题”是被培训者不断发展的一种动力。在“问题”的驱动下，被培训者会主动地去思考。因此，最好是被培训者带着问题来参加校本培训。当然被培训者也可以在培训中或培训后提出问题。问题意识，会强化被培训者的主动发展意识。

我想，只要我们在校本培训中时刻注意到“创新”和“有效”的基本特质，校本培训就一定会迅速地促进教师和学校的共同发展。

不断提升“科学认读”实验的品质与内涵

——《一项影响孩子一生的教育实验》序

我区开展“科学认读”实验已有逾十年的历史，早在20世纪90年代末期，就有部分学校（幼儿园）参与该项实验，积极探寻学校（幼儿园）课程改革的新路。通过研究，我们的共识是“科学认读”实验对有效落实母语教育、进一步深化课程改革、全面落实锡山区“科研兴教”的战略目标，具有极强的现实意义和借鉴价值。为此，“十一五”期间，我区选择该课题进行区域实验，学校探究性实验与区域推进相互补充，力争大面积提高实验成效，有力推动了锡山区课程改革向纵深发展。

区域推进“科学认读”实验，我们进一步明晰了各学段的目标、任务，在把握基本策略，落实基本要领的前提下，努力构建“科学认读—自主阅读—研究性阅读”的实验体系，为学生的终身学习打下了坚实的阅读素养基础。一是统筹规划，有效落实。区教育局统筹规划课题实验工作，成立课题实验领导小组，制订指导意见、实施方案，从实验的实施措施、具体要求到相关事宜都做出了详尽说明，以保证实验的有效落实。二是基地示范，逐步推广。我们强化了“典型引路”策略，不搞“一刀切”，不倡导不顾实际的“全员参与”，而是逐步推广基地学校成功经验，每学年举行实验工作推进会，有条件地接纳课题实验学校，使“科学认读”实验真正成为锡山课程改革的一个亮点。三是形成机制，体

《一项影响孩子一生的教育实验》封面

教育絮语

◎课题研究要抓住“四个点”：原点，培护儿童；基点，培养教师；亮点，培植课程；远点，培育文化。

◎课题研究要“大题小做、小题深做”。

现价值。我们把课题实验与学校的校本培训紧密结合，让实验教师明晰方向；选择具体的研究课题推进实验工作，积累原始的研究资料；同时在实践的基础上不断总结经验并逐步推广，形成了调研报告、实施建议、办学特色等一大批研究成果，体现了研究的价值。

由此，我区“科学认读实验”取得了许多鲜活的、富有成效的经验。如创设“科学认读”的生态环境，生活而自然的识字环境，优美、温馨的阅读环境，图文并茂的走廊、墙饰环境，变社区环境为阅读环境等，将学生带到大自然、大社会中，激发学生阅读的兴趣，让学生在自然的生活状态中提高认读质量与水平。再如创造性地纳入课程体系，改革语文课程，把识字和阅读纳入语文课程设置，时间上给予保证，形式上给予指导，以多种措施激励学生多认字、多阅读，提倡少做题、多读书。此外，架设“科学认读”与生活的桥梁，引导家长成为学生“科学认读”的老师，引领教师“染一身书香进校园”，使师生们“家当”日多，“底气”渐足，知识得到丰富，疑惑得到开释，认识得到升华，从而实现了素养的全面提升。

十年磨一剑，我们的实践探索，使得学生的语文素养得以提升，教师的课程规划、执行能力得以发展，实验学校的办学声誉得以提高，也为学校品牌建设找到了新的抓手。同时我们也在这样追问自己：让阅读成为孩子终身的习惯，我们现在所做的一切，是最科学、最合规律的吗？

于儿童，科学认读不仅让他们提前认知了文字语言，其他如数学语言、艺术语言、肢体语言、运动语言、计算机语言等各种表达能力，都会进入一个新的发展阶段，我们的努力，在为学生的终身发展奠基。

于传统语文教学的传承、扬弃和革新，科学认读必将有力推进新课程改革。

因为它从方式上、时间上乃至于内容上，吸取了众多汉字教学流派的成功经验，已成为当代语言启蒙教育的有机组成部分。科学认读注重阅读和体验，不仅能推动语文教学目标任务的落实，使语文教育出现新的局面，而且也为打破现有封闭的学校教育方式，为孩子构建开放的教育时空，以及减轻孩子的学习负担提供了很好的借鉴。

于文化传承，“科学认读”彰显了汉字文化的优势，汉字是世界上最古老的文字之一，也是世界上最具表现力的文字之一。“科学认读”让中国的孩子尽早地进入汉字文化、汉语文化的神奇世界，有利于汉字文化的传播。越是民族的，也越是世界的。

因此，我们将一如既往地相信：阅读成为学生全面发展的“抓手”之后，一定能够进一步改进学习方式，使学生形成“科学认读”素养，进入到自觉、主动学习与求知的境界，并进而体验到汉语所构筑的人文世界之美和科学世界的简约严谨之美。我们满怀信心地期待：若干年以后，当我们的学生来到机场、码头、地铁时，他们手里会拿着书籍阅读，阅读习惯将伴随他们一生。我们更加真切地认识：此项实验是一个滚动发展、不断提升的过程，它或许只有开始，只有阶段性成果，而不会有句号。无论是母语教育，还是阅读素养的培养，都应该更加注重研究的品质与内涵，与时俱进。只要有母语教育存在，就必须有阅读素养提升的需求，我们愿意为此而继续前行。

教育絮语

◎好的课程在人与知识的每一次“相遇”中创造出更多的“期遇”，其实质是一种“知识环境”。只有这样的知识，才能较好地参与人的精神生活，与人建立起意义关系，使知识增值，让课堂具有生长性。

十年磨一剑

——《最是书香能致远》序

民族的不朽就表现在它的语言上，语言是民族文化的精神图像。人们唯有通过获得知识、信息的基本途径——阅读，才能传承民族文化，站在知识经济时代的前沿。因此，作为人类最古老质朴的沟通形式——文字，重新成为我们研究的焦点。

总览世界各国学习母语的成功经验，其中最基本的一条，就是从小培养儿童的阅读兴趣和习惯，使其逐渐形成阅读的能力和表达的能力。阅读是一切学习的基础。联合国教科文组织早在1982年就向全世界发出“走向阅读社会”的召唤，世界上一些发达国家早已把儿童智能发展的重点转移到阅读能力的培养上。心理教育科学研究证明：阅读能力，应该从小培养。早期阅读是终身学习的基础，是基础教育的灵魂。

在这种背景下，周德藩会长高瞻远瞩，积极倡导并领衔“科学认读，培养儿童阅读素养研究”实验。“科学认读”构想的首要目标，是“让八岁中国儿童实现自主阅读”，进而使小学中高年级学生的阅读素养、语文素养，乃至人文素养获得大幅度提升。这样，不仅可以实现《语文课程标准》确定的教育目标，而且可望有一定程度的超越，相应地对其他学科的教育质量也会产生有效的促进作用，整个义务教育将会因此而出现一个崭新的局面。

“科学认读”的关键是认读要“科学”，科学性是它的生命力所在。为此，我区在十年的实践探索中，本着科学的精神，务实的态度，从选择试点学校到组织区域推进，充分体现探究性实验与区域性辐射的逐步展开和相互印证。十年中，我们不断提高认识，加强资料积累，调整实验架构，矫正操作行为，统整实验进程，寻求“科学认读”的有效机制和合适路径，并对实验班学生保持了十年的持续跟踪，从而保证了实验的科学性、区域的适切性和学生的发展性。据样本分析，实验班学生普遍喜读书、爱写作，语文素养得到有效提升，其他学科的质量也同步得到提高，我们对实验假设可能取得的结果充满了信心和期待。

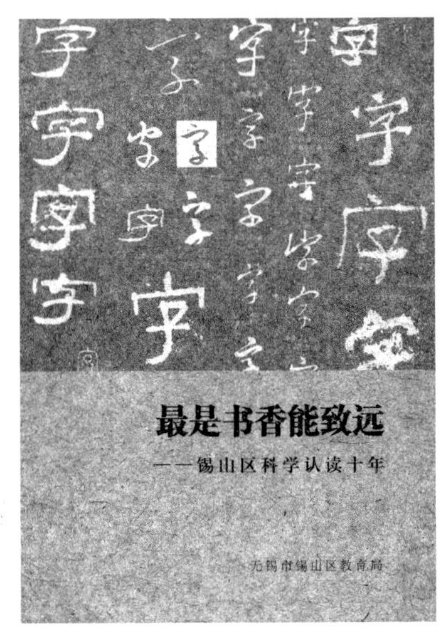

《最是书香能致远》封面

专家们早就预言：“根据汉字的特点制订的汉字教育，对于开发我们民族的智力，是有重大意义的。”我们的探索过程是艰辛的，但我们从实验的“现实”中具体地看到了这种“前景”，看到了这种“意义”。“科学认读”，解决了长期以来“瓶颈现象”中的部分难点、热点问题，给语文教育注入了一股创新的活力，向教育改革的“梦想”又走近了一步，展现了一幅无限美好的蓝图。

中国的汉字正在走向世界。为了中国的汉字，为了“让八岁孩子学会阅读”，为了这“现实”中的“前景”和“意义”，让我们以此为新的起点，不断深化实验认识，不断调整实验行为，在“科学认读”之路上再谱新篇章！

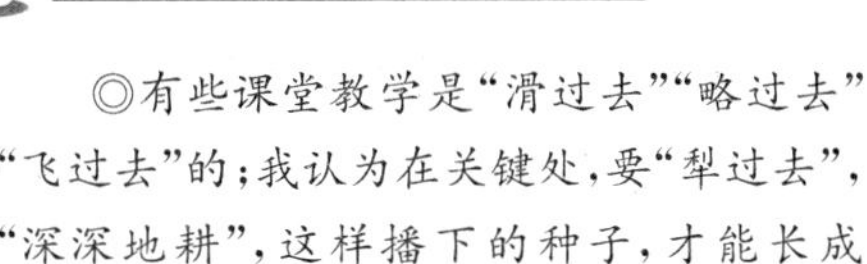

◎有些课堂教学是“滑过去”“略过去”“飞过去”的；我认为在关键处，要“犁过去”，“深深地耕”，这样播下的种子，才能长成果实。

用生命写成的教育故事

——《陶行知读本》序

陶行知先生是“伟大的人民教育家”，在半封建半殖民地的旧中国，陶行知先生为了祖国的富强、人民的幸福，以他坚韧不拔的奋斗精神致力于人民教育事业。他善于博采众长，兼收并蓄，而又推陈出新，开辟创造，在中国乃至世界教育史上，他的教育思想、理论和实践，都起着承前启后、继往开来的作用。宋庆龄称他“万世师表”，郭沫若讲“两千年前孔仲尼（孔夫子），两千年后陶行知”，他的一生有着无数给我们启迪、让我们感动的故事，他的故事不是用笔写的，而是用生命写成的。

陶行知先生是一个伟大的爱国者，他从小就立志“我是中国人，要为中国作贡献”（《中国魂》）。1917 年，他从美国留洋归来，不去当大学校长，不去享受高官厚禄，而是“像黄河决了堤一样，向着平民教育的路上奔去”。他在和尚庙里办教育，推进平民教育，他可以与“牛大哥”同铺而吟出“一闻牛粪诗百篇”的诗句。他改“小庄”为“晓庄”，创造了中国第一个乡村师范学校。当晓庄被国民党反动派政府武力封闭，陶行知断然宣言：“晓庄的门可以封，她的嘴可以封，她的笔可以封，她的爱人类和中华民族的心不可封！”（《爱心不可封》）。他又来到上海，在上海的郊外，创办了山海工学团，他走到工厂、农村，到处推行普及教育，甚至当他看到卖报的报童也不忘记去启发他们读书识字（《“我们也能识字啦”》）。抗战期间，陶行知又把目光关注到苦难的儿童身上，创办了育才学校。

育才的办学条件相当艰苦，朋友们说他是“抱着石头过河”，可是陶先生却说自己是“抱着爱人游泳”(《殚思极虑求育才》)。抗战胜利后，他提倡民主教育，为民主而战，国民党反动派将他列入了特务的黑名单，他说，“李公朴、闻一多先生已经被罪恶的黑手杀害了，但这吓唬不倒我们，我等着第三枪！”陶行知光辉的一生真正做到了“捧着一颗心来，不带半根草去”，把整个身心都献给了他赤诚爱着的祖国与人民。

陶行知先生虽然已经离开我们半个多世纪了，但他的身影高大永驻，他的精神光照千秋。2002 年 12 月，锡山区成立了陶行知研究会，我们组织了全区的教师学陶师陶，学做新时代的陶行知。现在我们又编印《陶行知读本》给我区的学生学习，陶行知的思想和故事不但是丰富的教育资源，也是每个学生成长的最好精神食粮。《陶行知读本》面向小学中高年级学生，我们希望我区小学生认真读行知的故事，讲行知的故事，学做小陶子，成为一名有“爱满天下”之情怀，有“求真务实”之精神，有“与时俱进”之风貌的新陶子！

用陶行知思想改造我们的教育

——《走近陶行知》序

陶行知，一个伟大的探索者，一个影响了中国教育大半个世纪的伟人，一个将永远激荡于我们心中的名字。

陶行知思想，历久而弥新。进入新世纪，在锡山教育的沃土中，缤纷的陶花静悄悄地开。

2002年，我区成立了陶行知研究会，从此翻开了学陶师陶的又一个崭新的篇章。

2003年，我们邀请了中陶会、省陶会的一些专家来锡山作报告，让我们重温了自己的教育家在十九世纪上叶激动人心的教育改革实践与理论，以及他对当前课程改革的现实意义。

2004年，我们出版了《陶行知读本》，组织了"陶行知教我怎样做老师"演讲会，让广大师生再次"走近陶行知"。

2005年，我们在全区开展了"学习陶行知，争做小陶子"系列读书活动和演讲比赛，无锡市学陶现场会在我区举行……从此，一个学陶的热潮正在涌起。走近陶行知，学生们如痴如醉，教师们受益匪浅，校长们豁然开朗；学习陶行知，一片风景正在亮丽。

学习陶行知，我想至少应该抓住四个关键的词：

"爱"是基石。他一颗中国心，一副百姓相。他爱满天下，爱儿童、爱家人、爱朋友、爱同志、爱同胞、爱中国、爱世界、爱人类、爱生命、爱自然、爱宇宙；他的民主教育思想的形成就是他爱国家、爱民族的具体体现。

"童"是立场。这不仅是一种教育观的改变，更是传统教育与现代教育的分水岭，是教育的丰碑。作为世界现代教育奠基人杜威的学生，他是"儿童中心说"的积极倡导者和践行者，是中国现代教育的先驱。他的"生活教育理论"所涵盖的儿童立场、儿童权益、儿童保护、儿童尊严等儿童教育观至今仍熠熠生辉。

“真”是旨归。他践行“捧着一颗心来，不带半根草去”，他提出“千教万教教人求真，千学万学学做真人”，积极倡导“真教育”，学真知、求真理、做真人。

“做”是精髓。他的“生活教育理论”落脚点是“做”，这与“教育与生产劳动相结合”的教育方针，与“实践出真知”的哲学观一脉相承。陶行知先生主张“行动”是中国教育的开始，“创造”是中国教育的完成，他提出的“教学做合一”，其实就是培养创新意识和实践能力的基本教学原则和方法，这是生活教育理论的精髓。

陶先生曾在一首诗中写道：“人生为一大事来，丈夫志在探新地。”当前，我们面临着新课程改革的“三个挑战”，即教育观念的更新与挑战，教育角色的转变与挑战，教育方式及技术的革新与挑战。要解决这些问题，我们必须要胸贮“爱满天下”的教育情怀，要树立“千教万教教人求真，千学万学学做真人”的教育目标，要掌握“生活教育”“创造教育”等思想武器，以不“坐而论之”、必须“起而行之”的态度，开创新课程改革的新局面。

陶行知教育思想博大而深邃，学陶师陶，我们不能一蹴而就，更不能浅尝辄止。锡山的学陶师陶并不早，但我们已经迈出了可喜的一步。当我们站在课改的前沿，蓦然回首，陶先生光彩依旧。当我们展望教育的未来，我们坚信，锡山陶花将姹紫嫣红……

实践陶行知“诗教”思想，创造学生诗意的生活

——《学陶征文选》序

陶行知是我国伟大的人民教育家、教育思想家和教育改革家，他的教育思想涵盖面广，内容博大精深。他给后人留下了很多不朽的著作，陶先生的著作最大的特点是用通俗易懂的话语阐述含义深刻的哲理，用儿童化的语言启迪儿童的心灵。尤其是他的诗歌，简简单单，明明了了，深入浅出。

陶行知 1943 年在育才学校当校长时，曾说过一段有名的话：“我要把育才办成一所诗的学校，盼望大家帮助我。我要以诗的真善美来办教育。我并不是要学生每个都成为诗人，那太困难了。但我却要由我们学校做起，使每个同学、先生、工友都过着诗的生活，渐渐扩大出去，使中国的人民，世界的人民都过着诗的生活。”

陶先生诗教的力量，从下面的一首小诗中可见一斑。一天，陶先生看到两个学生为一件小事闹翻了，互相对骂。在第二天的晨会上，陶先生即以小诗《骂人》赠予这两位同学：“你骂我，我骂你。骂来骂去，只是借别人的嘴巴骂自己。”形象地揭露了骂人的坏处。他的话音刚落，一位学生竟改了他的诗：“你打我，我打你。打来打去，只是借别人的拳头打自己。”这就是陶先生诗教的力量！

古代的诗教，虽也朗朗上口，但均以经为材，学生学起来难懂，教师教起来难教。陶先生的诗，均是陶行知和他的学生自创，不仅通俗易懂，而且学生喜闻乐见，不用教师作过多的讲解，他们自然能懂。如为教育学生爱护绿化，陶先生写了一首《保护栽的树》的小诗，他这样写道：“割草留树，房子有得住。砍树如草，板凳无处找。”平直的语言，就连低年级的同学都能一眼看懂。再如陶先生作的《豆腐浆》一诗：“乳白豆腐浆，胜过人参汤。喝到肚子里，爽快而健康。”同样的直白，让人一看就懂。

诸如此类的小诗，陶先生不知写了多少，用近乎“白话”的语言，把对学生生

活的指导和对一些陋习的针砭表露无遗。如《随地吐痰》，十分生动传神，诗曰："生痨病，真难过，痨病虫儿小又多，一根针杪上，能站五百个。干了飞进肺里去，肺里处处都戳破；今天一命呜呼！都是随地吐痰的罪过。"形象的语言，由表及里，读起来朗朗上口，便于理解、记忆，胜过那枯燥、干巴的教育何止百倍，从中我们不难看出陶先生以诗育人的精妙之处。

《学陶征文选》封面

陶先生的诗不是用嘴念出来的，而是用"不带半根草去"的"爱满天下"般的慈父的心怀爱出来的，也只有拥有如此博大关爱的心怀，才能教出真知，育出真人。

陶先生说："人人都说孩子小，小孩人小心不小，倘若小看小孩子，便比孩子还要小。"他告诫我们，学生具有极大的智慧与自我教育能力。为人师者，要充分挖掘学生的这种智慧与自我教育能力。

继我区教育学会、陶研会出版《陶行知读本》，在全区广大学生中开展"千学万学学做真人"活动后，我区又组织了学生开展学写陶诗活动，正如预料的一样，学生学写的陶诗语言直白、通俗易懂。如钱赠旭同学写了一首《团结互助》："你说他不好，他说你不好。只要肯团结，什么都会好。你帮他一把，他帮你一把，这样多齐心，世界更美好。"再如陆艺文同学写了一首《读书》诗，自勉并勉励同学。诗曰："小学生爱读书，读好书，用活书。书中道理记心上，这样进步才会大。"全诗字数不多，语言通俗，但表达的思想却非常清晰。读着孩子们写的那么多的诗歌，我感到非常的欣喜和欣慰。

正如陶先生所言，我们"并不是要学生每个都成为诗人……"，但是，"使每个同学、先生、工友都过着诗的生活"，就一定会提升学生的道德品位，让学生感受到生活的美好。愿学陶活动继续深化、升华，愿"陶花"在锡山校园盛开……

第二章 视点

是视点，也是思想。

从表象到本质，从课堂到课程，从原点到远点。探求内涵，印证意义，寻找价值。

教育的面貌千姿百态，但我们的心里，始终清晰，伴随坚定。每一个写下的视点，就是一次清晰的厘清与认定，为继续前行积聚力量，也为后来者开一扇窗。

均衡·常态·高效

——谈课程改革的境界

2001 年秋季无锡市锡山区步入了首批国家级基础教育课程改革实验区的行列。两年半来，我们步履匆匆，又不乏坚定沉稳；我们上下求索，又深知“路漫漫其修远兮”。当日历翻到“2004”的时候，课程改革又将追求怎样的一种境界呢？

均衡。基础教育的均衡发展是历史的必然选择。随着时代的进步，均衡发展的内涵也在相应发生着变化，其主要走向是：为更多的人提供更多的受教育机会——为所有的人提供基本的教育——为尽可能多的人提供尽可能好的基本的教育。当我们立足于锡山教育的实际，审视历史的进程，我们应义不容辞地追求第三种境界，即让区域内的每一个学生接受尽可能好的基础教育。这不仅是一种理想，更是一种责任。其对策主要有四：

一是合理配置教育资源，进一步推进基础教育，尤其是从义务教育的规模办学、规范办学走向内涵发展、品质发展，从而形成区域内教育公平的舞台。

二是放大优质教育资源，强化其示范、辐射功能，发挥优质学校的拉动作用，从而使优质学校与薄弱学校逐步走向良性互动。

三是继续倡导“四个关注”，即关注平时、关注村小、关注薄弱、关注各学科推进，进一步强化中心小学对定点村小的管理、辅导、指导功能，形成中心小学与村小的“合力推动”“相互联动”“自主滚动”的一体化推进策略。进一步关注各学科的均衡推进，尤其要关注“非工具”学科、综合课程的教学情况及师资情况。

四是改革评价与督查制度，大力巩固来之不易的素质教育成果。改革考试方式方法，完善学生向高一层次学校的选送程序，进一步建立健全与新课程理念相匹配的、行之有效的各项督查机制，为学校发展和学生发展提供服务和保障。

常态。要把新课程所倡导的理念体现到教育教学过程当中，使其成为一种新的“常态”。这是对实验更深层次的要求，也是更难实现的要求，同时也是我们应当追求的一种境界。课程改革的最终目的是“教人求真”“学做真人”。失去常态，就失去真实。

比如，在课改实验开始以后，课堂教学行为方式出现了变化，这是大家都能感受到的。但是，这种变化能不能成为教学生活的“常态”？这才是衡量课改实验有没有取得成功的最终标志。如果教学行为方式的变化只出现在一些公开的教学活动中，课程改革就会成为一种“表演”。我以为公开课的目的在于实验，课改实验无非在于探索一种新的教育思想在教学活动中的实践，在教学常态下的呈现（这里用“呈现”，而不用“展示”，是因为“展示”很容易走向“表演”）。所以，我们应该追求课改实验的科学、艺术和实效，摒弃应时、应景、应名、应利的形式主义的东西；我们应该特别重视每一位教师的“家常课”，尊重师生思维的原创性，使每一次课改研讨活动更具有可学性和借鉴的意义。

两年多来，我们已形成了一整套行之有效的新课程推进的政策和措施，这些政策和措施能不能得到一以贯之的落实？能不能成为每一所学校的内在管理行为？新课程的推进政策和措施只有成为管理“常态”以后，课程改革才算得上真正发生了变化。新的教育“常态”的出现，标志着义务教育出现了新的“内涵”，标志着应试教育现状的改变，标志着素质教育实现了突破性进展。

高效。课程改革的“高效”境界，应基于教学的“有效性”。有效性是一种价值属性。不论“效”之大小如何、“效”之代价多少，均须以该活动结果是否符合主体需要为依据。在新课程理念下，我们对教学有效性的理解为：

一是教学有效性要以学生的进步和发展为宗旨。教学有效与否，要通过学生来表现。有效的教学应该关注学生的发展，教师必须树立学生的主体地位，具有一切为了学生发展的思想，在教学活动中促进学生全面发展、主动发展和个性发展。

二是教学有效性要关注教学效益，它要求教师有时间和效益的观念。教师在课程和教学设计时，应充分考虑教学效益的问题，不能为追求形式抛弃对教学效益的追求。

三是教学有效性的实现要以教师自身的发展为基础。教师是影响教学有效性的一个重要条件。在课堂教学过程中，特别是在新课程的理念下，教师教学观念的变革、教学策略的选择以及教学批判反思的能力，这些与教学有效性相关的因素都离不开教师自身的发展。在当前，教师特别要处理好三维教学目标的关系。凸显情感、态度、价值观教育是新课程的一个基本理念和基本特征，然而一些教师对到底如何处理知识与技能，过程与方法，情感、态度、价值观的三维教学目标显得有些困惑，不知道该如何有机地体现三者，所以出现了在一些课堂上教师脱离具体内容和特定情境，孤立、人为、机械、生硬地进行情感、态度、价值观的教育。实际上，情感、态度、价值观是不可以直接或独立教授的，只有和知识与技能、过程与方法融为一体才是有生命力的。

四是教学有效性以学生学习方式的转变为条件，促进学生有效学习。通过学生的自主能动学习，使学生有效学习，实现提高教学效率的目标。切忌“把自主变成自流”“有合作而无实质”“有活动缺少体验”等形式主义。

五是教学有效性还要关注教师的教学策略。在保证教学有效性的条件中，教师的教学策略占有重要的地位。教师要掌握教学准备、教学实施和教学评价阶段的一系列策略性的知识。

诚然，谈课程改革的境界，还有很多的要素与内容，如“特色建设”“科研带动”“信息技术整合”等，限于篇幅，这里就不再赘述。况且，“新课程的境界”永远是动态生成的，是永无止境的。它需要我们用坦然、自信的心态一步一步地去创造更新的境界。

课程·课题·课堂

进入"新课程"以来,头脑里时不时地冒出"课程·课题·课堂"这样的概念,倒不是因为文字的对仗和说起来的顺口,总觉得这实在是实施新课程改革必须持有的基本意识和行动策略。长期以来,广大基层的教育管理工作者和一线教师比较关注的是"教材与教法",这本无可厚非。但缺少课程理念引领的课堂往往是从教师"教"的角度出发的一种"知识课堂";以前我们也搞"课题研究",但这种研究更多的是从"功利"出发的一种"隔靴搔痒的研究"。

只有当我们真正地走进新课程以后,我们才发现:课程改革为课题研究和课堂教学注入了源头活水,课程改革的核心环节是课程实施,而课程实施的关键是科学实施,课程实施的基本途径是课堂教学。围绕着"提高实施新课程能力"的目标,以教育科研课题为抓手,将课程改革与课题研究紧密结合,以课题研究提升课改品味;以优化课堂教学过程为重点,课堂教学仍然也永远是主阵地,课程改革的实施归根结底是课堂教学的变革。

在实施新课程中,我以为最重要和最基本的策略是:调整课程、优化课题、改革课堂 。

调整课程。就是要全面强调课程意识,重新认识课程功能,重建课程结构,合理开发并利用课程资源,修改课程的目标内容以适应其课堂情境。也包括对国外引进课程的翻译和本土化改造。调整课程,不仅要对传统国家课程进行必要的改造和完善,也要对新课程倡导的综合课程和综合实践活动课程进行大胆的探索和实践,更要对校本课程进行科学的规划和实施;使新课程不仅注重基础学力的提高,也注重信息素养的养成、创造性和开放性思维的培养,更尊重学生的经验和个性,强调价值观和道德教育。

优化课题。一切科学研究始于问题——问题即课题,教学即研究。要把新课程实施中产生的"困惑"作为必须解决的问题,继而上升为研究课题,积极反思实践和跟进行为。问题必须来源于学校实际,问题必须具有针对性和现实

教育絮语

◎一个基本的教育命题：教学即发展，教学为了发展，教学促进发展，教师为促进学生发展服务，这是教学的本质，也是教育的本质。

性。要注意把课题做在课堂上，带着课题进课堂。要通过反思唤醒教师主体意识，要注重实践强调“在行动中研究”。这样，才能以课题研究来推进课程改革，在课题研究中促使课堂教学不断优化，促进师生的共同进步与成长。

改革课堂。课程文化的核心是课堂教学，改革课堂就是要重建课堂教学价值观，就是要弄清什么是课堂教学所要追求的最有价值和最为根本的目标。课堂教学的第一价值是生命价值，课堂教学的最高目标是人格完善。新课程倡导的课堂是充满生命力的课堂，是充满人文关怀的课堂，是充满智慧魅力的课堂，是充满问题探索的课堂。从“知识课堂”向“生命课堂”的转变是新课程的呼唤。因此要让课堂成为生命发展的空间，生命成长的摇篮。要让课堂成为学生的能言堂、乐言堂，让学生真正成为课堂的主人。

新课程　新课标　新征程

《义务教育课程标准(2011)》的颁布实施，标志着发端于新千年的我国“第八次”课程改革已经进入了“深化”阶段。然而，真正的“深化”还有另一个重要标志，就在于我们的教学是否与新课程的先进理念“共舞”。这就意味着我们的教学改革，需要依照新的框架优化重组，调整步伐和节奏，开始新的征程。

纵观“新课改”十年的历程，不管是“国家意志的体现”，还是“如何使理念转变为信念”，或者“顶层设计如何为教育实践所检验”，一切矛盾和问题总要反映在日常的、具体的“课堂”中，总要落在平日里广大教师所实施的“课堂”上。课堂教学是课程改革的主渠道，也是教育改革的原点。先进的课程理念如果仅仅停留在理念的层面，没有落实到教学行动之中，那是没有任何价值的。十年课改，新课程所倡导的先进理念得到了很大程度的认同，但高位理念与低位行动之间的矛盾在现实中不仅存在，有时还表现得十分严重。我们也许会经常这样追问：新课程到底需要什么样的“新”教学？教师应该根据什么来组织和开展教学？

一种完整的教育教学活动，至少要回答以下四个核心问题：“为什么教”“教什么”“怎么教”“教到什么程度”。我们只有明白了“为什么教”“教到什么程度”，才能明白“教什么”“怎么教”。教学的出发点与归宿其实都是目标，没有清晰的目标意味着不知道“为什么教”“教到什么程度”的具体表述，也就意味着难以把握“教什么”“怎么教”的方向。而清晰的教学目标源于国家课程标准，《基础教育课程改革纲要(试行)》明确指出：“国家课程标准是教材编写、教学、评估和考试命题的依据，是国家管理和评价课程的基础。应体现国家对不同阶段的学生在知识与技能、过程与方法、情感态度与价值观等方面的基本要求，规定各门课程的性质、目标、内容框架，提出教学和评价建议。”国家课程标准从学科的角度，回应国家教育目的的落实情况，即学科的育人价值问题，由此可见，我们的教学，理所当然要基于课程标准展开。

教育絮语

◎做课题研究，不能是“哑铃”状的，只顾开题和结题，而应是“虎头、猪肚、豹尾”，哪个环节都不能少。

◎教导主任，要既教又导。

解读新课标，从大的方向看，我们会发现在一些问题上较之实验稿已经向前大大迈进，如尊重每一位儿童的独特性与多样性，密切课程与学生经验的联系，强调学科核心思想和学科本质特征，倡导人文精神的回归，进一步加强科学探究等。当然，我们既要了解新课标修订了什么，更要关注坚持了什么。“教育是生活的过程，而不是未来生活的准备。”课堂教学就是学生在教师的帮助下通过新知识与原有知识和生活经验相互作用、改造、充实，来建构新的理解的过程。没有学生已有经验介入的教学，总会贫乏、呆板甚至死气沉沉。课堂应是向未知方向挺进的旅程，随时都有可能发现意外的通道和美丽的风景，而不是一切都必须遵循固定线路而没有激情的行程。课堂应该追求对人的生命存在及其成长的整体关怀，师生互动、心灵对话，创造更多的学生与知识“期遇”的场域，唤醒学生沉睡的潜能。

为此，我们的教学实践，需要牢牢把握新课标精神，落实新课标的规定和要求，强化目标意识和学科本色，全面提升教学质量。在所有影响、制约课程与课堂改革的因素中，教师的素质与能力是第一位的，它具有决定性意义和作用。教学过程是师生互动的过程，教学过程中教师的主要作用是“倾听”与“对话”。作为教师，我们应成为学生发展的促进者和帮助者，成为学生成长的“诊断者”和引领者；由简单的“教书匠”转变为实践的研究者或研究的实践者，由教学活动的“策划者”转变为学生学习的指导者和参谋者；成为学生潜能的唤醒者，学生发展的合作者，教育艺术的探索者……总之，我们要努力成为新课标的学习者、实践者和研究者。

新课程关于评价改革的目的不是为了“选择适合教育的儿童”，而是为了“创造适合儿童的教育”。“深化”新课程改革就必须回归到教育的本质意义上，即教育是为了“发展”，而不仅仅是为了“选拔”。我们要思考“教学—评价”的目标一致性。倡导发展性评价，发挥评价的“诊断”“矫正”“激励”功能，从而唤起学生的自我意识、自我调节、自我完善，提高学生对自我的认可度，在学习目标上的达成度，使评价成为促进学生不断发展的过程。强调评价指标的多元化，评价不仅要反映学生的学业成绩，而且要反映学生的学习变化和学习态度，尤其是要关注学生的创新精神和实践能力的发展；对学生的评价既要有最基本的要求，也要关注学生个体的差异，以提高学生的综合素质。强化运用多种方法综合评价，改变评价仅限于“笔试”的单一模式，代之以笔试、口试、特定情境与行为评价、日常观察评价、档案袋评价等多重方式并行；采用多种评价手段和评价工具，为学生的评价多提供几把“尺子”。总之，让评价更好地体现我们对新课标的实践。

新课程，新课标，我们在路上。也许我们会遇到更多的矛盾和问题，但只要努力做一名行者，学习、反思、改进，我们的征程一定会充满收获与希望。

寻找教育的DNA

DNA(Deoxyribonucleic acid),是一个生物学概念,它是一种分子,同时也是基因组成的材料,被人们称为“遗传微粒”。DNA可组成遗传指令,它是制造生命的蓝本,所以,生命的本质是DNA。

在此借用DNA这个概念,旨在追寻千百年来教育的血脉,找回教育基因的延续,正视教育的变异,守望教育的本真。在人类漫长的文明进程中,东西方思想的起源几乎是同步的。两千多年前,东西方一些奠基性的思想家不约而同地涌现在这个人类赖以生存的地球上,出现了释迦牟尼只比孔子大十五岁,亚里士多德也只比庄子大十五岁这样的奇事。这样的思想孕育着这样的教育,千百年来,不管是“孔孟之道”,还是“百家学说”;不管是程氏兄弟与朱熹的“程朱理学”,还是王守仁的“知行合一”;不管是称为“希腊三贤”(苏格拉底、柏拉图、亚里士多德)的“哲学启蒙”,还是皮亚杰、维果斯基、布鲁纳、加德纳的“建构主义”;不管是赫尔巴特、夸美纽斯的“传统教育”,还是杜威、陶行知的“现代经典”……这些都是教育DNA中基因组成的材料,尽管在“遗传”的过程中,也有分歧、博弈,甚至对峙、裂变,但教育的生命体始终保持着一种健康的、合规律的体征有序地发展着。因为他们都保持着对教育的敬畏,对生命的尊重,对教育与社会、教育与学生、教育与知识等基本关系的认同,更重要的是,他们遵循着教育自身的发展逻辑,不失范、不越轨,保持着教育的神圣性与专业性。

时至今日,教育承载着文明,汲取着文明进步的成果,又推动着社会文明的发展,但教育DNA分子中的基因突变现象似乎一夜之间降临且有愈演愈烈之势。这似乎也可以说是教育迅猛发展中出现的问题,可是这样的基因变异猝不及防、蔓延迅疾,竟没有相应的预防机制,可怕的是一些业内人士甚至“精英阶层”恰是这基因突变的“操纵手”和“助推器”。

现实中,我们误导了教育的核心价值,背离了教育的发展功能,离析了“有教无类”,变味了“知行合一”,错位了“办学校”与“办教育”的一致性,放大了“应试”的功效，还打着“为学生负责”的旗号，指令着学生的“被特色”，还冠以“个性化”的美名；我们每天在做着“课程加法”，却口口声声要“减负”；我们每天喊着“一切为了孩子”，却实实在在“为了自己的面子”……在教育的DNA中加上了“功利”“短视”“虚无”“作假”等不和谐的因子！

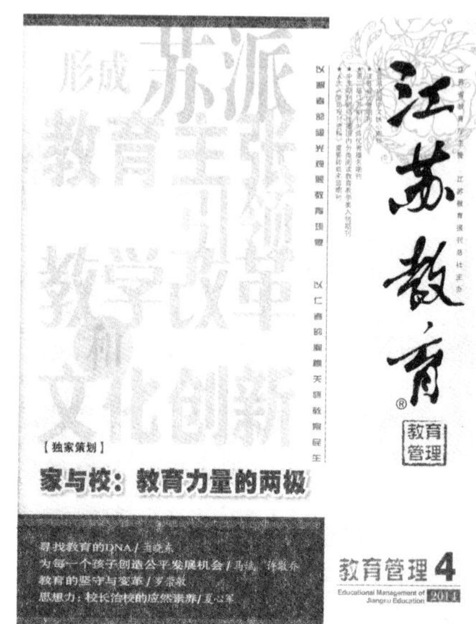

《江苏教育》(教育管理)封面

寻找教育的DNA，就要思考一千年前的教育举措，以后还会是教育的良方，今天我们是否坚守？

寻找教育的DNA，就要掂量今天我们赋予教育的一些做法，千百年来未曾有过，未来也不会使用，我们是否可以摒弃？

寻找教育的DNA，就要厘清什么才是教育真正的“遗传微粒”，是教育分子中的核心基因，我们是否应该守望？

寻找教育的DNA，就要审视今天出现的基因变异，是文化的迷失，是机制性障碍，还是我们内心的彷徨？我们是否必须“正本”？

寻找教育的DNA，就要未雨绸缪，坚持教育的方向和方法，“转基因”未必都是有害的，但如果不利于教育生命体的健康，就应该研制“良方妙药”，对症下药。

今天，我们正处在社会的转型期和教育的变革期，我们期待变化的是教育朝着DNA这一生命蓝本的不断优化，不变的是我们对于教育本质追寻的勇气和信念！

◎课堂教学从本质上看是以“知识建构”为核心，是新知识与原有的旧知识和经验相互作用、改造、充实，来建构新的理解的过程。

国外经典教育理论与新课程实践

经典的教育思想历久弥新，她是“理性的启蒙”“智慧的凝练”。她生成于特定的环境，被漫长的时间所检验，仍然展现着隽永的内涵与魅力。尽管几乎所有“经典”的产生都有复杂的社会背景与人文背景，并带有时代的局限性，但“经典”的“原创风格”和“独特智慧”却让人们心驰神往。

大家知道，传统教学论的经典之作是夸美纽斯的《大教学论》和赫尔巴特的《普通教育学》。但对我国教育界影响最大的，则是 20 世纪 50 年代出版的苏联教育家凯洛夫主编的《教育学》。该书中提到的“三中心论”“五环节说”“六大原则”及“九大教学方法”等都是我们耳熟能详的。由于它在教学中体现以教师为中心、操作性强等特点，被广大教师长期实践着。但也正是它强化了教师在课堂中的中心角色和简单的操作需要，封杀了教师在理论和创造意义上探索教学工作的需求。

直到 20 世纪初，杜威以儿童为中心、以经验的重组为教学本质、以活动和练习为基本教学组织方式的实用主义教学观，开创了现代教学论的先河，从而使人们冲出了传统教学理论的樊笼，令教育界“如沐春风”。此后，现代教育便没有停止其探索的脚步，许多新的教育哲学与心理学理论相继诞生。我们较为熟悉的有布鲁纳的结构主义教学理论、克拉夫基的“范例教学”、维果茨基的儿童最近发展区与最佳教学阶段的学说、赞可夫的教学与发展的理论、巴班斯基的教学最优化理论和布卢姆的目标分类理论等。

20 世纪末，随着我国新课程改革的需要，国内课程与教学理论界又掀起了一次翻译、介绍和研究国外相关理论的高潮，其关注点集中到可以“后现代主义”为总称的诸多教学理论流派。

客观地讲，后发型现代化国家的教育改革，无不从向现代化先行国学习开始的，开端于21世纪初的第八次课程改革，其理论基础来自于现代西方理论，如实用主义、后现代主义、多元智能、建构主义等理论。研读这些国外经典教育理论文章，可以给自己的思想来一次“深呼吸”；并重在用西方的真理改造中国的国情，而不是“充当西方教育理论的试验田”，从而克服“本土化的缺失”和“情绪化倾向”，切实找到一条适合国情的新课程改革之路。

《易经》云：“取法乎上，仅得其中；取法乎中，仅得其下。”希望这些国外的经典教育思想能让我们取其法，得其所，给时下的新课程理论研究和实践操作提供借鉴和启发；伴随广大教师的专业成长，给大家以精神的滋养和思想的感悟。

教育絮语

◎课堂建构不是教师“辛勤浇灌”的被动接受，也不是“你发我收”的简单复制，更不是脱离原点的“揠苗助长”。

◎教师眼中要有儿童，提问对话要从儿童出发。

寻找经典教育思想的现代价值

经典，亦译“古典”，在汉语中，是“传统的具有权威性的著作”。在英语中，经典是“classic”，基本含义也是最优秀的、第一流的意思。更确切一点的定义应该是“在某个学科或流派的发展中起过重要作用”，或者“公认为某个领域最优秀的”。

“思想，亦即观念，是理性认识”(《辞海》)。教育思想也就是教育观念，它是人们在长期的社会实践，特别是教育实践中逐步形成的对教育的看法、观点、愿望和要求等理性认识。

从逻辑的角度看，“现代”应与“传统”相对的，从一般的认识来看，将“现代”界定为整个20世纪的历史阶段，将“现代性”从表征上概括为：经济上，现代垄断资本主义取代自由资本主义成为占统治地位的经济体制；政治上，民主主义扩展成为一种社会生活方式而不仅仅是一种政府组织形式；文化上，社会哲学或生活哲学取代自然哲学或科学哲学的统治地位；教育上，国际主义教育崛起并打破国家主义或民族主义教育的局限。

传统教育思想在西方教育史上是一个特定概念，指以19世纪的德国近代资产阶级教育家J. F. 赫尔巴特为代表的教育思想体系。关于我国的传统教育思想则是一个比较笼统的相对的概念。它泛指自古代以来，历代教育家的思想和主张在我国长期的教育发展中形成的为适应一定的经济、政治制度和生产方式的需要，在历史上曾起过重要作用，并作为一种习惯力量流传下来的教育观念和教育经验。

教育思想正确与否会直接促进或者阻碍着教育事业的发展。社会和教育的发展又进一步对原有的教育思想进行评价、检验、反思。当然社会实践和人们认识的发展并不是同步的，情况也很复杂，我们需要的是要寻觅教育思想的内核与功能，认识它的现代价值和积极意义，用先进的经典教育思想来指导我们现时的教育实践。

在我们的日常教育中，当阐述到某种教育思想时，往往浸淫在片言只语之中，常常凭感觉去理解和引用某些思想，尽管理解和使用起来貌似并无大误，但对于该教育思想的确切含义，其实未必了然于心，也可能是“断章取义”。

要“了然于心”，就必须深入，就必须深度学习，了解经典的、具有普世价值的教育思想，从而科学地认识、评估和借鉴这些教育思想，并从不同的视角对其作比较研究，从中寻找启示和共鸣，以期对当今教育的理论研究和实践操作有所裨益。

儿童在课程中央

在教育的发展和演绎过程中，教师和学生（成人和儿童）的定位、作用、角色一直是教育界博弈、诤谏甚至对峙的双方，直至形成了“教师中心说”和“儿童中心说”两大阵营。在西方教育史上有着“从赫尔巴特时代进入了杜威时代”的说法，表明了现代教育的产生和儿童地位的确立。在我国，曾有着“教师主导、学生主体”的阐述，这一带有“中庸”的说法，仍未能脱离教育学的理论窠臼。经过十多年的新课程改革实验，尽管教育界还有争论的声音，但基本的观点已经日趋融合。那就是：课程改革应该让儿童站立在课程中央。

首先，从儿童的眼睛望去。有这样一个故事：一位年轻的妈妈，是一家企业的白领，平日里工作十分繁忙，无暇陪伴四岁的孩子。经孩子的再三要求，周末终于带上孩子来到了市中心的人民路商业街。不料，刚搀着孩子逛了不到半小时，孩子便吵着要回家，年轻妈妈大为不解，甚至嗔怪孩子。这时，她发现孩子的鞋带松开了，便蹲下去帮孩子系鞋带。一刹那，妈妈傻了眼，因为从孩子眼睛望去，熙熙攘攘的商业街，人们摩肩接踵，目之所及全是大人的腿，怪不得孩子毫无兴趣了。

课程中的儿童同样是这样，多少年来，我们习惯于成人的思维和行为方式，以组织与控制课程为能事，儿童处在依从、听从、服从的地位。尽管我们也曾经是儿童，但我们其实已失去了儿童眼里的纯净、好奇……正如周国平先生所言，“在孩子眼里，世界充满着谜语。可是，成人常常用千篇一律的谜底杀死了许多美丽的谜语。这个世界被孩子好奇的眼光照耀得色彩绚丽，却在成人洞察一切的眼睛注视下苍白无色了。”

从儿童的眼睛望去，就要从儿童立场出发，这既是现代教育的核心宗旨，也是基础教育的本质应然；从儿童的眼睛望去，我们的课程就应更关注学生的心理逻辑而非内容逻辑；从儿童的眼睛望去，就要求教育的原点和设计遵循“人”的发展规律，尊重儿童立场、儿童需要、儿童权益。总之，从儿童的眼睛望去，就要我们懂得，研究每一个儿童预示着教育的真正进步。

其次，以儿童的方式学习。“儿童”从本质上说，就是“未成熟”“未确定”“生长中”，就意味着可能性、独特性与创造性。

儿童从本义上是自由者和探索者。以儿童的方式学习，第一要解密“童心”。胡慎之在《童心密码》一书中说，孩子每一个“无关紧要”又或者不被理解的行为，都有其重要的心理学意义。“不要吝惜你的时间去寻找孩子内心的密码，不要宽容自己的懒惰放弃对自我的觉察”，尽管这话出自一个心理师的育儿手记，但较之于教师，掌握儿童密码，以儿童的方式学习也应该成为教育的应然之义。第二要营造适合的学习环境。国内有一批环境主导论学者认为，环境对学生学习效果影响较大，起到了决定性的作用。当然，这环境不仅指自然生态的物质环境，还在于适合儿童学习的精神环境，如日常交往环境，合作学习环境，由评价带来的人际环境等……但可以肯定的是，环境对于儿童发展的隐性作用是客观存在的，且儿童年龄越小对环境的信任和依赖感就越强。第三要不断满足儿童的学习需要，让学习真正发生。要贯彻以学定教、先学后教、因材施教原则，让儿童在学习活动中充分表达自己对于学习生活的认识、体验和感受，表现自己内心的担忧和冲突、快乐和困惑、期待和愿望，以满足他们鲜活的内心需要，并不断改造和提升他们的经验。

再次，陪伴儿童生长。儿童站立在课程中央，那么教师站立在哪儿？党的群众路线教育实践活动中有三个基本的问题，即我是谁，依靠谁，为了谁。把它迁移到教育领域，也便成了教育的三维准线：我是“懂教育的”，而非只有文凭和教师资格证；教育只能依靠儿童来展开和进行，而非依靠预定的教案和流程；教育是为了儿童的，教师只是儿童生长的陪伴者。

陪伴儿童生长，教师就应该做“长大的儿童”，既能蹲下去“平视”，也能站起来“引领”，“以儿童之心度儿童之腹”；陪伴儿童生长，教师就应该是“平等中的首席”，保持倾听和对话的姿态，引领儿童生长；陪伴儿童生长，教师就应该在教育过程中，关注全体而不是少数、关注全面而不是片面、关注全程而不是短程。就应该少一点“规”、多一点“范”，少一点“管”、多一点“理”，少一点“控制”、多一点“顺应”。

总之，儿童在课程中央，不仅是一种先进的课程理念，更要落实在具体的课程形态、实际的课堂情境中。要切实改变“高位理念和低位行动”的现实运作状态，通过不懈的努力和长久的坚守，真正使之成为儿童生长的课程文化。如是，则儿童福矣，民族幸矣！

教育絮语

◎一个优秀的老师是这样的：把学生当成孩子，把别人的孩子当成自己的孩子，把自己当成孩子。

一切为了孩子

“一切为了孩子”这句话耳熟能详，很多学校都把这句话制成铜字安放在显眼位置。然而，不少学校只是把这句话作为一句标语口号，真正的管理行为与之相距甚远，甚至背道而驰。从语言学角度看，“一切为了孩子”是一句主谓短语，它排斥了“一切为了领导”“一切为了教师”“一切为了荣誉”“一切为了分数”“一切为了面子”等行为指向；从教育哲学的角度看，“一切为了孩子”既是人本思想在教育中的体现，也是现代教育观的主旨，当成为现代学校管理的核心价值取向。

为了“每一个”——从学生出发。回溯中外教育史可以发现，围绕管理和教学主客体关系的认识，千百年来始终在“教师中心”与“学生中心”两极之间徘徊，从荀子的“外烁论”到孟子的“内发说”，从赫尔巴特到杜威，从凯洛夫到罗杰斯，莫不如此。对这一“钟摆现象”的不同取向，构筑了传统教育与现代教育的分水岭。

一切为了孩子，为了一切孩子，这是现代教育的核心宗旨，也是基础教育的本质应然。教育的根本问题是关于儿童的问题，基于对儿童认识的儿童立场是教育的根本立场。从孩子出发，就应该以儿童为本，关注儿童的视角，研究儿童的心理，满足儿童的需要，保护儿童的权益；从孩子出发，就要求教育的原点和设计遵循儿童认知的发展规律，贯彻以学定教、先学后教、因材施教原则，以儿童的“学”作为教师“教”的出发点；从孩子出发，就应该顺应“自由和探索”的儿童天性，但绝不是对儿童的迁就和放任，对孩子爱与赏识并不排除必要的批评惩罚，但一定不要将惩罚上升为体罚。

为了“这一个”——促进学生个性发展。“人之初，性本善，性相近，习相远”，随着学习经历的增加，人的差异性也会越来越大。从关注整体到关注个体，从关注“每一个”到关注“这一个”，在关注每一个学生发展前提下，追求学生的个性化发展，应是未来发展基础教育的价值取向。

“人是未完成的存在”，学生就是“未成熟”“未完成”的存在，就意味着“可能性”“独特性”。为了“这一个”，就要探索在班级授课制背景下学生个性化发展的学校管理、课程建设、教育过程、教育评价等各个环节；就要激发学生进行自我教育，不断挖掘学生的自我潜能，“提供机会让他们拯救自己的灵魂”；就要把握“人的个性化和社会化的和谐发展”，不能一味地夸大“自我”，既要“个性”神采飞扬，又和人的社会属性并行发展。

为了“未来的一个”——为学生终身幸福奠基。联合国教科文组织有权威报告认为“基础教育是向每个人提供并为一切人所共有的最低限度的知识、观点、社会准则和经验”的教育。“它的目的是使每一个人能够发挥自己的潜力、创造性和批判精神，以实现自己的抱负和获得幸福，并成为一个有益的公民和生产者，对所属的社会发展贡献力量”。

培养学生以“幸福”观照自己的内心，这是教育的最高宗旨，因为教育首先是“人”学。如果学校（社会）只是以“分数”“升学”来衡量教育的优劣，而忽视了“未来的一个”关键品质的培养，健全人格的塑造，那于国、于家、于生谈何“未来”呢？为学生终身幸福奠基，就要倡导从学生发展“原点”到“远点”的教育，就要引导教育从“应试”到“应世”的转变，就要改革考试模式和人才培养方式，就要回归到教育最本质的领域去营造教育的“乐园”“花园”“圣园”，到教育一线去认识教育，到课堂里去寻找教育家，到学生“心灵深处”去问计教育。

“一切为了孩子”——由衷地希望这样美好的词眼，在美丽的校园中，不仅是口号和标语，不仅是乌托邦般美丽的童话与梦想，而真正成为中国教育的法理，教育行为的守望，教育管理的核心价值！

学生是什么

学生是什么?

首先,作为"学生"的个体。查《百科全书》释:学生(student):在学校学习的人。那在学校学习什么呢? 答曰,当然是学习知识。学习知识又是为了什么呢? 窃以为,其目的是为了更好地生活。所以,杜威强调"教育即生活";所以,联合国教科文组织权威书籍指出:学生最基本的含义是学会生活;所以,《学记》指出:"欲化民成俗,其必由学乎。"

那作为个体的学生如何学会生活呢? 生活,本身是"活生生"的。它不是围墙内的微言大义,也不是象牙塔中的伦理教化。生活不该是"赋予",而应让学生"参与"。所以,联合国《儿童权利公约》强调了儿童享有四大基本权利之一的参与权——参与家庭、文化和社会生活的权利,儿童有权对影响他们的一切事项发表自己的意见(表达权)。

尊重学生的参与权,就应该呵护学生的个体生命,满足学生的知晓权,提供真实的生活现场,还原生活的本来面目,建构生活的积极意义,让学生在真实的世界里自然地生长。

其次,作为"发展"的主体。马卡连柯的集体教育理论中指出:学生集体不仅是教育的"客体"(教育对象),而且也是教育的"主体"(教育者)。所谓学生的主体性,是指在教育活动中,作为主体的学生在教师引导下处理同外界关系所表现出来的功能特征,它一方面表现为人对客观世界规律自觉能动的掌握,另一方面表现为人的自觉能动的创造,集中体现为人的独立性、主动性、创造性。

要发挥学生的主体作用,就要改变单纯把学生当成被动的、抽象的、不变的教育对象,而把他们看成是主动的、活泼的、发展的主体。学生主体性的发展贯穿于学生自我决定、自我选择、自我监控、自我评价反思等整个学习的自主过程,也渗透在学生与教师、同伴,乃至学校之外的家庭、社会成员之间的交往之中。

所以,把学生作为发展的主体,教育时教师就应该克服"控制""主宰"的欲望，改变学生“依赖”“服从”的地位；就应该多一点辩证法，少一点形而上，多一点兼听则明，少一点偏听独断，多一点躬身力行，少一点居高临下；就应该以“平等中的首席”“前行中的向导”“迷茫中的咨询师”的身份，充分地尊重学生的主体意识，提供主体发展的条件，培养主体发展的能力，引领主体发展的方向……伴随着他们（学生）自我发展。

第三，作为“公民”的本体。福克斯认为：“公民身份是一种成员地位，它包含了一系列的权利、义务和责任。”公民之有别于私民，首先在于公民不只关心一己之私，而具有对公共空间和公共关系中他者的高度敏感性。

陶行知曾说过“今日的学生，就是将来的公民；将来所需要的公民，即今天所应当养成的学生。”把学生作为“公民”的本体，就需要我们的教育不是培养人云亦云、皓首穷经的“书呆子”，也不是培养只有自我、不知他人的“莱布尼兹单子”，更不是培养传统等级关系中的“臣民”“顺民”，而是要培养置身于新型的社会主义民主平等关系之中，既具有个体独立的自主意识又对他人存在具有高度觉察能力与关怀能力的现代公民。这种“现代公民”是以个体自主、自觉的价值认同与责任承担为核心，以健康的公民意识、情感与健全的公民能力为目的的。正如联合国21世纪教育委员会曾在1996年提出的那样，崇高的道德品质和对人类的责任感是21世纪人才的一个重要标准，也是一个人身心品质成熟的标志，一个公民诞生的标志。

“现代公民”的培养，就要确立权威社会逐渐让位于平等、沟通、民主的机制，把培养“现代公民”的公共生活和公共精神渗透到教育的方方面面；就要把“同情共感”“将心比心”“推己及人”等人际、人物间情谊关怀作为公民教育的基点；就要让学生懂得尊己、尊人和尊物，懂得贵生利己是最根本的道德，懂得维持群体的和谐，懂得与自然对话，与万物共存。学校教育不在于道德的至善，让每一个学生都成为“圣人”，而在于让每一位学生都能够遵守基本的行为准则，正确地“做人”“做事”和“交往”。在此基础上，培养他们关注社会、积极参与、思考反省、质疑提议的公民素养。

联合国教科文组织编著的《学会生存》中说：“教育民主化，不仅把更多的教育给予更多的人，也要更多的人参加教育管理”。如果我们真心实意地把学生看作了“学生”，而不是“容器”；看作了“未来”，而不是“奴役”；看作了“公民”，而不是“顺民”。那么，中国教育何愁没有希望？

“励志”的背后

中学教育面对高利害性考试，励志教育似乎从不缺位。不久前，一所中学校长在学校升旗仪式上的“励志”演讲，震惊了学生，也震惊了不少网友；加之近年来不断出现的雷人标语，“只要学不死，就往死里学”“通往清华北大的路是用卷子铺出来的”“不苦不累，高三无味！不拼不博，人生白活！”都让我们心中不免苦涩，这是我们需要的励志教育吗？

无可非议，中学生正处于生理、心理与智力不断走向成熟的阶段，对其进行励志教育，帮助他们从小树立远大的理想与志向，有助于他们取得人生与事业上的成功。志向是一个人成长的方向，是走向成功大门的金钥匙。“有志者，事竟成，破釜沉舟，百二秦川终属楚；苦心人，天不负，卧薪尝胆，三千越甲可吞吴。”若没有“彼可取而代之”的壮志豪情，项羽怎么会成就西楚霸王的基业；若没有苦心复国的卧薪尝胆，勾践又怎么会成为春秋五霸之一呢？无数事实证明，志向是通往成功的阶梯。但关键是，应该树立怎样的志向，我们又该如何帮助学生“立大志，立常志”呢？

“励志”的“励”，应是“勉励、鼓励、激励、磨砺”之意，因此我们的励志教育，应当追求适时的鼓励，直抵心灵的激励，在实践中不断磨砺的过程。中国人自有“中国式”的励志教育，中国文化强调“弥漫性”，如中医般辨证论治，治人而非治病，强调身心调理。我们的励志教育也要更多的让学生置身其中，耳濡目染、感同身受。很喜欢一些学校布置的“博士墙”“学子林”“格言廊”，学生走在这样的校园内，自然就会汲取榜样的力量，获取不断向上的动力。这样“含蓄”的励志，胜过功利的“猛药”，不来势汹汹，却润物无声，倒能真正成为学生的“心灵鸡汤”。

其次，我所向往的励志教育，还应具有生长的味道。中学生正处于青春期，他们的未来“一切皆有可能”，他们的志向也应当丰富且多元。我们期冀学生能够像苏东坡那样“发奋识遍天下字，立志读尽人间书”，更像伟人周恩来那样，

“为中华之崛起而读书”；我们也要尊重希望成为“在路边为成功鼓掌的人”，平凡但不平庸，平常也很幸福。当我们的学生志向由衷发出，而非外力强加，当他们胸怀适合自己的志向并与高尚的情趣相伴时，当他们即便面临中考、高考的压力，也能坦然化解时，励志就真正有了促进学生成长的意义。

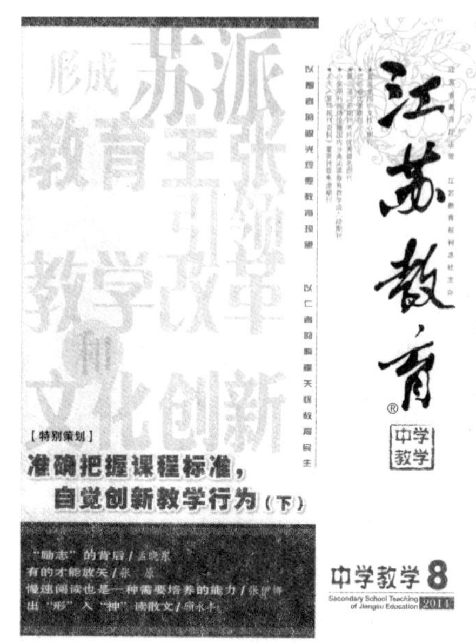

《江苏教育》(中学教学)封面

当然，励志教育还应赋予更多教育的意义。教育是什么？“一棵树撼动另一棵树，一颗心灵感召另一颗心灵。”更多地审视我们的校园：“生活”是不是在逐渐地剥离我们的课堂？“兴趣”是不是在逐渐地背离我们的学生？“志向”是不是逐渐异化为简单的口号标语？“学生”是不是逐渐异化为我们追求所谓成功“工具”？……如果是这样，教育真的很不堪。励志教育，是学生由外烁到内省的反思过程，需要基于他们的经验，立足情感培养，增进体验感悟，升华成功境界。这其中的奥秘，或许就是贴近生活，贴近学生，走进学生的世界，把握成长的密钥。也唯有此，励志才真正具有教育的价值。

“励志”的背后，折射了我们教育的一些真实现象。也许什么时候，当一些令人震惊的励志活动、雷人标语消失了，我们的教育才不会那么沉重。

教育絮语

◎这堂课就是这堂课，讲什么要根据学什么，学什么要强调学会什么，学会什么永远不如会学什么。

◎课堂是师生交往、意义协商的过程。

为学生的生长而教

种树的人说:“种树不是种菜或种稻子，种树是百年的基业，不像青菜几个星期就可以收成。所以，树木自己要学会在土里找水源。我浇水只是模仿老天下雨，老天下雨是算不准的，它几天下一次？上午或下午？一次下多少？如果无法在这种不确定中汲水生长，树苗自然就枯萎了。但是，在不确定中找到水源、拼命扎根，长成百年的大树就不成问题了。”

种树人语重心长地说:“如果我每天都来浇水，每天定时浇一定的量，树苗就会养成依赖的心，根就会浮在地表上，无法深入地下，一旦我停止浇水，树苗会枯萎得更多。幸而存活的树苗，遇到狂风暴雨，也会一吹就倒。”

——摘自林清玄《桃花心木》

林清玄散文中的这段文字道出了生长的三重特性:个体性——种树不是种菜或种稻子;自主性——树木自己要学会在土里找水源;生成性——在不确定中找到水源。种树是这个理，育人不也一样吗?

“教育即生长”。用“生长”来定义教育，不仅因为“人”具有类生物生长的特征，更在于一种教育观的改变;不仅从教育学角度定义了教育的本质，探究了教育对生长的影响，而且从人类学角度关注了人生长的意义。

从人的生物性层面来看，生长，就是生命体在自然状态下，通过自我发育，逐步走向成熟的过程。虽然人的生命的成长离不开外界环境和条件，然而生命本身具有自主能动性，外界因素可以影响它，但无法取代它。

人的生物性是教育的基础，用“生长”来定义教育，当然不应该只是生物学意义上的、工具性的、单向度的人，也不应该是抽象的、普遍的人，而应该是具体的、现实的、活生生的、完整的人。

“为学生的生长而教”，首先要不断地改造学生的生活经验。杜威认为，“教育就是经验的改造或改组。这种改造或改组，既能增加经验的意义，又能提高后来经验生长的能力”。经验是学生各方面发展和生长的载体，学生知识的习得、能力的形成、品德的养成、职业素质的获得皆以经验为媒介。教育的首要任务，就是帮助学生积累生活经验，丰富生活体验，感觉到生活的意义。

“为学生的生长而教”，还要不时地满足学生的生长需要。“生长”既说明了生命的存在，又说明了发展的状态。人生命的意义就是实现“生长需要”，没有生长，生命就失去了存在的价值。正如德国哲学家叔本华所说，人和动植物的成长一样，无不在展现自己的生命意志。但人和动植物最大的不同就是人有意识，有意志，不断地向环境表达自己需求。所以，不时地满足学生的生长需要，而不是阻碍或抑制他们的需要，就成了教育的核心命题。

“为学生的生长而教”，更要不停息地实现学生的生命意义。生命是教育的原点，教育与生命共存。叶澜说过：“教育是直面人的生命、通过人的生命、为了人的生命质量的提高而进行的社会活动，是以人为本的社会中最体现生命关怀的一种事业”。从这一层面上说，生长更侧重在精神层面，即“精神生长”。实现人的“生长”，尤其是促进人的精神自然地、和谐地生长，这，才是教育的终极意义。因此，面对有着丰富多彩生命内涵的学生，教育只有回归到生命，才能展示出它的无穷魅力，也只有在生命中不停地对教育展开理解，才能实现理解教育，从而实现生命意义的回归。

课堂应具有生长性

“课堂”是教师职业耕耘的主要场地，是学生发展的最大时空，“课堂”的形态直接决定着学生发展的规格与水平。课堂应具有生长性，用“生长”来定义课堂，不仅因为“人”具有类生物生长的特征，更在于一种教育观的改变，即课堂从“教师中心”转到了“儿童立场”，而且赋予了儿童生长过程中生命意义的建构。

儿童的最大特性是“生长中”。这种“生长”不是赋予的、外加的，而是“主体”自觉的、应然的。

“生长”具有个体性。生长既是个体生命的基本特征，也是个体生命的本能反应。由于先天遗传和后天差异造就了生命的不同个体，形成了不同个性，其生长模式、成熟序列的差异性决定了生命具有个体独特性及在后天发展中的体质差异、认识结构、文化背景等。

“生长”具有生成性。儿童是未完成的存在，也是非特定化的存在。“未完成性”意味着儿童的生命处于不停息的变化之中。“非特定化”意味着儿童具有无限发展的可能性，意味着生命是一个历程，生命是一种有意义的、非确定的过程，儿童的发展永远具有创造性和超越性，永远处在生成之中。

“生长”具有自主性。生命本身具有自主性，外界因素可以影响它，但无法取代它。儿童“天生”具有认识外部世界、求知于外部世界的本性，表现出自主的态度和自主的行为，自动完成一些生命活动。对世界充满好奇遐想、乐于追根究底、敢于尝试探索，并在追问、探寻和创造的过程中展现自己的生命力量，获得生命的意义。

所以，尊重儿童时期，尊重生长的需要和时机，不断地改造学生的生活经验，不时地满足学生的生长需要，不停息地实现学生的生命意义，便成为生长性课堂的出发点和核心命题。

生长性课堂，应该是一个让学生觉得舒适的“家”，教师与学生应彼此“精神敞亮”“相互悦纳”。这里允许出错、允许改正、允许保留不同的意见，甚至允许自由争论、辩论；这里不存在害怕，不存在戒备，不存在威胁，取而代之的是相互信任，彼此支持。只有学生感受到心理安全与精神舒展，才能充分地表达自己的观点，表述自己的思想，表露自己的情感。

生长性课堂中的教师要摒弃自己内心的居高临下，使自己沉静、慈爱和智慧，“目中有人”，“以儿童之心度儿童之腹”，与学生建立一种新型的合作关系；教师要“蹲下去看”，以“我是儿童”的姿态来阅读文本，也要“站起来引”，以“长大儿童”的身份，用成熟的、深刻的、理性的眼光解读文本，不忘记自己已经“长大”，肩负着“平等中的首席”的责任。教师的“首席”作用主要体现在人格的榜样、思维的引领、情感的带动和语言的表率上。

生长性课堂中的学生是能动的主体，他们是自己的主人，学生的生长必须通过自我建构完成，没有人能代替他们生长；儿童具有生长的可能性和不确定性，等待发现与发掘。教师需要的只是最大限度地尊重学生、激励他们，给他们时间，允许他们失败，满足他们学习的需要，必要时给予方法的点化，推动他们学习的内部动力，帮助他们“实现意义的获得及自我主体的建构”，使学生自然的学习生活得以延伸。生长性课堂还主张教师和学生都是“生长需要者”。无论是教师还是学生，每个生命体都有“生长需要”，每个人都是“自我发展者”。

生长性课堂，强调的不是知识本身，而是学生与课程知识“相遇”的可能情境；强调的是人与知识的每一次“相遇”中创造出更多的“期遇”，并最终实现知识与个体精神的创造性转化，从而建立起一种意义关系，使知识增值，让课堂生长。

生长性课堂的教学原则是“以学定教”，要遵循学路优先、学法优先、少教多学的原则，顺学而导，以学施教，以学评教；教学方式要实现由指令式向商讨式转变，由评判式向建议式转变，由灌输式向引导式转变，由单一式向开放式转变，从而启导学生自悟、自得、自我建构。

生长性课堂重视儿童学习方式的保留与发展，通过创设儿童生态的学习情境，让学习者“身临其境”地体验学习，以组织学生“出乎其外”的思维活动为基本载体，以追求学生学习“入乎其内”的深刻体验为教学目标，采用多样的形式充分激发学生的学习积极性，实现学生的有意义学习、个性化学习、创造性学习，让体验性活动成为生命生长的链条。

生长性课堂关注“生长空间”。既着力于生长的“原点”，更着眼于发展的

教育絮语

◎管理是：有的人想做又会做，就放心让他做；有的人想做不会做，就要教他做；有的人会做却不想做，这样的人，就要“管理”他。

“远点”。既“关注当下”——课堂的深处充盈蓬蓬勃勃的生命律动，学生的语言、思维、精神在活泼泼地生长；又“指向远方”——课堂为未来的学习和生活积蓄了生长的力量，学生萌发了生长的向往，拥有了良好的生长态势和持续生长的能力。

课堂教学的品质与内涵

课堂是教育工作者最难以舍弃的一个职业活动领域，也是学生发展最重要的时空。从这里流走的岁月，给我们留下了无穷的忆念与情思，也让我们生成过太多的遐想、激动和创造的渴求。课堂同我们生命的意义紧紧地联系在一起。因此，我常常这样想：我们为之付出过青春、智慧和苦苦追寻的理想课堂，应该具有怎样的内涵与品质？

首先，站在"教"的角度，课堂教学应该体现科学、先进、务实、积极。科学，即课堂教学需要遵循不同发展阶段学生的学习特点和成长规律，既富生命意识，又能体现学科价值。先进，即课堂教学有机灵活地贯彻课程教学理念，推动教学方式和学习方式的转变。务实，即体现"因校制宜"的教育思想和"以学定教"的教学策略，做到课堂教学班本化、生本化，实践操作性、学科应用性、差异适应性很强。积极，即不仅能激发学生的参与热情，而且能促进学生的意义建构，有助于既定课堂教学目标的顺利、高效达成，有利于发展性目标的创生。

其次，站在"学"的立场，课堂教学应该力求学生感觉不压抑、不疲惫、不厌倦。不压抑，指学生在课堂生活中要有自主学习的权利和时空，多元思维能够自由展示和碰撞，学生的独特性学习体验得到尊重，暂时性的学习错误得到宽容，学习个性得以体现和张扬。不疲惫，指要积极催化学生的思维，还要富有节奏感，善于给思维"留白"，给思维呼吸的机会和舒展的空间，要照顾到学生的认知、情感等方面的差异。不厌倦，指要切准学生的学习心理，丰盈学生的情感世界，激活学习主体的学习"内源"，让学生感受到课堂生活的温馨、体验到课堂交往的快乐、收获到课堂学习的愉悦，从而内生并保持一种对于课堂生活的自我归属感。

要呈现这样的课堂，意味着需要我们去改变、去改革。在课标、教材甚至课时都由国家规定了的前提下，我们能够做些什么？我们应该做些什么？我的观点主要有三：改变课堂结构，调整课堂关系，重建课堂审美。改变课堂结构即改变课堂的组织形态、课堂的构成环节；调整课堂关系即调整处理"主体与主导"

教育絮语

◎教学的本质，追求的是教学“相长”；学科的本质，追求的是工具性与人文性“相融”；学习的本质，追求的是学生与课程知识的“相遇”。

“预设与生成”的关系；重建课堂审美，形象地说，即课堂应该“该浓则浓，该淡则淡，能简不繁，当艳不让”。

我们应该让课堂拥有灵性与悟性，让课堂充满张力和活力。我们可以在课堂上用情感染学生，震撼学生，师生在课堂这个情感的磁场里释放能量，彼此真诚对话，以情为纽带，表达自己的真情实感；我们可以给学生驰骋想象的空间，给学生思维碰撞的机会，学生在课堂上，或闭目沉思，或激情争辩，永远折射着他们跳动的思维灵性，使课堂真正产生学生的思想；我们张扬自己的教学个性，让课堂焕发生命的活力……很难想象，当我们的课堂出现了千人一面的情景，还会有多少吸引人的力量，当我们的课堂走入僵化的套路时，还能留有多少令人回味的清香。当我们和班级的孩子共同创造这一份份永远无法复制的课堂精品，我们的课堂就拥有了与众不同的品质与美丽。

转变教学方式是此次课程改革的核心目标，教学方式转变的核心又是学生学习方式的转变。而要能够使学生学习方式得到真正意义上的转变，我们的教学坐标就必须以“学生”为原点来描画教学的走向，来决定和设计教师教的方式。说到底，“教”与“学”永远是维系课堂的两个核心要素，它不仅可以表现为两个角色、一对关系，更可体现一个观点、一种思想。之所以称“教”的角度，“学”的立场，题中之意是角度可以审视、改变，甚至切换，而立场必须坚信、坚持更要坚守。从这个意义上说，我很愿意称课堂为“学堂”！这样的课堂，或许才是学生真心需要并且愿意真情拥有的；研究这样的课堂，才能真正提升我们课堂的内涵与品质。

古人将学问探寻比喻为三重境界：“昨夜西风凋碧树，独上高楼，望尽天涯路。”“衣带渐宽终不悔，为伊消得人憔悴。”“众里寻他千百度，蓦然回首，那人却在，灯火阑珊处。”愿我们在打造“品质”课堂的过程中，同样拥有这份执著、这份收获！

义务教育的基本均衡和优质均衡

据报道，从2013年5月国家启动义务教育均衡发展督导评估认定以来，全国32个省份中已有29个省份的804个县（市、区）通过国家督导评估认定。这些地方农村学校、薄弱学校办学条件明显改善，均衡发展体制机制进一步健全，县域内学校之间教育差距明显缩小，教育教学质量稳步提升，人民群众对义务教育的满意程度不断提高。

教育的均衡化发展是世界教育发展的潮流，也是教育现代化的核心理念。同时，这种均衡不应是低质教育资源的平均，而是优质教育资源的共享，即教育的“优质均衡”发展。尽管从报道中可以看到我国的九年义务教育得到了普及，但这毕竟是国家对于义务教育“基本均衡”的认定，离“优质均衡”还有漫长的路要走。

随着社会经济的发展，人们对优质教育寄予了更高的期望。由于我国东西部差距和城乡差距还比较大，全面实现基础教育优质均衡发展还有很大的困难。但在一个区域范围内，如一个中心城市、一个地区等，实现基础教育优质均衡发展是有其现实性和可能性的。因此，研究区域推进义务教育的优质均衡发展，与义务教育的时代特征相适应，对义务教育的优质均衡发展有着重要的指导价值。

教育的“优质均衡”具有优质教育的特征，但它并不是要把每所学校办成国际一流或是全国百强，而是要使区域范围内的每所义务教育阶段的学校通过科学规划、调整布局、制定标准、核实现状、补充所需资金与师资等外因和学校自身的内涵发展等内因相结合的方式，增强实力，促进学校的优质化建设，使其在区域范围内的实力势均力敌、不相上下，成为令人民群众满意的学校，实现优质的均衡。

教育个性化、办学特色化是当前国际基础教育均衡发展的大趋势，也是实现教育向更高层次均衡方向发展的要求。因此义务教育的优质均衡发展不等

教育絮语

◎评价改革的目的不是为了“选择适合教育的儿童”，而是为了“创造适合儿童的教育”。

◎问题是教学的心脏，没有问题就没有教学。

于平均发展，“同质化”发展，不是“千校一面”，而应是鼓励学校积极创新，努力办出特色、办出个性的均衡发展，是“有差异的发展”。

在新《义务教育法》颁布实施后，教育部又出台了《义务教育学校管理标准（试行）》，这标志着我国义务教育进入到一个新的阶段，义务教育改革发展进入了一个黄金期。但我们也应该感到，义务教育的优质均衡发展同时也进入到了深水区。教育的公益性、普惠性价值取向将更加明确，人民群众对义务教育优质均衡发展的诉求也日益增长，教育发展的艰巨性，尤其是内涵发展的艰巨性将更加突出……我们唯有不断地深化改革，才能更好地解决改革中出现的问题，才能不断地提高保障水平和管理水平，真正实现义务教育发展的法治化、规范化、均衡化和优质化。

寻找初中教育的坐标

关于“初中”，在我国的现行学制中，需要作一下“概念界定”。我国现行学制共划分了四个阶段：学前教育、初等教育、中等教育、高等教育。其中中等教育包含了初级中等教育和高级中等教育（包含中等职业教育），而初级中等教育与初等教育又合称为义务教育。实施新课程以来，所谓的初一都称之为七年级，但习惯上不管是初中还是高中都统称为中学，且长期合署在一起。所以，夹在中间的“初中”就有了逻辑上、法理上、习惯上的不同站位与归属。

理论上可以这样说，初中阶段是中小学教育教学的中间阶段，也是学生身体发育的成熟期，心理形成的定型期，行为习惯的养成期，学习知识的关键期。但事实上，由于历史的、现实的、体制的、人为的种种因素，初中教育一直处在夹缝中的、疲软的、逼仄的境地，所谓的“铜头、铁脚、豆腐腰”中的“豆腐腰”正是目前初中教育的真实写照。初中教育如何走出困境，左右逢源，寻找自己的“坐标”就显得尤为重要与紧迫。

坐标的原点：寻找自己的独立价值。寻找初中教育的坐标，其最本质的意义在于追求自身的独立价值，改变将初中教育的价值完全依附于更高一级的教育，即以能否为高一级教育或学校提供更多更好的生源作为衡量其价值的标准。其主要表现在两个方面：第一，它的对象和着眼点是全体学生，而不是一部分学生，更不是少数学生；第二，它的功能是促进人的全面发展，它强调的是基本素质的培养，而不是专业或某些专门人才的培养。

坐标的X轴：基于学生的生长需要。初中学生，“他们在40岁的大人眼中还是孩子，而在4岁孩子的眼中已是大人”，处在成长中的“第二次断乳期”。而初中教学课程的门类增多，课堂的密度加大，考试的压力加重，所以，初中生的成长需要是复杂的、敏感的甚至是无序的。这阶段的学生急躁善变，但接受新事物快，自我意识强。这时候，对学生学习目的性的引导，对他们敏感心理的诱导，对学生伙伴关系的指导，对他们“尊重、顺应、提点、矫治”等方法的运用要远比单一的知识传授重要得多。

坐标的Y轴：基于课标要求的落实。初中生正处于由童年向青年过渡的时期，在生活和学习上还不能完全独立和自觉。随着教师陪伴时间的减少，家长辅导能力的减弱，学生面临着课程学习的环境关、动力关、方法关。落实课标要求，就需要教师加强学生搜集和处理信息的能力、获取新知识的能力、分析解决问题的能力以及交流与合作能力的培养，增强教学的理解性、思辨性与情趣性。这时候，教师的团队合作，家校的密切合作，伙伴的相互合作便成了初中教学的基本支撑，学习规范、学习习惯、学习方法、学习能力便成了初中教学的核心内容。

《初中教学研究》封面

坐标的Z轴：与小学、高中相衔接。做好初中教育与小学、高中教育的衔接，就是要克服“铁路警察各管一段”的局限，就是要尊重学生已有的经验，就是要树立“发展”的观点，强化“建构”的意义。这种衔接是一个包括知识对接、心理对接、方法对接、行为对接、生活对接的综合性工程；这种衔接就是要创造条件提前进行全方位、多层次的相互了解、相互适应，变“突变”为“渐变”，在“渐变”中实现“无缝”衔接和平稳过渡。从而帮助学生完成从“原点”到“远点”的起航，从“应试”到“应世”的嬗变。

高中教育的多样化、特色化发展

普通高中是我国教育体系中一个重要的阶段，也是学生个性发展最关键、最活跃的时期。它承担着学生接受更高层次教育和为走向社会奠定基础的双重任务，既带动基础教育质量的提升，又关系高等教育的发展，进而影响创新人才培养的后劲；既涉及人才培养的阶段性，又关乎人的发展的适切性和选择性。

当前普通高中教育面临着三大突出矛盾：人才类型的多样化与培养模式趋同化的矛盾，人的个性化与学校同质化的矛盾，学校创新发展与办学模式单一的矛盾。在极端功利的应试教育思潮的驱使下，我国普通高中教育普遍出现了单纯以高考升学率论英雄、只重视文化课教学和作业应试训练的日益同质化的倾向。这种倾向与时代特征、社会需要、人的发展多元化需求极不适应。于是，重塑高中教育的价值取向，促进高中多样化办学、特色化发展的变革诉求已从学术呼声转变为重要的政策议题。

特色是多样的基础，没有一个个学校的特色，一个个班级的特色，也就不可能形成学校的多样化发展，所以多样和特色是连贯在一起的。高中教育多样化、特色化，一是要适应人的多元智能个性发展的需要，二是要适应社会对人才多元化选择的需要。所以高中的多样化和特色化发展既适应了人的智能的特点，又适应了社会的需求。实现高中教育多样化、特色化发展，就必须大力推进普通高中办学与培养模式的多样化改革。就必须创新人才培养模式，遵循教育规律和人才成长规律，按照《纲要》提出的“学思结合”“知行统一”“因材施教”的要求，形成各类人才辈出、拔尖创新人才不断涌现的局面。

世界银行在《中国与知识经济：把握 21 世纪》的报告中指出“中国的竞争力将越来越取决于其人民有效地创造、获取、分享和使用知识的能力”，同时呼吁必须“继续致力于将教育体系改造成一个内容丰富、广泛和富有灵活性的体系”，普通高中多样化、特色化发展应是对此呼吁的极好回应。因此，在创新型国家建设的新形势下，应把普通高中教育摆在重要位置，加大体制机制创新力度，鼓励学校在课程建设、教学方式和培养模式等方面创造富有特色的经验，给学生更多的选择和个性发展的机会，为创新人才培养奠基。

◎深化课程改革就要给学校"松绑",让课堂"瘦身",促学生"生长"。

努力探索建立现代学校制度

自教育部在《2003—2007年教育振兴行动计划》中提出"深化学校内部管理体制改革,探索建立现代学校制度"以来,何为现代学校制度,如何建立现代学校制度等问题成为教育界普遍关注的热点。

学校制度是指导和约束学校及与学校有关组织、机构、人员行为的规则体系。谈及学校制度,有古代学校制度、近代学校制度、现代学校制度,每一种学校制度都有它的基本性质。我们应该把矛盾的特殊性加以分析,从中提炼出矛盾的普遍性,概括出学校制度的几个基本性质,使之适用于各个时代学校制度。这个基本性质是什么?现代学校制度有哪些特有的性质、特性是古代学校制度和近代学校制度所没有的?这些需要我们正确把握。所谓矛盾的共性,大致包含文化性、教育性、传承性、人本性。现代学校制度中有一些性质是古代学校制度所没有的,比如开放性、民主性、法制性、内部治理的平衡性等,这些能否算是现代学校制度的特性,还有待作进一步研究、讨论。

现代学校制度是一个宏大的教育命题,内容几乎涵盖学校教育制度的全部。我们只有首先抓住现代学校制度的核心价值追求,方能更好地把握现代学校制度的全部意义。因此,在当前关于现代学校制度构建过程中,我们应该抓住两个重要方面,其一是政府与学校之间的关系,即教育的宏观管理体制;其二是学校内部的管理制度,如教师的考核与评价制度,学生的管理与培养制度等。从学校外部来说,关键是切实落实校长负责制,真正实现教育行政部门宏观管理,学校依法自主办学;从学校内部而言,关键是实现人本管理。

现代学校制度,指的是一种适应社会化大教育和社会主义市场经济体制、政治体制、科技体制改革的内在要求,以学校法人制度为主体,以有限责任制度为核心，以教育管理专家经营为表征，以学校组织制度和管理制度以及新型的政校关系为主要内容的现代学校体制。而传统的学校制度在新形势下，所暴露的问题日益凸现：学校内部体制僵化，学校运作刻板、不规范、效能低下，学校创新能力下降，校长依法治校的观念淡薄，学校民主气氛不浓，监督机制不健全，教代会职能难以发挥等。

建设现代学校制度，学校是主体，社区和家庭是基础，政府转变职能是关键。学校要从传统走向现代，从封闭走向开放，从依附走向自主，就必须重新审视和调整学校与政府的关系，学校与社区、家庭的关系。现代企业制度建设的核心是产权问题，是在市场经济条件下的企业的主体地位问题。涉及产权明晰、政企分开，所有权与经营权的分离，最终激发企业的活力。现代学校制度建设也会涉及公、民办体制改革中的产权问题，但不是核心问题。值得关注的是要通过学校法人地位的落实这一途径来明确学校出资人与使用者的权利、责任、义务，使产权人格化。因为只有学校法人地位真正落实，法人治理结构真正形成，才能最终推动政府从管理学校的微观层面退出，转向宏观管理，使学校走上自主发展、自主管理、自主约束的良性运行轨道。因此，真正实行法人治理结构，形成依法治教、依法管理的格局，这是现代学校制度建设的重点和难点。

目前我国现代学校制度的理论与实践研究尚处于探索阶段，如何进行教育制度创新，建立健全民主法制的现代学校制度已在教育界引起共鸣，各专家、学者、教师者纷纷献计献策，形成了百家争鸣、百花齐放的探讨高潮，我们需要从教育的宏观管理体制和学校内部管理制度等方面来探讨现代学校制度建设的相关问题；抓住现代学校制度的核心价值，在具体的制度设计和管理行为中加以实践、总结与反思。“实践出真知”，相信我们的每一步行动，总会离“现代学校制度”越来越近。

教育絮语

◎新课程所倡导的“自主”不是“自流”，“合作”不是“合并”；新课程提出的“三维目标”，并不是“三位目标”，各自割裂，而是“三位一体”的目标。

文化立校背景下的制度创新与实践

学校是一个文化场所，学校文化就是学校的全部。同时我们又必须看到，学校文化是一种岁月的积累，也是历史沉淀的平静释放。因此，确立“文化立校”战略，当成为建设现代学校的必然选择。

文化立校，我们首先需要审视学校文化建设的现实意义。从教育的本质和自身发展规律来讲，教育是传递人类文化的重要载体，学校是传承和发展文化的重要场所，学校的师生，更是校园文化的活载体。只有文化特色鲜明、办学理念独特的学校，才能真正培养出具有创新理念与创新能力的学生，才能彰显学校个性，建设现代学校。文化立校，需要我们结合学校历史与现实，以独特的眼光、深厚的内涵，创建或营造符合自身发展的学校文化，实现学校文化管理的至高境界。

其次，我们还需考虑文化立校的策略与抓手。以核心价值观的认同及内化作为统领，同时又必须将其落实到制度中，落实在课程上。学校制度文化本身就是学校文化的重要组成部分，而且是学校文化创新的先导。如果说文化是兴校之源，那么制度就是立校之本。制度作为文化的基石，在学校精神文化提升的过程中，必须要突破教育组织制度上的障碍。在学校制度修正、完善乃至革新时，尤其在科学的管理机制的形成过程中，我们应该着眼制度的“破立相宜”，在具体的管理实践中，我们应该着力行为的“刚柔并济”。

第三，我们还需认识制度创新是一个不断发展的过程。做好学校发展的近、长期规划和方案；建立学校法人治理结构，形成民主决策的机制与系统自我调整机制;树立顾客意识,建立后果负责机制,把传统的组织系统关系扭转过来等等,都是学校制度创新和实践中的重要内容和复杂环节。这一过程需要有良好的创新环境和文化积淀,也需要转换思维方式,直面学校发展中的整体转型,更需要在学校现有的工作和生活环境条件下,通过创设新的、更能有效激励人员行为的规范制度、价值体系来实现学校的持续发展和变革创新。我们应该充分认识到这一过程的复杂性与艰巨性,既不等待观望,也不一蹴而就;既不人云亦云,又不一意孤行。而需要在"审视"与"建构"中,科学把握、踏实前行。

当然,文化立校过程中,还有许多方面需要我们思辨、实践。期待学校文化的价值缔造过程,能够推动学校深层次变革并为学校可持续发展提供动力。

走向专业管理

资源管理理论认为管理要素分为人力、物力、财力，还有时间、空间、信息等；也有一些学者认为管理这一词既包含“管”，又包含“理”。传统的教师管理模式，往往体现为约束和规范，控制和干预，往往考虑管理者的意图多，注重任务的分配多，重视活动的形式多。随着新课程改革“意义”的不断明晰，教育管理正从经验化、随意化向着专业化方向发展。而这种专业化，更多地体现在对服务对象，亦即对“人”的认识；更多地理解为管理者权力的分配，角色的置换，要素的重组和对学校文化的重塑。

作为教育管理者，面对复杂多变的宏观经济环境，以及观念和理性不断发生变化的管理对象，不仅要追求常态条件下的高效运行，更要注重动态环境下的主体创新。

教育管理的专业化，从职业群体的角度看，是管理者由准专业阶段向专业阶段不断发展的过程——即在整个职业层面上逐渐达到专业标准的过程。从管理者的个体角度看，是由管理者的专业知识、专业态度、专业能力所构成的专业素质结构不断更新、演进和丰富的过程。这一过程，大体涵盖以下特征：一是专业视野，就是要把握方向，抢占“制高点”，不能只是局限在学校内部谈发展，要有很强的战略管理和规划能力。二是使命担当，正如陈玉琨教授所说“所谓校长专业发展的含义是：校长在逐步深化对教育认识的基础上，不断增强历史的使命感与专业精神、不断提升道德与伦理追求、不断提高学校领导专业技能与能力的过程。”三是不断学习，校长不能只是一只辛勤的蜜蜂，而要成为类似放风筝的人：心中有天空，眼中有目标，手里有分寸，脚下有土地。四是引领发展，校长应当成为学校文化的领导者，引领学校文化传承，引领学校文化激励，引领学校文化创新，引领学校文化管理。

在管理学上有一句名言：“现实的挑战，总是超越现存的理论。”这其实是在告诉教育管理者们，教育方面的诸多难题要靠我们自己去探索和创造。学校管理者应该成为设计学校未来的人，成为创造新鲜教育理论的思想者。

校长与教师

自从有了现代学校，校长与教师之间的关系便是学校各种关系的基础。一定意义上讲，这种关系决定了学校的品质和品位，影响着学校的教学关系和办学质量。管理和被管理本身就是一对矛盾，管理者与被管理者之间是一对矛盾的统一体。对这一关系的方位界定、距离测定、角色厘定也是学校管理学研究的永恒命题。

鲁迅先生有过这样一段描述：冬天，一群刺猬为了取暖而挤在一起，挤紧了又互相刺着；松了，又达不到取暖的目的。于是既要取暖、又要互不伤害，就只好保持一定的距离。

在学校，校长是管理者，教师是被管理者，两者之间是彼此相互依存的。对学校而言，校长把握方向，策划未来，设计课程，引领风气，影响教师，推动发展；教师则具体落实校长的教育规划，通过课程和课堂，班级和团队，校内和校外等作用将学校的愿景一点一点地变成现实。

现代管理学把“管理和被管理”理解为“服务与被服务的关系”，而不是简单地看作领导与被领导、命令与服从的关系，这不仅是平等与尊重、信任与依赖“人本”管理思想的体现，更是现代管理价值观的回归。正如原清华大学校长、近代教育家梅贻琦所说：“我当清华大学校长很容易，只不过是给教授们泡泡茶、端端凳子罢了。”

其实，梅校长所说只是特定情境中校长的一个特定角色。现代学校是一个开放的文化场、生态场，现代学校改写着教师的生活方式，改变着学生的生命状态。“一位好校长就是一所好学校”，“好学校”未必是有高楼的学校，但一定是有“好教师”的学校，一定是有内涵的学校，一定是为学生明天负责的学校，一定是培养现代公民的学校。好学校是一方池塘，好教育写在孩子的脸上，好学校与好教育就是要躬身践行具有普适价值的教育理念，用实际行动诠释责任、理想、生命、生态等基本的品质。

教育絮语

◎“以学定教”就要遵循学路优先、学法优先、少教多学的原则，顺学而导，以学施教，以学评教。使“教”尽可能有效地向学生“学”的方面转化，最终达到“教是为了不教”。

“学校即社会”（杜威），“教育是世界上最复杂的事”（康德）。学校是一个重要的社会机构，一种典型的社会环境，目的是为了世代传递社会遗产，为了有效地进行社会交往，为了培养更多社会人才。作为现代学校中的校长和教师如何来履行“上天派往人间的天使”的职业使命，做到“既尽量地要求一个人，也尽可能地尊重一个人”（马卡连科）？尤其是校长，如何成就学校，成全教师，成功自己？这是每一个校长应该时刻思量的永恒命题。

让教育科研产生现实生产力

“科学技术是第一生产力”。小平同志的话振聋发聩，引人深省。“教而不研则浅，研而不教则空”。长期以来，重视教育科研，积极开展教育研究，已经成为广大教育工作者的共识。但是，教育科研中的浮华现象、功利行为、低位运作、重复劳动等状况屡见不鲜，科研意识“昨夜西风凋碧树”，科研方法“众里寻他千百度”，科研成果“锁在深闺无人识”等尴尬仍在。在教育不断深化改革与创新的今天，教育科研需要产生现实的生产力，就应该成为我们工作的准绳与基本价值取向。

让教育科研产生现实的生产力，首先体现在我们的研究是否占据“制高点”，跟进教育的前沿阵地，强化“思辨”的意识。在研究中推动一些学科领域中概念的重建或者教育理论的更新，让我们的办学站位更高，让我们在教育教学改革中更具“话语权”。其次体现在是否聚焦教育教学改革中的“生长点”，贴近教育的本源，强化“问题”的意识。针对教育改革发展中出现的新问题，分析解决问题的途径和方法，通过课题的研究促进教育实践的优化，从而进一步提升我们的办学品质。第三体现在是否抓住了研究成果的“辐射点”，突出“实践性”基调，强化“实证”的意识。研究要夯实群众性研究基础，创建研究共同体；研究要基于问题的解决，不仅注重“物化”的研究成果（如研究报告、论文、音像材料等），更要注重“人化”的研究成果。通过研究是否给学校、教师或者学生带来什么变化，不管是行为上还是内涵上，我们都可以通过观察、交流、听课、测验等方式感受到，这样的成果便于凝练与推广。

让教育科研产生现实的生产力，我们首先需要在工作中具有“国际视野，本土情怀”。比如关注教育的不均衡现象，如何深刻认识教育公平与社会公平的关系问题，如何在促进均衡的同时保证并放大优质的问题，如何从政策层面和体制层面解决长效机制和可持续发展问题，以及如何将区域之间、学校之间及学生之间差异的这种“发展障碍”有效地转化为“发展资源”等问题，都可以开展实践探索；学校教育如何在主旨上真正从选拔精英转向服务大众，在运作模式上如何摆脱“应试”的惯性，走向内涵式的变革与发展，在人才培养方式上如何培养学生的创新精神与实践能力等，也可以展开全面而有深度的研究。学校教育科研，需要“咬定青山不放松”，针对学校发展、教师发展、学生发展中的问题，围绕“学校文化”，挖掘文化因子，强化延续性、针对性、特色性研究，形成科研系列。其次我们倡导教研科研一体化，大题小做，小题深做。可以以学校为单位开展综合课题、核心课题的研究，也可以以学科组、年级组、教研组为单位开展专题研究，可以三人五人自由组合成“志同道合”的研究组，也可以一个人单独进行。课题研究是教师在具体的教学情境中发现具体问题，然后去解决这个具体的问题。在研究方法上，可采用“定性与定量相结合”的方法，科学研究体系中的教育科研，不能完全等同于实验室的科学实验，这是教育的复杂性以及教育对象的特殊性所决定的，教育科研更多的是一项准实验，宜多采用行动研究法。在研究中行动，在行动中研究，用自己的行动去解决自己的问题，问题解决了，课题研究就成功了。最后，我们追求教育科研成果的灵动表述，“说自己的话”“寻找属于自己的句子”。教育科研既要追求及时的总结、提炼，又要适时表述在实践过程中的亲身经历、内心体验和对教育的理解感悟；既要追求理性的概括、提升，又要展现在教育教学理论、方法指导下解决问题的方法与策略，以及教师教学行为发生的变化，体现教师的教育智慧和实践性经验，搭建理论与实践的桥梁。

《江苏教育研究》封面

教育科研是教育活动中知识形态的表现和升华，是对教育实践的科学研究和开发，对教育规律的探索和把握，在教育的发展中起着“第一生产力”的作用。“让每一位教师走上教育科研的幸福之路”，我们就必须关注教育科研的现实生产力，让教育科研引领学校和教师持续发展。

要重在教研文化的建设

教研活动作为一种在我国中小学持续了50多年的教学研讨方式，是联系教师与课堂教学的纽带，是促进教师专业成长和可持续发展的有效途径。但传统的教研活动存在着诸多问题，主要表现为"事务"取向和"任务"定位，忽视了教研中"人"的发展，缺乏一种"长程"教研意识，存在着诸多"形式化"的倾向。

《基础教育课程改革纲要》中指出："中小学教研机构要把基础教育课程改革作为中心工作，充分发挥教学研究、指导和服务作用，并与基础教育课程研究中心建立联系，发挥各自的优势，共同推进基础教育课程改革。"随着2011版"新课标"的颁布实施，新一轮课程改革将依照新的框架优化重组，调整步伐和节奏，开始新的征程。我们的教学能否与新课程的先进理念"共舞"，课程改革中教研活动的重要性便愈加凸显。

关注教研文化建设，探讨其内在机理与外部支持因素，是深化"新课改"的必然选择，也是促进教师发展和学校文化创生的重要策略。我们必须重新思考教研组织的作用与功能，教研结构的设计与定位，教研模式的革新与转变，教研内容的充实与调整；我们亟待建构以科学的教研价值观为导向，既适合教师专业生长又注重系统合作共赢的新型教研文化。

长期以来，教研活动存在一种倾向，教研员唱主角，教师当配角，强调接受学习，方式单一。听课、评课、考试、竞赛，一度成为教研员工作的主旋律，过分强调了教研员的主导地位，阻碍了教师主体创造性的发挥。转变教研方式，重构教研文化旨在改变传统的教研组织形式、设计思路和教研模式，提升教研的核心价值，有效地提高教与学的水平和人才培养的规格。教学研究人员要努力成为新课程理念的解读者、教师专业建构的对话者、教师教育智慧的催生者，实现教研人员的角色转变和教研方式的历史性创新。

"教学"是每一位专业化的教师在其专业范围内从事的高度个性化的工作。教学工作具有高度的情境性、艺术性和创造性。建构新的教研文化，就是要改

教育絮语

◎学生不肯说的，你鼓励他说；学生说不准的，你引导他说；学生说不好的，你帮助他说；学生说不了的，你示范着说。总之，你最好不要代替他说。

变传统教研的统一权威控制、终结性评估和形式化的自上而下的管理体系，就要从关注质量标准化的话语系统走向关注意义生成的话语系统。只有这样，“教研”才能使广大教师真正成长与成熟起来。

构建新型学习共同体

“共同体”是社会学概念,20 世纪 80 年代末应用于教育学领域。所谓的“学习共同体”是包含在新课程理念中的一个重要概念,它是一种交流和互动的团体,是由学习者与助学者(包括教师、专家、辅导者等)共同构成的团体。在学习共同体中,各成员彼此间经常在学习过程中进行沟通交流,分享各种学习资源,协同完成学习任务,形成相互影响、相互促进的人际联系。

学校教育本身是一个复杂的矛盾体。学校立足的是今天的现实,教师却是昨天教育体制的成功产物,而我们培养的学生却是明天的主人。所以,课程改革的持续深化仍将对学校运营构成巨大的现实挑战,直面这个挑战的将是学校里的教师团队。在学校组织中,课程与教师(校长)是两个最具活力的关键因素。在新型学习共同体的构建中,校长是其和谐运行的重要保障,教师团队学习和专业实践智慧是关键,课程统整与实施是核心。所以,“共同体”内各要素之间要整体关联、照顾彼此、分享合作,寻找理论与实践、共性和个性、理想和现实之间的结合及平衡。

构建新型学习共同体,就要“共享学习”,以自愿为前提,以“分享、合作”为核心。孔子曰:“三人行必有我师”“独学而无友,则孤陋而寡闻”。这些话语里面都蕴含着学习共同体的学习理念。学习共同体将很多有共同爱好或需求的人聚集到一起,大家在资源方面互通有无,学习和了解更为精深的看法或前沿的知识。这样就打破了个体之间的封闭性,使得学习资源可以在群体内共享,为学习提供了便利,提高了学习的效率。

构建新型学习共同体,就要“共创价值”。学习共同体是以共同愿景为纽带把学习者联结在一起的,它是“活生生的有机体”,强调人际心理相容与沟通,在学习中发挥群体动力作用;目的是揭示人类社会因共同的价值、理念为纽带而形成的忠诚的关系和稳定的结构,并形成共同体成员认可并共享的文化,促进对这一价值文化的共同坚守。

教育絮语

◎我们需要确立：课程改革的核心就是课堂教学改革、课程文化建设的核心就是课堂文化建设、课堂教学改革的核心就是要转变教学方式和学习方式的“三核心”理念。

构建新型学习共同体，就要“共谋发展”。学习共同体是资源共享、共谋发展、实现双赢的学习发展模式，它既可以“雪中送炭”，也可以“锦上添花”，还可以借鉴“他山之石”，完善学校发展路径，加快推进学校发展，促进教师课程反思。通过共同体内各成员的广泛学习、持续学习、合作学习，使广大教师将教育和学习结合起来，由终身教育向终身学习转移，从而真正提高“共同体”的正向功能和积极意义，为培养“会学”而不仅学会、“创造”而不仅“制造”的下一代做出教育的担当。

教育学术催生教学风格

教学风格是指教师在长期的教学实践中形成的技能、技巧的合理组合和运用。它体现着教师个人一贯的稳定的教学心理品质，表现为教师的价值追求、教学特色和教学风度；是教学艺术走向成熟化的标志，是教学艺术的个性化，是教学规律的内化，也是学术风范的表征。

尽管关于教学风格的定义，至今还没有统一的诠释，教师教学风格的形成路径也是“八仙过海”。但综合理论研究成果，特别是大量优秀教师的案例分析，关于“教学风格形成”的关键词主要为：学术环境、教育实践、教学个性。

浓厚学术氛围。“学术盛则风格生。”教学风格之所以成为当今教育界关注的一个热点，有人归结为是人本化教育的充分体现，是教育本质的诉求，也是对教育品质的追求。我们对现代教育本源的认识必须建立在教师“学理”的培植上，于是，大至一个时代的学术空气，小到一所学校的研究氛围便成了催生教师学术素养、教学风格的首要条件。华中理工大学的涂又光先生提出“泡菜理论”，说的是泡菜水的味道决定了所浸泡的萝卜、白菜的味道。虽然泡菜的原料、制作工艺、保存方式等会影响和决定泡菜的质量，但是真正决定泡菜口感风味而又不易为人模仿的却是泡菜水。学术氛围好比泡菜水，经其长期浸润便影响和决定了人的思维方式和行为风格，最后形成独具个性魅力又具有稳定性的教学风貌。

尊重教育实践。“实践出真知。”教育实践经验是在教育实践中日积月累的最真实最感性的材料，是教师在长期教学实践中逐步形成的、富有成效的教学观点、教学技巧和教学作风的独特结合和表现，是教师的能力和性格的多样性的反映，是教学艺术的源头活水。只有尊重实践经验，才能总结出教育的科学规律。因此不同的教学实践经验，造就了不同的教学风格。

张扬教学个性。“从心所欲不逾矩。”要达到这样的境界，并非一朝一夕之所为，并非毕其功于一役之所及。教学个性的基本特征是创造性。大量事实表

教育絮语

◎教育者应时常三问：一问分数；二问分数从哪里来；三问给了学生分数，还给了他什么？

◎教育是为了人能更幸福地生活，而生活是“活生生”的。

明，是否具有改革和创新精神对教师教学风格的形成具有关键作用。教师在教学中，要做到不盲从、不僵化、不唯书、不唯上，既尊重教育规律，又大胆创新创生，即仰望星空，又脚踏实地。使自己的教学风格在教学过程的每个环节中都能表现得非常独特和稳定，带有浓厚的个性色彩，散发出艺术的魅力，真正做到“使其言皆若出于吾之口，使其意皆若出于吾之心”。这样，教学才能体现出科学性与艺术性的完美结合，教学才能成为真正的研究教学艺术的科学。教师的教学风格也伴随其中纵横开阖，灿烂绽放。

从"一堂科学课"看教师的科研素养

曾听到一位美国老师在中国的课堂上的一节课，从这节课上，老师不仅呈现出了先进的教育理念和准确的学科定位，而且透过这节课，我们看到了这位老师优秀的"科研素养"。这位老师是美国邓斯坦中学的普通教师，名叫杰夫·雷登坎姿迷耶(Jeff Reinkensmeyer)，所借班级是无锡市荡口中学八年级的一个班，上的是叫《占卜鱼》(或《算命鱼》，英文名 Fortune Telling Fish)的科学课。

充满生趣的实验导入。"学生学习"的时代特点是让学生期待主动参与、让学习变得有趣。一上课，杰夫老师就给学生发下红色玻璃纸做的占卜鱼，让学生把占卜鱼放在手掌上，仔细观察，算算最近"运气"怎样。随着让学生对照：占卜鱼"摇头"代表妒忌、"摆尾"代表冷漠、"摇头摆尾"代表恋爱、"两边卷起来"代表善变、"翻转"代表虚伪、"不动"代表没活力、"全部卷起来"代表激情，青春懵懂的孩子在玩耍、嬉戏的氛围中进入了"实验准备"阶段。课堂的环境是生态的、语境是生活的、情景是生动的，为学生探究奠定了良好的基调。

极具价值的实验假设。"算的是运气，不可信，但实际背后隐藏着科学知识。那么，占卜鱼在不同人的手掌上为什么会有不同的动姿呢，它可能跟什么因素有关呢?"老师的一句过渡语，直奔"实验假设"。实验假设，既是研究的出发点，又是研究的追求目标和归属，它是科学理论的雏形，是真理的前表现形态。

实验内容的慎重选择。当学生假设出占卜鱼的"动"可能与"温度、气流、湿度、光照、引力、电"等几十个因素有关时，老师告诉学生，一节课的时间，要研究几十个项目是不可能的，但重点研究几个项目还是可以的，我们就来研究同学们提出的"前四个"变量。这样的提醒，提出了"实验内容选择"的重大决策问题，态度之"坚定"，语言之"诚恳"，方法之"科学"可见。

实验团队的自愿组建。实验分四个小组，分别研究"温度、气流、湿度、光照”四个变量，学生自愿参与，自主组合，还有几个学生不愿参与四组中任何一组，怎么办？老师没有“人为”安排，“我知道这几个同学想研究别的变量，可惜今天教室里不具备这样的条件，你们可以另外安排时间实验。现在我交给你们一个特别的任务，当‘督察员’，到四个组里督察其他同学实验的过程是不是科学”。系统原理告诉我们，凡团队组建，价值趋同，志同道合，1+1>2效应就能形成；人人有实验角色，分工明确，各司其职，研究“成本”就会降低。

实验过程“无关变量”的控制。“如何做‘温度’的实验呢?”，当不少同学用“双手相搓”的方式增加“温度”时，老师敏锐地引导“督察员”观察矫正：双手摩擦确实能增加“温度”，但也可能会改变“湿度”。同样，另一组做“气流”实验的，一些同学试图用手“扇出风”，也被督察员纠正：用手扇出风的同时，也会扇出“温度”、改变“湿度”，只能改用实验工具“扇子”。老师适时引导，“实验要控制无关变量”。无关变量的控制是实验成败及可测的核心环节，让学生在亲身实践中感知这一科学术语以及感悟其重要性，其意义不仅在于实验本身，更在于培养学生科学的思维习惯和严谨的实验作风。

实验结果的运用与延伸。当学生实验结果显示占卜鱼的“动”与“湿度”有关后，老师即让学生推断：假如这个材料要制作成生活用品，做什么最合适？一番推测和思辨后，大家形成共识：最适合做“尿不湿”。于是老师又拿出“尿不湿”，让学生继续分组深入探究……“教育即生活”“科研是第一生产力”，一堂常规的“科学课”所折射的教育原理和科学哲理竟是如此地深刻与透彻。

“教师做学生研究”与“学生做研究”是教学的出发点与归宿，也是一个教师“科研素养”的根本体现。课堂教学不是以传授别人的知识为核心，而是把知识当作探究的对象以及探究生活问题的工具。这堂课不蔓不枝、亦庄亦谐，恰恰揭示了现代教学的本质——自主合作探究——通过自主探究学科知识和日常生活而产生教师和学生自己的思想。这也许是这堂课给我们最深的启示吧。

欲求教好书，先做读书人

当年读师范时，听得先生说得最多的一句话是：要给学生一杯水，做老师的需要一桶水。后来，另有先生把这句话演绎得更深刻：要给学生一杯水，做老师的需要一江活水。我想，不管是哪句话，先生们无非是在教诲我们这些学子“学高为师”“闻道在先”“术有专攻”的道理。

“读书”也许是门槛最低的高贵之举了。苏轼云，腹有诗书气自华。这里的“气”就是“书卷气”。这是一种文化底蕴、智慧力量的自然流露。书卷气是一个老师最好的气质。而现实如何呢？在“世界读书日”，一项针对不同学科、不同学历、不同教龄、不同性别的1011名教师阅读状况的调查报告显示：有53.5%的教师平均每天阅读时间不足半个小时，教师平均每人每年阅读6.69本书。不过，他们读书量差异很大，有48%的教师每年读书在4本以下。

读书，被圣贤们称为“天下第一等好事”。到如今，教师“读书”更有其深层次的道义责任，理当成为学习型组织和终身学习的典范。

读书“深入”以见他人，“浅出”而观自身。读书，可以唤起教师内心的力量。美国教育家帕克·帕尔默说过，教师的内心世界需要不断自我对话、自我倾听，需要教师不断认识和提高自己的内心世界，协调内心的观念与外在的行为，并努力使之和谐一致，内心赋予了威信，在与学生、同行的相处之中才会有和谐。教育过程是一种复杂的人与人心灵交流的过程，也唯有真诚的心与心的交流才能真正获得解决教育中问题的方法，而不是将隐藏了心灵的外在行为当成榜样作为教师专业发展的主要内容。因为没有找到自己内心世界导师的教师，不可能成为真正的人师，不可能与学生的生命进行深层的互动，也不可能获得教师的专业发展，可以说，缺乏心灵滋养的教师专业发展一定是没有生命力的，没有心灵滋养的教育也不是真正意义上的教育。教师要真正做到这样的知己知彼、身心观照、内外协调，以心灵导师的身份来启迪生命，就必须真实地倾听自我，自如地与自我内心意识保持畅通无阻的对话，真正唤醒自己的内心力量。而这一切的改变，都可以由教师的阅读开启。

欲求教好书，先做读书人。“工欲善其教书之事，必先利其读书之器”。培根在《论读书》中说“读书使人充实”“读史使人明智，读诗使人灵秀，数学使人周密，科学使人深刻，伦理学使人庄重，逻辑修辞之学使人善辩。凡有所学，皆成性格。”为师者，如能做到问道于心，与书本、大家对话，虚心涵泳，如痴如醉；悟道于行，与生活、实践链接，知行合一，如琢如磨；论道于同事、师生间，返璞归真，天人浑化，如切如磋。正所谓“读万卷书，行万里路”，只拣儿童多处行，一路风景享不尽啊！

“善之本在教，教之本在师”。育人的目的不仅在于使学生掌握科学知识，更重要的是让学生懂道理、明事理、通情理、知伦理。正如苏霍姆林斯基所说：“把每一个学生都领进书籍世界，培养对书的酷爱，使书籍成为智力生活的指路明灯。这些都取决于教师，取决于书籍在教师本人的精神生活中占何种地位”。他“无比地相信书籍的力量”，并强调“为学生打开通往书籍的大门。不要害怕占用一些上课的时间让学生到浩瀚的书籍里去漫游，不要吝啬在每一门学科上占用几节课的时间去进行几次人类最奇妙、最美好的活动——接触书籍。要让青年的心灵在这种活动中充满激动和欢乐。要让书籍像心爱的音乐旋律一样紧紧扣住青少年的心弦。假如书籍对学生总是那样新奇，那样有魅力，假如年轻人总是独自一人去钻研书本，假如他们当中出现爱书胜于爱其他一切的‘书迷’，那么学校生活中许多令人头痛的问题就自然消失，首先就不会有那种对待知识冷漠和无所谓的现象了”。从这个意义上说，学生是教师最应该阅读的一本书。所以，教师读书的日的绝不仅在于自我的修为，更在于引导学生读书做人，做真正的“人”。

“书犹药也，善读可以医愚”（西汉·刘向）。从教路上，在纷繁忙碌中，仿佛又回响起当年先生们说的话：趁着还年轻，读书吧！

学生是教师最应该读的一本书

我曾写过一篇文章，叫《欲求教好书，先做读书人》，阐述了教师读书的重要性与迫切性。其实，教师最应该读的一本书叫"学生"。

多少年来，我们一直把教师定位在"学高"与"身正"的两大要求上，总是恪守着"传道、授业、解惑"的古训，殊不知这样的角色规范所隐含的是教师只是解释、美化、传输固定知识与特定意识形态的"代言人""传声筒"的职业定位，以及"百科全书""资料库"的职业作用。随着新课程改革的不断深化，人们对于教师的角色有了更新的认识，即教师是因为懂得"教育"而不是因为他们只有专业知识才被聘用的，那种以为精通某些知识并能传授给他人就可以做教师的观念已经过时。

那何谓"懂教育"呢？我认为首要的问题是要懂"学生"，是要读懂"学生"这本书，每读懂一个学生就预示着教育的真正进步。

学生是一本"空白的书"。每个人生下来就是一本"书"。刚开始，这本"书"是空白的，但随着不断的成长，这本"书"有了色彩，教师、家长、社会都会影响他的内容。正如国画中的空白并不代表"没有"，但影响空白处的内容却有赖于画家的妙手。夸美纽斯说过，"知识、德行与虔信的种子是自然存在我们身上的，但它们的发展则全赖教育"。所以，如何以岁月为纸、轻捻笔墨，在学生每一个成长的节点，成全他们生命的华章，便成了教师需要终身"书写"的内容。

学生还是一本"神秘的书"。孩子的世界是澄明的，也是神秘的。孩子们幼小的心灵中藏着无数的秘密，书中的主人公是正在成长的人，孩子成长的行为方式也是多种多样的，甚至孩子的撒谎、撒娇、恐惧、害羞等等，都有着和成人不一样的行为心理。抓住孩子行为背后的心理才是解决问题的关键，教师不能以成人的眼光去看待，以成人的标准去评价，"要以儿童之心度儿童之腹"。要认识到哪怕是孩子的错误，也是成长中可爱的错误，找到每个主人公身上的闪光点，往往也就是他们成长的转折点。

教育絮语

◎教学是一种期遇，让孩子与文本、生活不期而遇；教学是一种期待，前行中不抢不替、不急不躁；教学又是一种期许，教师要注意倾听、静待花开。

一个学生就是“一本书”。一个学生就是一个世界，一个学生就是一本书，书中的主人公来自不同的家庭环境，有着不同的社会背景，不同的性格和能力差异，不同的经历和价值观，是一个个活生生的“个体”，书中的故事也是生动多彩的。古希腊哲学家赫拉克利特有句名言：“人不能两次踏进同一条河流。”所以，教师唯有带着“宽容和爱心”去一一研读，带着“专业和执著”用一生去服务，才能不辜负“人师”的美称。

苏霍姆林斯基坚守帕夫雷什中学32年，一辈子读“学生”这本书，贡献给了我们关于儿童与教育的40部专著、600多篇论文、1200多篇儿童小故事；陶行知说过“人生为一大事来，做一大事去”，终身为儿童和教育鞠躬尽瘁。让我们如他们那样，读好“学生”这本书。

大师之谓

——致逝去的西南联大

所谓大学者，非谓有大楼之谓也，有大师之谓也。

——梅贻琦

在中国悠久的历史长河中，伟人、哲人、智者、勇者、智勇双全者灿若星辰，不胜枚举。倘若现代，冠以大师、大家、明星、大腕等头衔者更如过江之鲫。但在我肤浅的认识中，一直对先秦时期的诸子百家和西南联大的那些教授学人顶礼膜拜，推崇之至。在素有“颂圣文化”和“明君情结”的中国，在浩浩两千多年的时空里，这两大“团队”形成了中国知识分子的道统，也即“士”的精神。

因为有这样的崇敬，很多年来我一直特别留意相关的书籍和文章。最近读了厦门大学人文学院中文系教授谢泳的《西南联大与中国现代知识分子》，为那个战乱动荡的时代涌现出如此众多的人才感怀不已。

国立西南联合大学是与中国抗战共始终的一所著名大学，由国立北京大学、国立清华大学和私立南开大学联合组成，简称西南联大。西南联大从1937年平津沦陷后在长沙组成临时大学至抗战胜利后复员北上(1937年11月1日至1946年7月31日)，前后共计9年，为战时中国培养了大批人才。他们中有杨振宁、李政道等大批自然科学家，有何炳棣、王浩、邹谠等社会及人文科学家，也有殷海光等思想家……这些人或其思想直到今天依然活跃在各个领域。

西南联大的成功离不开教授。在那个特殊的大学里，前后共有179位教授，几乎汇集了国内各个学科大部分的精英翘楚，风云际会，人才济济。如梅贻琦先生所言“所谓大学者，非谓有大楼之谓也，有大师之谓也”。这些人大多既受过良好传统教育，又对西方现代知识有着很深的理解。他们对五四以来蔡元培先生提倡的“思想自由，兼容并包”的现代教育精神有着高度的认同，无论其党派、政见的迥异，坚定地认为学术同政治是分开的，思想、学术必须独立和自由。他们坚守着共同的治学理念和学术精神，为当时的中国社会树立了公平和良知的丰碑，他们身体力行、言传身教，造就了中国现代大学教育的短暂辉煌。

在国家动乱、战火纷飞的年代里，西南联大依然保持并发扬了良好的学术传统，这不能不引人深思。梅贻琦先生著名的"从游论"或许可给我们启迪，"学校犹水也，师生犹鱼也，其行动犹游泳也，大鱼前导，小鱼尾随，是从游也。从游既久，其濡染观摩之效自不求而至，不为而成，反观今日师生之关系，直一奏技者与看客之关系耳，去从游之义不綦远哉！此则于大学之道，体认尚有未尽实践尚有不力之第二端也"。谢泳先生在书中也这样分析，"学术传统的延续，首先要靠相对稳定的教授群体的形成。当时西南联大学术传统之所以能够结出丰硕成果，一个重要的原因是这一个教授群体从年龄结构上呈完整的三代共存现象。"其次，"西南联大的学术传统有丰富的内涵，从教授的自由流动到教授治校，从合理抗议政府到支持学生运动，从视学术自由为生命到为自由而关心政治，这些今日看来很抽象的东西，在当年的西南联大都有实实在在的体现，由大量生动的事例构成了鲜活的学术传统。"

西南联大的这种文化现象是中国近代知识分子的一笔财富，也是中国知识分子真精神在国家面临危亡的历史时刻的高度体现。是特殊的历史时期使西南联大抹上了某种悲壮的色彩，而这种悲壮背后则是一代知识分子人格和气节的高度凝练，道德和文章的相得益彰。

西南联大没有校长，只有三个大学的校长（梅贻琦、蒋梦麟、张伯苓）组成的常委。在设立之初，傅斯年、胡适等人就向当时的国民政府提出了四条建议，即：战时常态化教育；重视同等学力；大学独立；杜绝无知疆吏的干涉。

在以后的办学中，这样的建议也基本得到了落实。如，1940 年 6 月 10 日，联大教务会议对教育部的统一大学课程教材和学生成绩考核办法等，据理抗驳，要求教育当局给予学校更多的教学自由，不必"刻板文章，勒令从同"，明确表示"盖本校承北大、清华、南开三校之旧，一切设施均有成熟，行之多年，纵不敢谓极有成绩，亦可谓当无流弊，似不必轻易更张"（《南开大学校史》第 260 页）。尽管时局动荡，但教授们的整个心态是从容而平静的，因为他们都知道自身的价值，教育当局也都知道是因为有了教授才有大学，而不是有了大学才有教授，这就是教授治校的传统。王浩把他在昆明西南联大度过的那段时光称为

"谁也不怕谁的日子",他说:"教师之间,学生之间,师生之间,不论年资和地位,可以说谁也不怕谁。当然因为每个人品格和常识不等,相互间会有些不快,但大体上开诚布公多于阴谋诡计,做人和做学问的风气是好的"。那段谁也不怕谁的日子闪烁着智慧、自由、独立、宽容的光芒,这些光芒并没有因为战争而褪色消沉,这些光芒的背后是大师们的人格和气节。

教授们的人格和气节在1945年昆明"一二・一"学潮中更体现得淋漓尽致。当年正是反内战的高潮时期,11月25日,学生时事晚会在西南联大图书馆前的草坪上举行。按照惯例,都会邀请知名教授参加,这次晚会也不例外。钱端升、伍启元、费孝通、潘大逵四位教授受邀参加该晚会并就和平民主、联合政府等问题做了讲演。演说正进行时,包围会场的国民党军队突然用枪炮对会场上空射击,进行恐吓。在当时的社会状况下,在时事晚会上发表演讲具有很大的危险,闻一多、李公朴就是在集会中被暗杀的。但在整个过程中,四位持不同政见的教授都没有任何恐惧感。例如费孝通,他在演讲时突然断电,枪声四起,但他仍然呼喊:"不但在黑暗中我们要呼吁和平,在枪声中我们还要呼吁和平。"

教授们的人格和气节还反映在对于"物质"态度上。西南联大的教授们都是各个领域的大师级人物,在经济方面自是要优越许多。但在已经披露的资料来看,西南联大在昆明的九年时间里是在物质极其匮乏的条件下度过的,这是一个可以想象的事实,国难当头,覆巢之下岂有完卵。

历史系教授陈寅恪抗战初期患眼疾,而后万里迁徙虽经英国治疗,但归国辗转任教西南联大,医药条件不佳,一误再误,终至失明。

1938年,华罗庚到西南联大数学系任教。刚开始,一家六口与闻一多一家八口合住在一间不到20平方米的厢房里。后来因为拥挤不堪,华罗庚只好在西郊普吉附近找了个牛圈,用最便宜的价把牛圈上头用来堆草的楼棚租了下来。这即使是昆明近郊的贫苦农民,也极少有在牛圈上面的草棚里住宿的。

清华大学校长梅贻琦请梁思成、林徽因夫妇设计联大校舍,二人花了一个月时间,拿出了第一套设计方案:一个中国一流的现代化大学赫然纸上。然而设计方案很快被否定了,西南联大不可能拿出这么多经费。此后两个月,梁思成夫妇把设计方案改了一稿又一稿:高楼变成了矮楼,矮楼变成了平房,砖墙变成了土墙。几乎每改一稿,林徽因都要落一次泪。此时的梁思成已经忍无可忍，他冲进梅贻琦的办公室，把设计图纸狠狠地砸在校长的办公桌上。他痛心地喊道："改！改！改！你还要我怎么改？我……已经修改到第五稿了，茅草房就茅草房吧，你们知不知道农民盖一幢茅草房要多少木料？而你给的木料连盖一幢标准的茅草房都不够！"梅贻琦叹了口气说："正因为如此，才需要土木工程系的老师们对木材的用量严格计算啊。"梁思成听着，心软了，流下了眼泪，哭得像一个受伤的孩子……为西南联大设计茅草房，也许是梁思成一生中最委屈、最痛苦的工程了。

毕业于西南联大的汪曾祺回忆文章里时常提及西南联大生活岁月，其中对于物质条件的艰苦时有描述，但各院系教授、学生毫无怨愤之言，齐心共赴国难。这是真正的文化的力量，中国一代知识分子放弃个人尊严和物质追求，几乎凭着知识分子的良知和热忱为中国学术在屈辱的时代中寻找一片净土，中国学人历来推崇的气节、民族观在非常的历史时期被发挥到极致，而在那些教授身上体现出的吃苦耐劳、团结合作精神实为中国现代知识分子的楷模。

克罗齐说过，所有的历史都是当代史。我们在 70 多年以后纪念一所已经逝去的大学，缅怀那一个个鲜活的"大师"，主要是为了参照当今的现实，唤醒精神的力量，重树学术的标杆，延续文化的脉络。我们不能只艳羡与沉思逝去的西南联大，我们更要重塑中国学术的价值标准。西南联大的大师们真的是中国教育的终结版吗？西南联大真的成了中国教育难以企及的高度吗？历史在我们手中，看怎么书写吧。耳旁，仿佛又响起了西南联大教授们发表的铮铮宣言：一切以法制立论为基本前提；一切以公众利益为最高原则；一切为国家走上健康的民主政治前途努力；我们所关心的问题绝不是围绕个人，而是以公理为尺度。呜呼，联大逝去，大师不朽！

培养"核心素养",您准备好了吗

自从"核心素养"这个概念在教育部《关于全面深化课程改革落实立德树人根本任务的意见》中首次出现,一年来,教育界内外纷纷建言献策,其中有对"核心素养"的来源探究和概念界定,有从"素质"到"素养"的定义厘清,有"核心"到"非核心"的哲学思辨,有专门的研究团队对"核心素养体系"的研究架构,也有高层论坛对课程目标从"双基""三维目标"到"核心素养"的全面阐述……总之,"核心素养"被置于深化课程改革、落实立德树人目标的基础地位,这个概念体系正在成为深化课程改革的方向与坐标。

面对着这个备受关注的崭新热词,回溯着经济合作与发展组织(OECD)率先提出的"核心素养"结构模型,联合国教科文组织(UNESCO)类似核心素养的"四个学会"体系的论述,以及一些发达国家和地区近20年来的实践,对于新课程改革15年来的我国广大地区和学校,您准备好了吗?

培养核心素养的焦点在于"人"的发展。如果说,20世纪90年代初提出的"素质教育"回答了"培养什么样的人"的问题,那么,"核心素养"正是要解决"人"的发展的价值定位、培养目标及清晰的阶段性目标;如果说21世纪初提出的"三维目标",扭转了长期以来知识与能力二元对立的思维方式,凸显了情感、态度、价值观的重要意义,那么,"核心素养"的提出,将更加明确学生应具备的适应终身发展和社会发展需要的品格和关键能力,突出强调个人修养、社会关爱、家国情怀,更加注重自主发展、合作参与、创新实践。发展什么样的"人",是教育的终极目标,苏霍姆林斯基说"教育的终极目的应该是向人传送生命的气息",泰戈尔则说"培养学生面对一丛野菊花而怦然心动的情怀"。"核心素养"的提出,与"修身齐家治国平天下"的传统文化相呼应,与"教育即生长,生长本身就是目的,在生长的前头并没有另外的目的"的现代教育观相匹配,为教育找到了前行的航标,为学生找到了奠定终身的DNA。

培养核心素养的重点在于"课程与课堂"。不容否定的是,15年新课程改革使中国的基础教育发生了本质而深刻的变化。“核心素养”的提出，是对“三维目标”的整合，是课改深化的标志，没有核心素养，改革就缺了灵魂。随之而来的将是围绕业已基本确定的学生发展九大核心素养，做出不同阶段的课程标准以及评价体系的设计和调整，重点是要通过学科核心素养的落实转化为学生的素质，主要解决学什么和怎么学的问题，给孩子寻找适合的教育，给孩子更多的选择，从而培养有素养、个性化的学生。对于学校和教师而言，其主要的挑战来自于三大方面：一是基于学生核心素养的课程价值观的正确认识，二是基于学生核心素养的学校课程的科学构建，三是基于学生核心素养的课堂教学方式的真正转变。学校如何理解课程功能，调整课程结构，丰富课程资源，推进学科融合，转变教学形态，改革评价机制，这一系列的问题无不考量着每一个教育工作者的责任、良知和本领。

培养核心素养的难点在于“机制与师资”。“核心素养”的培养，不仅挑战现有的课程设计与评价体系，也挑战着现有的机制设置和资源配置水平。如没有良好的制度环境，如不能切实解决教育体制上的弊病和机制性的障碍，如不能实现资源配置上的均衡性与公平性，就很难建构核心素养的理论基础和培养“土壤”。同时，“核心素养”的提出，也拷问着校长和教师的教育素养，校长要从“办学校”转向“办教育”，教师要从“学科教学”转向“学科教育”。教育不是“解惑”而是“解放”，知识不是“学会”而是“会学”，学生不是一个要被填满的“容器”，而是一个要被点燃的“火把”。只有摆脱了机制的束缚，提高了师资的素养，才能激发生长的活力，从而真正提升学生的“核心素养”。正如雅思贝尔斯认为的那样，自由和超越才是作为人的根本所在。

“核心素养”这个概念已扑面而来，不管顶层设计将如何呈现，它最终将为教育实践所检验，最终将反映在日常的、具体的“课程”中，总要落在平常的、广大的教师所实施的“课堂”上。您，准备好了吗？

第三章 汇文

推开一扇教室的门，我们会看到什么?

走进一所学校的中央，我们会听到什么?

步入一个教育前沿的领地，我们会触摸到什么?

心无旁骛地思考，义无反顾地前行。以“教育”的名义，守望教育的田野，担当教育的责任。在年复一年的教育生涯里，比技术更重要的是思想，比方法更重要的是情怀。

从《规划纲要》看基础教育改革发展的方向

备受关注的《国家中长期教育改革和发展规划纲要(2010—2020年)》征求意见稿于2010年2月28日发布,并向全社会公开征求意见。这份被称为"具有重大战略意义""里程碑意义"的《规划纲要》一经面世,就受到了全社会的高度瞩目和广泛评议。《规划纲要》以浓墨重彩之笔阐述了基础教育在教育改革发展中非常重要的地位,尤以义务教育的均衡发展作为改革发展的重中之重。在《规划纲要》草拟过程中,本人曾参与了第二战略课题组的草案论证评议工作,近来又认真反复阅读了《规划纲要》的全部内容,现就《规划纲要》来谈一谈基础教育改革发展的方向问题,权作引玉之砖。

方向之一:追求基础教育的独立价值——公平均衡

当前基础教育的最大问题就是价值观的扭曲,具体表现为发展与选拔的尖锐对立——学校教育的功能是促进人的发展,同时也承担为社会选拔人才的功能,但发展不应该是选拔的副产品。确立基础教育最本质的意义,就要追求基础教育的独立价值,就要改变将基础教育的价值完全依附于更高一级的教育,以能否为高一级教育或学校提供更多更好的生源作为衡量其价值的标准。

《规划纲要》指出:教育是民族振兴、社会进步的基石,是提高国民素质、促进人的全面发展的根本途径。要树立科学的教育质量观,把促进人的全面发展、适应社会需要作为衡量教育质量的根本标准。这就清楚地告诉我们,基础教育的价值主要表现在两个方面:第一,基础教育的基本目标在于提高整个中华民族的素质,它的对象和着眼点是全体学生,而不是一部分人,更不是少数人;第二,基础教育的功能是促进人的全面发展,它强调的是基本素质的培养,而不是专业或某些专门人才的培养。

确立了基础教育的这种独立的价值观,就可以理解《规划纲要》中阐述的两大重点:第一,促进教育公平,能够平等地机会均等地接受基础教育,是每个人都具有的基本权利;第二,义务教育在全面普及之后就要把工作重点转移到推进均衡发展上。

我国古代第一部教育专著《学记》，开宗明义第一句话："建国君民，教学为先"，美国著名教育家贺拉斯·曼也曾说过："教育是实现人类平等的伟大工具"。教育公平是社会公平的依托，是人生公平的起点。实现教育公平，重点体现在义务教育均衡发展上，就要切实缩小校际差距，加快薄弱学校改造，努力办好每一所学校，教好每一个学生，率先在区域内实现城乡均衡发展；就要加快发展民族地区教育，加大对革命老区、边疆地区、贫困地区的支持力度，努力缩小区域差距；就要加强困难群体子女教育保障，逐步实现进城务工人员子女入学与城镇居民享有同等待遇，并切实建立和完善农村留守儿童关爱和服务体系；就要完善特殊教育体系，健全特殊教育保障机制，提高残疾儿童义务教育质量。同时，基础教育的教学内容、课程体系，教育教学观念与思想，教学方法以及评估等，都必须服从这样一个基本的价值目标。

方向之二：解决基础教育的长期顽症——学业负担过重

学生课业负担过重是长期以来困扰基础教育的顽症，它成了全面推进素质教育的最大障碍，它消耗了学生学习的兴趣，丧失了学生学习的动力，殆尽了学生的全面发展，也扭曲了教育的本质功能。

如何切实减轻中小学生课业负担，《规划纲要》第十条指出：减轻中小学生课业负担。过重的课业负担严重损害青少年身心健康，危害民族未来。同时提出了三点主要措施：

一是规定政府的部分责任。各级政府要把减负作为教育工作的重要目标，统筹规划，整体推进。政府要为学校营造实施素质教育的良好环境，不给学校下达升学指标，不用排名的方式考评某区域或学校的教育，不要去做一些有可能使学校增加学生负担的事。对"减负"问题要标本兼治，综合治理。政府、学校、家庭、社会必须共同努力，承担共同的社会责任。要反对片面追求升学率，不回避升学率，不反对把升学率作为一个结果，但不能作为唯一的目标片面追求；要严格控制"择校热"，"择校热"的背后是老百姓对优质教育资源的需求，缩小校际差距是解决择校的治本之策；要改变高中阶段学校千校一面，同质化的倾向，使每一个学生全面地发展，有个性地发展，有特色地发展；义务教育阶段不得设置重点学校和重点班，保证适龄儿童就近入学；要规范各种社会补习机构和教辅市场。

教育絮语

◎国家课程的功能当然指向人的全面发展，问题是现在一些学校把它窄化为“升学功能”，然后再用五花八门的校本课程去点缀和补偿。

二是要把减负落实到教育教学各个环节。首先要严格执行课程方案，科学制订课程表和作息时间表，不得增加课时和提高难度；其次要着力提高课堂教学的有效性，提高单位时间内课堂教学的效率，努力克服课程与教学中繁难偏旧的现状，还空间与时间给学生，培养学生的动手实践与自主创新能力；第三要减少作业量和考试次数，培养学生兴趣爱好，丰富课外校外活动；第四要致力于考试评价的改革，各种考级和竞赛成绩不得作为义务教育阶段入学与升学的依据。

三是树立正确的家庭教育观念。充分发挥家庭教育在青少年成长中的作用，引导家长树立正确的家庭教育观念，掌握科学的教育方法，主动配合学校的减负工作。

方向之三：保障基础教育的科学发展——四项制度

基础教育是国民教育的基础，是人才培养的基础，是国家竞争力的基础。基础教育的科学发展必须要靠制度机制创新作保障，体制机制的保障，是管长远、管根本的保障。随着基础教育改革的不断深化，我们遇到了教育外部体制机制的阻碍，也受到了教育自身体制机制的束缚：坚持基础教育的公益性质，保障教育公平，实施素质教育等新要求、新任务，我们还不能完全胜任；政府和教育行政机关、教育工作者，对新形势下的教育改革发展的方向和目标、教育教学中存在的主要问题、各自应该发挥的重要作用，还缺乏正确的认识和坚定的信念；以新课程为核心的新教育实践和现有教育体制机制的矛盾依然存在。

要切实保障基础教育的科学发展，就必须重建符合科学发展规律的制度体系。《规划纲要》一个很大的亮点，就是强调了制度、体制、机制的创新，概括起来主要是“四项制度”：

一是要建立对义务教育均衡发展状况的监测和评估制度，主要是对区域内影响义务教育均衡发展的主要指标，如办学条件、教育管理、师资队伍、教育质量、教育公平等状况制订发展的标准、建立评估体系、完善评估方法，以客观科学的数据来说明各个区域内义务教育均衡发展的状况。

二是要建立一个科学的绩效政绩考核制度，将推进义务教育均衡发展的工作成效与对各地各级党政负责官员的政绩评估和考核相结合，通过评价的杠杆作用，检验各级党政一把手履职情况，努力办让人民满意的教育。

三是要建立一个对各地义务教育均衡发展状况的公示制度，让社会公众和媒体来监督，进一步拓展监督渠道，引导舆论，提高执行力和达成度。

四是要建立责任追究制度，对各地各级党政官员中推进义务教育均衡发展工作不力者，要追究相关责任人的责任。通过制度的配套执行和措施的有力实施来确保未来十年内推进区域义务教育的均衡发展、快速发展、高位发展。

方向之四：强化基础教育的改革关键——教师队伍

教师队伍建设是中国教育发展之关键，教师队伍的整体素质是国家综合实力之所系，全民族素质之所系。教师是教育事业的第一资源和核心要素，是建设人力资源强国的战略资源。教师队伍是我国人才队伍中一个庞大的群体，约占全国专业技术人才总量的三分之一。建设高素质的教师队伍成为人民群众最直接、最关心、最现实的问题之一。目前，教师队伍建设还面临着很严峻的挑战，特别是农村教师队伍建设仍面临诸多困难和问题，教师的整体素质还不能适应教育发展的要求。

《规划纲要》对加强教师队伍建设给予了高度重视，明确提出要努力造就一支“师德高尚、业务精湛、结构合理、充满活力”的高素质、专业化教师队伍，造就一批教育家的目标任务，并从加强师德建设、提高教师业务水平、提高教师地位待遇、健全教师管理制度四个方面提出了具体措施。综观《规划纲要》对加强教师队伍建设的阐述，需要我们在未来十年中，进一步明确教师政策的基点和教师队伍建设的根本出发点。主要突出以下几个方面：

一是把教师队伍建设作为教育政策的优先议程。重视教师资源的投入，是“以人为本”的科学发展观在教育工作中的本质要求，是保障教育事业科学发展的前提条件。把教师队伍建设真正放在最为优先的战略地位，调整教育投资结构，增加教师队伍建设方面的投入，应当是新时期教育改革发展的战略重点。

教育絮语

◎教学质量的提升要注重五个度：课标达成度，教师投入度，学生自由度，教学有效度，家校配合度。

◎教学不仅要教会学生“应试”，更要教会学生“应世”。

二是要确保非均衡状态下教师资源的有效配置与协调发展。教师资源的有效配置必须坚持质量与效益的双重目标，统筹考虑教师资源总量、结构与质量的关系，保持供给与需求的双向调节和动态平衡，要统筹城市和农村、强校和弱校，以加强农村教师队伍建设为重点，合理配置教师资源，有效解决结构性矛盾形成的师资“瓶颈”，促进教育的均衡发展、可持续发展。

三是要着力推进教师管理制度创新。要适应转型时期教师资源配置方式的重大转变，建立现代教师教育制度和学校教师人事制度，加强岗位管理，创新聘用制度，完善激励机制，切实提高教师地位待遇，要从根本上提高教师职业的吸引力，鼓励优秀人才投身中小学教育。

四是要大力提高校长和教师的专业水平。专业水平不仅指具有学历标准和必要的教育知识，更包含教育能力和职业道德的要求。专业水平的提高过程就是专业精神、专业知识、专业能力、专业伦理、自我专业意识等方面持续发展的过程，亦即内在专业结构不断更新、演进和丰富的过程。要使广大的校长和教师在管理和教育教学实践中，有自己的人格素质，有自己的思想追求，有自身的理论武装，有自觉的职业规范和高度成熟的技能技巧；具有不可替代的独立特征，具有服务教育的精神追求，具有献身教育的崇高情怀。

也谈“教育理想与现实的统一”

教育是需要理想和信念的事业，“没有理想的教育就不可能具有追求卓越的精神，不可能在教育活动中洋溢着激情、诗意和活力”。教育因为有了理想而更有目标，因为有了理想而更有理性。但毋庸置疑，教育的理想和现实之间总是存在着一定的（甚至是相当大的）差距。如何实现教育理想与现实的统一，需要我们每一位教育工作者去反思、探索。

一、困惑：教育理想在现实中的异化与错位

新课程改革是从新世纪开始的，它的现实背景是被人们形容为“素质教育轰轰烈烈，应试教育扎扎实实”的中国教育状况；今天我们中小学教育改革的一个基本方向也正是从素质教育与应试教育剑拔弩张、势不两立的对峙状态中走出来的。无论如何，“素质教育”也好，“应试教育”也好，新课改也好，中小学教育改革也好，名称不同，角度各异，但都可以发现现实教育中存在的问题，有些还是严重的问题。异化意味着对原初、本质的偏向与背离，从这个意义上说，今天我们的中小学教育的确存在着不容忽视的异化现象，偏离了我们教育的理想。

尽管已经做出了较大的改革，但中考和高考仍是决定学生命运的头等大事。中、高考指挥棒一挥，中小学从校长到教师，再到学生以至学生家长，无不以分数为核心，紧紧围着中、高考转。按分数排队——不仅给学生排，而且给教师排，这已经成为很多学校不成文的规矩。虽然教育部明文规定学校不准公布学生的成绩排名，但上有政策，下有对策，各种花招层出不穷，每次考试下来，谁第一，谁倒数第一，老师和学生心里都清楚得很。分数决定一切，将学生按分数划分“圈内人士”和“圈外人士”，前者是应试教育中的佼佼者，是考试分数靠前的一部分，是优等生，处处得到青睐和重视，教师和家长对他们体贴入微、呵护备至，他们就是学校的希望；后者则因为在考试中分数不高，考重点高中、考大学（或考好大学）的希望渺茫，被视为差生，是学生中没有希望的一部分，受尽冷

教育絮语

◎教而不研则浅，研而不教则空。

◎课堂教学的好坏，直接影响到学生的行走，直接影响到学生未来的发展，甚至影响到学生的整个人生。

落，连自己都看不起自己。更有甚者，为了不影响中、高考升学率，成绩差的学生甚至被人为地贴上“弱智”的标签。

那些“圈内人士”呢？他们掌握了学校要求的知识，获得了“优秀”的评价，能做一些大人都做不出的习题，能模仿教师的样子写作，却连买几件衣服都算不清价，连给爷爷写封信都写不通，身边的花草树木许多都叫不出名字，教师还振振有词：“书本上的东西都学不完，哪顾得上别的？你说的那些东西，应该是家长课余辅导的……”

“一分耕耘，一分收获”，“圈内人士”卧薪尝胆、宵衣旰食，“牺牲”了兴趣、爱好、娱乐、游戏，付出如此巨大的代价。那些一路过关斩将，在高考角逐中获胜的学生，他们收获了什么呢？1995 年，一份北京大学经济学院招收的 14 名全国高考状元的跟踪调查表明：时隔一年，这些状元们成绩平平，且大多表现出心理脆弱、唯学至上、缺乏创造性、没有主人翁精神、不敢面对困难与挫折、漠视集体生活与社会活动等缺点。中央教科院在最近的一份调研报告中也指出，恢复高考以来的 3300 名高考状元，没有一位成为行业领袖；调查了 100 位科学家、100 位社会活动家、100 位企业家和 100 位艺术家，发现除了科学家的成就与学校教育有一定关系外，其他人所获的成就和学校教育根本没有正相关关系。要培养创新精神要看学校教育给了学生多少自由发展的空间。尤甚于此的是，某中学一位国际奥林匹克数学竞赛冠军竟是连日常生活都不能自理的“演算机器”。

即使在新课改正式实施了十年之后，在某一省份的调查中，仍有 46%的初中生睡眠时间低于国家规定的 9 小时，而高中生的平均睡眠时间仅有 7 小时，尤其是高三学生，没有一人达到标准睡眠时间，少于 7 小时的高达 62%。小学生的问题也不容乐观，24%的1～3年级学生、33%的4～6年级学生睡眠时间低于国家规定的10小时。中小学学生已成特“困”人群。

这些出现在当今中小学校园里的异化现象，涉及现实教育中诸多方面的问题，它们集中反映了当今中小学教育脱离社会需要，脱离学生现实生活，与“为了中华民族的复兴，为了每一个学生的发展”这一教育的理想相背离的趋势。教育理想在现实中的错位，使我们倍感困惑，同时也唤起了我们的思考，是我们追求教育理想与现实完美统一的直接原因与动力。

二、反思：教育理想与现实关系的真义与归途

教育的理想与现实是一对矛盾，它们之间的关系是既对立又统一。老一辈无产阶级革命家张闻天同志在谈理想与现实的关系时说：“理想虽是建筑在现社会的物质基础之上，但理想是超过现社会的东西。理想好比泥土中生长出来的花。它虽生长在泥土中，但它又不是泥土。”这个花与泥土的比喻，形象地说明了理想与现实的辩证关系。理想源于现实，两者存在着内在的联系。理想之花扎根于现实的沃土之中。从根本上说，教育目的就是教育理想在一定历史时期的具体化，在不同的时代，不同的政治、经济、文化背景之下，人们往往会提出各种不同的教育目的。而教育理想通过教育目的的历史变革越来越明朗化，并激励着一代又一代的人为之努力探求。教育理想不是凭空设立的，它是在对教育现实的不断反思和调整中逐步形成的。比如，在对教育作用的认识上，有学者提出，教育应该能够教育好每个学生，但教育并不能保证使每个学生都得到最好的发展，这就是理想和现实之间的矛盾。但这并不应成为我们提出教育理想的障碍。

教育的理想在于使每一个学生的每个方面都能得到尽其所能的发展，教育不仅指向学生知识、技能的获得，而且指向学生个性和谐、充分的发展，在当今的教育世界，这已经成为全球性的教育目的。从古希腊柏拉图《理想国》中体智德美和谐发展的主张，亚里士多德时代和谐发展教育理想的最早提出，到文艺复兴运动以人为本，提倡个性解放和全面发展；从19世纪空想社会主义者对于全面发展的主张和实验，到马克思主义站在历史的制高点，从哲学、政治经济学和科学社会主义的角度创立科学的人的全面发展的学说；从日本教育家小原国芳提出“全人教育”的思想，到苏联教育家苏霍姆林斯基个性和谐发展思想的阐述和实践；从西方人本主义学派对于“分裂的人”的无情批判，到联合国教科

教育絮语

◎教育应不把"长成"怎样一个具体形态作为追求和结果，而只强调顺应着生长发育的规律不断生成的这样一个过程。生长，是从"原点"到"远点"的生命历程。

文组织文件《学会生存》中对培养"完整的人"的论述，直到 90 年代联合国教科文组织对教育四大支柱（学知、学做、学会共同生活、学会发展）的阐述，将人的充分实现作为发展的根本目标，教育的使命是使每个个人（无例外地）发展自己的才能和创造性潜力，人们对教育理想的追求始终没有中止过。正如《学习：内在的财富》报告中所说，对于教育目标的不断提出，尽管它需要长期的努力才能实现，但它是对人类探索一个正义、美好世界的一种基本性贡献。也正由于教育的理想和现实之间的差距和矛盾，更体现了教育工作者面临任务的艰巨性，体现了教育工作的真正价值。可见，现实是教育理想的基础，教育理想来源于现实。

教育理想又高于现实，两者是有区别的。扎根于现实土壤中的理想之花，毕竟不同于泥土。理想是人们向往和追求的奋斗目标，是对未来的美好想象，是还没有实现的东西；而现实则是一切已经实际存在的东西。理想总是美好的，在德国古典哲学中，"理想"同"美"是同义语；而现实中既有美好的一面，也有丑陋的一面。正因为理想比现实更美好，才能激励人们去追求、去奋斗，成为人生的方向和动力。仍举前面的例子，理想是要教育好每个学生，但现实结果是教育不可能使每个学生得到最好的发展。那么我们就要找出造成这一现实结果的原因，也即阻碍教育理想实现的原因，当然除了有些教育本身不能解决的社会大环境的因素外，很大一部分是教育自身的问题，如教育资源的浪费，对教育现象的不甚了解，教育内容、方法和手段安排上的不当，等等。找出问题并逐步解决问题的过程，也就是我们的教育理论和实际工作者不断提出理论假设、不断实践、不断验证，最后或验证出已有理论的正误，或提出新的有价值的理论这样一种过程，即实验的过程。通过这一过程，逐渐缩小理想与现实之间的距离，而不是迁就现实，降低理想。理想与现实的矛盾推动人们去变革现实，实现理想。如果因为看到现实中的问题，而对理想发生怀疑、产生动摇，那就把理想与现实混为一谈了。

以上思索，为我们进行教育理想与现实统一的实践提供了理论起点，也进一步激发了我们发展与探索的信心。

三、发展：教育理想与现实统一的途径、方略探索

（一）营造学校教育的共同愿景

学校的管理者以其不同的信仰、价值观和生存样式造就了不同的学校文化。教育理想追求的是培养一代新人，新人的培养离不开与此相适应的学校文化的创建。学校的办学理念是对办学认识的浓缩、提炼和升华，它体现的是全校师生员工所共同具有的思想品德、精神风貌、行为习惯等文化素养，所以应该是个性与共性的统一，是师生的共同愿景。学校的办学理念只有被广大教职工所了解、所认同，才能形成一种文化，才能潜移默化地影响人的教育行为。所以，学校要根据教育理想培养理想新人的要求，对学校的历史文化进行取舍、整合和转化，从而形成富有学校自身特点、面向未来的学校文化，引领学校教育实现教育理想与现实的统一。

（二）有效解决教育理想与现实的冲突问题

大力抓好教育教学改革，通过这个环节填补隔离带，把教育理想转化为育人的有效劳作。教育工作的最大特点是聚集各种受教育群体进行有目的、有计划、有组织的人的再生产活动，课程是基本框架，教材是基本依托，课堂教学是基本形式。我们的教育理想，归根结底，要通过这些环节加以实现。离开了人的培养谈教育理想，犹如企业家离开生产谈效益、营销家离开营销谈经营、军事家离开部队谈作战，即使谈得天花乱坠，无异于阿拉伯传说中的天方夜谭，是伟大的废话。近年来，一大批致力于教育教学改革的专家，认认真真研究课程和教材，深入学校搞教改实验，把先进的教育理念化为教学模式和具体步骤，变成教师手中可操作的东西，在沟通宏观决策领域与微观教学领域的隔离带方面，在解决教育理想与现实冲突方面，起到了一种桥梁和纽带作用，这是应当给予充分肯定和提倡的。但我们也看到，一些教育管理者缺少深入学校、深入课堂、深入教材抓教育教学改革的扎实作风，若明若暗地了解一点情况，似懂非懂地知道一点业务，若即若离地同基层保持一点联系，便大而化之地指导工作。教

教育絮语

◎儿童的生长是自己完成的，成人只是唤醒、扶持、帮助……来促成生长的实现。

◎孩子的经验是不断建构的，不是一节课完成的，要给他足够的空间。

育是育人的前沿领域，是直接与亿万学子打交道的工作，需要处理的矛盾和问题很多，积重难返。我们提倡各级教育决策和管理者，到学校去，到课堂去，为陷入困境的教师指点迷津、排忧解难，真正解决教育理想与现实的冲突问题。

（三）教育理想与教育沉思相结合

教师紧张从事教育教学工作，年复一年地忙碌着，便会变得庸庸碌碌，很难静下心来倾听自我，与自我对话。其实，在我们每一个人的内心深处(或者说思想深处)，都存在着一个与我们外在行为及思想表现不一样的“自我”，“自我”在时时监督着我们，提醒着我们，必要时要求与我们对话。“自我”是善良的，是我们最真诚的朋友，在尽心尽责地帮助我们。可是，我们平时却很少想到“自我”，“自我”一直被我们冷落。教育是心灵沟通的桥梁，尤其需要教师学会倾听自我，与自我对话，与教育理想对话。静下心来，作为教师的我们便会听到“自我”在喃喃自语：每天与心灵稚嫩的学生相处，与学生一样保持年轻态、健康态，是多么幸福的事情！每天在教育的理想与现实中穿行，在教育中与学生共同享受教育，生命因此而多么富有活力！真幸运，让我赶上了新课程教学改革，尝试教育教学改革激活了被压抑已久的创造力……工作之余，经常静下心来倾听善良的自我，便能轻轻地吹落心头倦怠的尘，使我们远离没完没了的抱怨与指责，远离丑陋不堪的扭曲人格。新课改的理念能不能和谐自然地运用于教育教学中？学科教学的具体问题如何实施？处理学生行为和思想问题是不是有利于学生健康成长？这些问题，在教育教学行为发生之前、发生之后，与自我对话讨论，有利于及时矫正不当的思想与行为，提高教师的教育教学水平。经常倾听自我，与自我对话，有可能使教师以一种新的、更具洞察力的眼光来看问题，提供有效的安排来帮助学生成长，从而也有利于自己的成长，在教育实践中实现自己的教育理想。

（四）开展超前性教育实验，实现教育理想与现实的沟通

教育理想高于现实。开展教育科研，进行教育超前性实验，既要让教育做到面向未来，培养适应未来需要的人才，又为未来教育的理论构建提供依据。如，提前阅读、开发潜能的实验就是其中一例。据研究，人脑正在使用的部分不足其全部潜力的10%，尚有极大部分闲置，我们是不是能够通过教育的作用，把这部分巨大的潜力挖掘出来呢？如果可能，那么我们的教育不就能实现最快、最好、最优化的理想了吗？而在传统的情况下，教育往往是一刀切，让特别好的和特别差的学生都向“中间”看齐，或者只顾及特别好的尖子生而放弃了大多数学生，这都是不利于学生潜能充分发挥的，也不符合教育理想。当然，超前性教育实验因其立足于时代的特点，它的超前性探索必然又充分反映出教育的现实特点，否则，实验是没有生命力的，这又是它的现实性所在。通过教育实验，将教育理想与现实、超前性与现实性统一起来，实现教育理想与现实的沟通。

（五）辩证对待教育质量与教育评价，提高教育效益

让教育理想成为现实，就必须认真研究教育评价，辩证对待教育质量与教育评价的关系，使真正实践教育理想的学校、教师、学生在评价中脱颖而出。同时，开展广泛的教育教学研究，全面提高教师素质，教研部门要发挥导向作用，在加强教育内容的综合性、增加课程与学生经验的联系、增进学科之间在知识技能和方法上的联系、给学生提供更多主动学习和探索体验机会等方面，为教师提供指导和服务。抓紧落实地方课程开发和学校课程管理的意见，完善三级课程管理体制。加强教材管理，使教材多样化的要求得到落实。增强课程改革工作的开放性，形成教育改革的合力，从而提高教育效益。

实现教育理想与现实的完美统一，需要我们在教育实践中不断去探索，不可能一蹴而就；令人欣喜的是，许多教育工作者都在为之而努力。相信随着教育改革的不断深入，教育一定会呈现出更绚丽的华章。

学生核心素养与学校教育质量

随着教育部《关于全面深化课程改革落实立德树人根本任务的意见》的出台和全国教育工作会议的落幕，立德树人、教育质量、核心素养等热词扑面而来。教育部部长袁贵仁说，要实实在在把质量作为新时期我国教育工作的主题。细细想来，“教育质量”是教育的永恒主题，“核心素养”倒是对学生发展的最新表述，内在的逻辑关系指向了教育“培养什么人”“怎么培养人”的终极命题。

一、教育质量的滥觞

教育中“质量”一词来源于经济学用语。在经济学中，通常有三种质量观：由生产者定义的产品质量，由生产者和顾客共同定义的契约质量和由顾客定义的市场驱动质量。无论哪种质量观，都以满足某种需要为基本特征，依据满足需要的程度确定质量标准。

以往，我们侧重于把教育质量理解为对教育水平高低和效果优劣的评价，主要表现为“教学过程中通过教师的教和学生的学而体现出来的学生学习的优劣程度”。把教育质量单向度地理解为学校培养的“人才质量”，窄化为“学业质量”，忽视了社会发展对学校“培养对象”的质量需要和学生自身的消费者地位。同时，衡量人才是否合格的质量规格也忽略了满足学生发展的个性化、多样化要求。

在观念层面上，人们一般把教育质量问题看作是一个实践问题，所以更多地在具体操作层次上讨论如何提高教育质量，而不太在意对质量、教育质量、教学质量是什么等一系列质量本身的价值问题进行研究。

“为什么我们的学校总是培养不出杰出人才?”钱学森之问不仅直指中国教育弊端，更是关于中国基础教育发展的一道艰深命题。应试教育背景下的教育目标口号化，使教育背离了人的全面发展的本质属性；情感的沙漠化使教育谋求的是“何以为生”的本领，放弃了“为何而生”的思考，教育正走上“唯理性主义”的歧路，成为追名逐利的手段；视角的世俗化使教育全身心地浸泡在世俗的浑水中，丧失了其应有的崇高与神圣。

教育质量监测在理论上具有科学性和综合性的特点，但在实际的运用中，很容易异化为简单化和片面化。监测工具主要用于对学生纸笔测量的问卷，对用于学生心理、生理测量的量表和设备以及用于对学校管理、教师行为测量的教师行为记录等，疏于分析，即使有分析也很难引起学校的关注与重视。更有大量的学校把考试试卷作为监测学生学业质量、教师教学水平、学校管理水平的唯一监测工具，并且热衷于对学生知识考试成绩的排名和甄别。简单地把教育质量与学生的考试分数等同起来，认为学生的考试分数高则教育质量高。

因此，提高教育质量就异化为提高学生的考试分数，在应试本位的教学观、知识本位的课堂观、分数本位的评价观的支配下，出现了学校管理封闭、课堂教学“满堂灌”、教辅资料泛滥、考试频繁等现象，其实质是见“分”不见“人”、重“考”轻“学”、重“教”轻“育”，结果造成了本应丰富多彩、充满理想色彩和生命活力的学习过程和校园生活远离了时代现实、脱离了社会实践，使教育沦为纯粹训练应试技能的活动。学生学习的愉悦、兴奋、发现、成功体验越来越少，单调、枯燥、乏味、疲惫、厌烦、挫折感越来越多。

这种不按照学生成长规律，甚至不惜牺牲学生的身体健康换来的分数，不仅使学生们诚惶诚恐，而且也让教师们“带着镣铐跳舞”，本有的教学激情也会因无形的压力而湮灭，产生职业倦怠症。在考试指挥棒的指引下，不得不以知识为本位，采取最保守的教学，即选择最安全、最省力的防御性教学，而且尽可能回避教学改革和创新，想方设法以不变应万变，以习惯了的比较顺手的方式来教能检测的事实性知识，而终生受用的学习策略和方法往往窄化为无思维价值的解题与应试技巧，更顾不上情感熏陶与正确价值观的引导。当大多数教师都采用这种防御性教学时，学生全面发展、个性和谐发展的质量观无疑成了纸上谈兵。

需要特别指出的是，学校教育质量的异化，产生的原因是极其复杂的，是整个社会的顽症。期间有传统读书功名论的不良影响，有人性教育的长期缺失，有时下教育价值观的扭曲，有教育资源配置的匮乏与不公等，需要内外调理，综合治理。

二、核心素养的指向

二十世纪九十年代提出“素质教育”的概念，尽管还有不少诸如“素质”能不能教的争议声，但它直接提出了“培养什么人”的基本问题，为教育发展指明了航向。二十一世纪初，“新课程改革”至少从设计层面解决了“通过什么培养”、“如何培养”等具体目标和策略，为教育深化改革提供了路线图。只是在具体的实施中，由于对“三维目标”的割裂化认识，慢慢演变成知识与技能是核心的偏颇做法。

“核心素养”的提出，正是对“三维目标”的再聚焦，对教育价值的再凝练，直接指向了“培养具有健全人格的人”的总目标，成为一把衡量教育行为的“新标尺”，成为讨论教育问题的“新坐标”。

综观我国的教育改革，其基本的目标设定和行进路径是：从“一维”（双基）到“三维”再发展到今天的“核心素养”，越来越突破“知识本位”的樊篱，显示着教育的越来越进步。但“核心素养”的培养毕竟要通过“课程与教学”的平台和载体来实现，问题的焦点就在于如何以核心素养向知识本位宣战，从而实现教育对人的真正的全面回归。

我们不反对学生学习知识，而是要使这些知识形成结构，并能用这些知识解决实践问题。任何学科的教学都不是仅仅为了获得学科的若干知识、技能和能力，而是要同时指向人的精神、思想情感、思维方式、生活方式和价值观的生成与提升。学科教学要有文化意义、思维意义、价值意义，即人的意义！正如北京师范大学肖川教授认为：“从学科角度讲，要为素养而教（用学科教人），学科及其教学是为学生素养服务的，而不是为学科而教，把教学局限于狭隘的学科本位中，过分地注重本学科的知识与内容，任务和要求，这样将十分不利于培养视野开阔、才思敏捷并具有丰富文化素养和哲学气质的人才。”

核心素养是跨学科素养，任何核心素养都不是一门单独的学科可以完成的。任何学科都有其对于核心素养发展的共性贡献与个性贡献。学科的育人价值主要在于对特定核心素养的贡献，这是需要不断明晰化的过程。只有明晰本学科在特定核心素养形成和提升上的教育意义，揭示学科与核心素养的内在关联，才能发现学科独特的育人价值。

三、核心素养是教育质量的真正呈现

核心素养是每个人发展与完善自我、融入社会及胜任工作所必需的基础性素养，是适应个人终身发展和社会发展所需要的必备品格与关键能力，是个体所应具有的起支撑作用的基础素养。学校教育只有真正找到对学生终身发展有益的DNA,才能在给学生打下坚实知识技能基础的同时,又为未来发展预留足够的空间。这也是本文所指的学校教育质量的真正呈现。

基于核心素养的教育改革,从教育目标而言,将从功利的“应试”转向终身的“应世”;从教学内容而言,将从单一的“学会”转向综合的“会学”;从教学方式而言,将从传统的“解惑”转向现代意义的“解放”。

从应试转向“应世”。基础教育是整个教育的起始阶段,基础教育的质量直接影响着以后各阶段的教育质量和人才质量,基础教育就是要培养人的基础素养。从应试转向应世,是时代的必然选择,是革除教育弊端的必由之路。大量研究表明,具有满足复杂需要的能力和品性,就是学生的核心素养所在,且这一能力的培养最关键的时期是儿童时期。蒋梦麟先生早年就认为,教育要培养的是“活泼泼的,能改良社会的,能生产的个人”。要培养学生的“应世”能力,就要改变陈旧的教育观念,狭隘的教育目标,功利的应试模式,机械的教学方法和单一的教育手段等。尤其要营造良好的教育生态,实现教育资源的公平配置,从根本上改革考试评价制度,使考试成为定义能力的标准,且不能过早地将考试成绩介入对学生的选拔,从而有时间和空间成就学生的生长、发育和人格完善。

从学会转向会学。学习有两种方式:一是维持性学习或称适应性学习,其功能在于掌握已有的知识、经验,提高解决当前已经发生的问题的能力,即“学会”;二是自主性学习或创新性学习,其功能在于通过学习提高发现、吸收新知识、新信息和提出新问题的能力,迎接和处理未来社会发生的变化,即“会学”。从学会到会学,其核心是摆正教与学的关系,教师的“教”是条件,学生的“学”才是根本和目的,且教与学必须置于同一频道,使教学成为在教师的指导下学生进行自主创新性学习的活动和过程。要使学生“会学”,首先要让学生“好学”,“少而好学如日出之阳”,营造好学的氛围,激发好学的兴趣,培养好学的习惯便成了学习的出发点;其次要让学生“善学”,《学记》说:“善学者,师逸而功倍,又从而庸之;不善学者师勤而功半,又从而怨之”。要让学生习得学习的方法,要把学习的主动权交给学生,让学生主动参与,自主选择,自我建构;最终是学生会“自学”,我们常说“授人以鱼不如授之以渔”,“授人以渔”即够了吗?从关注每个学生发展的角度来看,学习的终极目标既非“鱼”也非“渔”,而是在授“鱼”和“渔”的“自学”过程中使学生学会“做人”,从而真正实现自我平衡、自我完善和自我超越。

从解惑转向解放。自唐代韩愈的《师说》中提出“师者,传道授业解惑”以来,“师者,传道授业解惑”一直是人们认同教师职业的标准。但这还是基本指向教师的外在价值,并未使教师获得职业的内在尊严和劳动过程中对生命本质的高级需要。在现实中,更由于教师工作的忙碌而焦躁,加剧了他们对教育意义的偏颇认知。在人与教育的互动中,应当改变的不是人的天性,而是教育自身,教育应当不断改变和调适自身,以使自身适合人的天性之表达和成长的需要。

教育需要“解放”什么呢?中国教师报编辑梁恕俭在《教育的终极目标到底是什么》一文中说得好:解放学生的地位,由听从到自主,由被动到主动,由应付到牵引;解放学生的思维,由单一到多元,由僵化到灵动,由守旧到创新;解放学生的课堂,由灌输到探究,由独学到合作,由听记到思考;解放考试的压制,由选拔到督评,由频繁到简约,由单调到展示;解放教师的苦累,由弄虚到务实,由作假到求真,由硬塞到盘索;解放学校的压力,由牢笼到乐园,由教室到舞台,由压抑到放飞。解放所谓的目标,由缥缈到实际,由群育到独生,由漠视到尊重。

1944年,陶行知在《创造的儿童教育》一文中说:“我们发现了儿童有创造力,认识了儿童有创造力,就必须进一步把儿童的创造力解放出来。”为此,他提出了儿童的“六个解放”。时隔70多年,我们还在呼吁解放儿童,可见教育的进程有多慢,自身的束缚有多重。今天,我们在谈学生核心素养的培养和学校教育质量的提升,所需要的是观念的真正转变和行动的切实跟进。但愿,这不再是期待!

区域推进义务教育优质均衡发展的策略选择

中国的义务教育梦,如果追本溯源,要追溯到百年之前的1904年,清政府在颁定的《奏定学堂章程》中规定:"儿童自六岁起受蒙学四年,十岁入寻常小学修业三年。俟各处学堂一律办齐后,无论何色人等皆应受此七年教育,然后听其任为各项事业。"义务教育自此在华夏大地生根发芽。但一百多年来的中国,外患内忧,所谓的规定大多也只能是纸上谈兵。直到1986年,我国颁布了《义务教育法》,2006年6月又通过了新修订的《义务教育法》,义务教育才真正从法理上予以确立。

近年来,随着国家经济、社会事业的迅猛发展,"强国必先强教"的理念已成为全民族的共识,"科教兴国"战略得到充分体现。在我国的一些发达地区,围绕着"均衡""优质""高位"的义务教育有效实践风起云涌,"区域整体推进"已是首选的策略,"优质均衡发展"不仅是义务教育的理想,而且正逐渐成为现实。

区域义务教育优质均衡发展,是指在一定区域内,实现教育资源合理配置,使办学条件均衡、师资结构和水平均衡,使区域内的每一所学校得到良性发展,使每一个受教育者享受到均衡的优质教育。推进义务教育优质均衡发展在构建社会主义和谐社会中处于基础性、全局性和先导性地位,必须以创新的体制和创新的方法去加以保障和促成。笔者试从推进区域义务教育优质均衡发展的公共政策设计、推进机制建立、推进路径选择和推进重点确定等方面加以简要论述。

一、公共政策的设计

当代政策学认为,公共政策是政府为解决特定社会问题以及调整相关利益关系而采取的政治行动,是与谋略、法令、措施、办法、规定等密切关联的政治行为。作为一种政治运行过程,公共政策的制定和执行必须按照政治原则与程序周转与流变。

美国著名学者戴维·伊斯顿从政治系统分析理论出发,提出"公共政策是

教育絮语

◎语文课堂的真谛就在于让学生在语言的世界里打开一扇窗，获得言语与情感的生长。

◎生长是朝向四面八方的，是丰富多样的。

对全社会的价值作权威性的分配”，而北京大学陈庆云教授则认为，公共政策的本质是政府对全社会的利益作有权威的分配。公共政策的价值标准和取向直接关系其性质、方向、有效性和社会公正的程度。在市场经济条件下，公共政策应具有两个方面的价值目标：一方面，政府要通过公共政策的制定和实施，克服和矫正市场的固有缺陷，争取利益分配的公平合理，维护社会公正；另一方面，政府的公共政策必须保障、促进市场资源配置作用的有效发挥，以创造更多的公众利益和价值。

现代国家的主要政府职能是管理公共事务，提供公共服务，而公共服务的本质和要义是公平和公正。义务教育是国家必须予以保障的公益性事业，因此，推进义务教育均衡发展的责任在政府，关键也在政府。作为义务教育办学的主体，政府和教育行政部门要对全属性的公共教育服务负责，义务教育应该成为各级政府管理和服务职能的逻辑优先。政府应当通过有效的政策调控、科学的布局规划、合理的资源配置、完善的保障机制和严格的考核制度，缩小区域内义务教育学校间的差距，全面推动义务教育均衡发展。

二、推进机制的建立

机制是管方向、管长远、管根本的制度。义务教育优质均衡发展是一个不断创新实践的过程，建立健全行之有效的工作推进机制是实现区域教育优质均衡发展的重要手段和有力保障。

建立区域义务教育均衡发展的推进机制应遵循以下原则：一是以县（区）为主。认真落实政府教育工作职责，充分发挥义务教育“以县（区）为主”管理体制的优势。二是底线均衡。就是要强调区域内使用公共财政的义务教育学校都能按照规定的标准拥有大体均等的软、硬件，从而在义务教育阶段形成一个公平、均衡的环境。三是适度倾斜。对农村学校和相对薄弱学校实行政策倾斜，关注弱势群体，为每一个学生享有基本均等的受教育机会创造条件。四是有效监管。重点应对义务教育经费保障机制、师资队伍流动机制等政策措施的落实及区域内义务教育学校均衡发展状况进行动态监测和评估，切实加快区域义务教育均衡发展步伐。

加快区域义务教育优质均衡发展的机制建设，在区域内部，特别是在县(区)域范围内，通过建立和完善包括经费保障、资源共享、师资交流、生源调配等六大机制，是促进区域教育优质均衡发展的重中之重。

1. 进一步落实义务教育经费保障机制。

保障实施义务教育所需经费，是体现政府责任的主要标志。新修订的《义务教育法》对此作了专门规定。要建立义务教育阶段学校预算管理制度，将中小学的全部收入和支出纳入财政预算管理，将义务教育经费全额列入县级财政预算并单列。除向农村地区和薄弱学校倾斜外，均衡安排义务教育经费。

2. 建立和完善促进师资均衡配置机制。

建设一支数量充足、结构合理、素质优良的师资队伍，是促进义务教育均衡发展的根本保证。首先，要严格实施教师考录制度，确保教师聘用质量。其次要规范教师岗位设置管理及岗位聘用制度，优化教师队伍结构，提高教师队伍的整体素质。再次，要加快完善体现绩效要求的教师考核评价体系，全面调动教师工作的积极性和创造性。

3. 建立覆盖全域的优质资源共享机制。

教育信息化是促进义务教育均衡发展的重要途径。要加强中小学现代远程教育工程的设备管理和教学应用工作，促进信息技术与课程教学的有效整合，注重内涵发展，提升教育质量。要创新资源共享交流平台建设，加强教育资源库建设，充分发挥其在教师培训、教育科研、课堂教学等方面信息资源共享的作用。

4. 建立生源有序调配的机制。

分布均衡的生源是促进教育均衡发展的关键因素。要通过改革完善招生考试办法、规范招生秩序、加强学籍管理、合理划分学区、落实免试就近入学政策等手段，合理配置义务教育学校生源，缩小生源水平差距。继续推行区域内优质热门高中招生名额100%分配到初中学校的政策，切实解决中小学借读和

◎一堂好课，要让学生有在场感。教师要悦纳学生，让学生觉得安全和自由。这是语文之道、也是语文之术。

择校问题。

5. 建立弱势帮扶助学机制。

继续完善帮扶助学机制，保障弱势群体学生接受义务教育的权利。认真落实国家的减免政策，同时按照“广覆盖、不遗漏”的工作方针，确保不让一名学生因家庭贫困而失学。积极创造条件，解决好外来务工人员子女的就学问题。加强对农村留守子女的教育，关爱心理、行为有偏差和学业有困难的学生，努力促进学生健康发展、全面发展、个性发展。

6. 建立督导评估考核机制。

研究和制订义务教育均衡发展的指标体系，建立完善教学质量监测评估体系和教学指导体系，将义务教育均衡发展列入地方政府年度教育工作目标管理考核系列，实施政府问责制，强势推进义务教育均衡发展。建立完善督导通报制度，把区域义务教育均衡发展状况纳入教育督导评估体系，定期督查和通报。针对均衡发展中的重点、难点问题开展专项督导和调研，对区域促进均衡发展做出科学决策，并及时调整相关政策、措施。

三、推进路径的选择

有学者通过归纳，认为区域内义务教育均衡发展的实践路径大体包括：“常规路径、自上而下的行政驱动路径、自外而内的专家驱动路径、自内而外的主体路径和自下而上的民间利益驱动路径”。在“以县为主”的义务教育管理体制下，探索构建“政府主责、学校主体、社会主动”的路径，对于推进义务教育优质均衡发展具有一定的现实可能性和独特意义。

“政府主责”，即落实政府责任，强化政府行为，为区域义务教育发展提供强有力的政策导向和制度保障；“学校主体”，即学校应当承担推进义务教育均衡发展的主体性作用，这是由教育发展的内在规律和教育均衡发展的特点所决定的；“社会主动”，即在强化政府办学主体地位的同时，通过制度安排和政策扶持，形成社会多方面办学的积极性和主动性，形成办学主体多元化的格局。其中以“学校”为主体，倡导积极有效的校本行动，实现学校办学质量的稳步提升，对提升区域内教育的优质均衡发展水平具有关键作用。

1. 中心带动。

义务教育优质均衡发展的重点和难点在农村。教育改革与发展的实践启示我们，农村义务教育的发展之路，必须关注村小。因此，要以均衡发展为导向，将辖区内义务教育学校划分若干片区，以中心（实验）学校为带动，实施中心、村小一体化管理，在经费投入、管理模式，师资配备和培训，教师待遇等方面实行统一规划、统一管理，扩大辐射范围，发挥集聚效应，促进相应区域内义务教育学校办学条件和质量水平整体提升。

2. 典型推动。

均衡发展，并不等同于“平均发展”，不该是“削峰填谷”，而应是“扬峰填谷”，让强的更强，弱的渐强，在动态发展中实现优质均衡。“典型推动”就是要充分发挥“名校”“优质学校”的辐射带动作用，利用这些学校已有的资源优势和品牌优势，拉动形成更多的优质资源，以更好地满足人民群众日益增长的享受优质教育资源的需求。

3. 校际联动。

校际结对联动是推动区域教育优质均衡发展的重要载体。通过校际联动平台，能促使结对学校优质资源共享，在师资素质、管理水平和教育质量的提高上实现优势互补、共同发展，有力地提升区域教育均衡化水平。

4. 自主滚动。

自主滚动，即催生学校自身的“造血”功能，强化学校的自主发展能力。每一所学校从自身实际出发，确立适合学校和学生发展的目标，健全完善自主发展运行机制，促进学校内涵发展、特色发展、创新发展，以每一所学校的发展促进区域教育的均衡协调发展。

5. 评估促动。

为扎实有效地推进义务教育的优质均衡发展，要建立规范、科学、有效的义务教育均衡发展的监测评估体系，将义务教育均衡发展的相关指标纳入政府教

◎我国传统课堂的主要弊端在于课程价值观的扭曲，主要表现为选拔与发展的尖锐对立。

◎君子爱“分”，取之有道。

育督导体系，通过对辖区内义务教育学校进行监测和评估分析，提出促进区域义务教育均衡发展的决策建议，制定完善促进义务教育均衡发展的政策措施。

四、推进重点的确定

义务教育作为政府提供服务全民的一种公共产品，在对其进行分配时必须符合公共性的要求，主要表现在两个方面：第一，义务教育不能在市场上随意进行买卖，它必须由政府免费向社会提供；第二，政府在对义务教育资源和权利进行分配的过程中，必须遵循公平原则，即缩小城乡、区域及校际教育差别，促进义务教育均衡发展，以保障每一个儿童都能够享有平等接受义务教育的机会和权利。因此，义务教育资源应当均衡配置，不断缩小差距。在推进义务教育发展进程中，可围绕办学条件、师资队伍、管理水平、教育质量和教育公平等重点方面，整体构思，均衡配置，系统推进，逐步建立区域统筹推进义务教育均衡发展的新格局。

1. 办学条件均衡化：填谷与造峰并举。

木桶理论告诉我们：一个水桶无论有多高，它盛水的高度取决于其中最短的那块木板。在完成“普九”任务，实现让每位孩子“有学上”之后，如何让每位孩子“上好学”，成为今后一个时期教育发展的突出问题。要想人人“上好学”，就得整体提升义务教育水平，就得关注义务教育均衡的那块短板。

均衡是个相对概念，均衡发展不是简单的静态的均衡，而应是在螺旋式发展基础上的动态性均衡，是有差异的均衡。从这个意义上说，义务教育的那块短板就是“相对薄弱学校”，要加快提升义务教育发展水平，就必须让“相对薄弱学校”的办学条件那些短木板先“长”起来。

办学条件的均衡是义务教育的基本条件，办学条件城乡一体化、标准化建设是统筹区域义务教育均衡发展的基础。要加快提升义务教育发展水平,就要既加快投入补短,又要加大投入扬长,通过优化义务教育学校布局、加快改造相对薄弱学校、大力推进教育装备现代化等举措,实施“填谷”与“造峰”并举的发展思路。

2. 师资队伍优质化:区本与校本同行。

师资科学配置和队伍整体优化是义务教育优质均衡发展的关键。教育家陶行知先生说过,“在教师手里操着幼年人的命运,便操着民族和人类的命运”。美国科尔曼教授的调查研究也显示,教师的表率、语言、能力等,作为影响学生学业成就的条件,会造成较大的人与人之间的不公平。可见,教师作为重要的人力资源对教育均衡发展有很大的影响。

要始终坚守“教师发展学校”的理念,强化“校本培训”。校本培训是改变教师“非不为而不能也”的最长效、最主要的途径。校本培训是以校长为主导、以教师为主体、以学校为主阵地的一种行为。要加快完善校本培训和区本研修相结合、个人进修和选送外培相结合的专业化、终身化现代教师教育体系,着力培养“师德高尚、业务精湛、数量充足、结构合理”的高素质教师队伍。

要深化人事制度改革。按照优质化、信息化和现代化的要求,兼顾年龄梯队、专业结构等因素,科学核定义务教育学校教师编制,努力为每一所学校配齐配强专任教师,促进区域内小学(含村小)、初中学校之间专任教师学历达标率、中高级职称教师比例及骨干教师比例大致相当。

要大力实施教师轮岗交流制度。针对村小和边缘地区初中教师教学观念相对陈旧、师资力量相对薄弱的现状,建立教师交流制度,逐步实现义务教育教师资源的相对均衡配置,进一步缩小校际差异。

3. 教育管理人文化:领导与引导结合。

学校教育管理水平的提高,学校文化和办学风格的形成,需要一个漫长的过程才能积淀而成。义务教育学校管理水平的不均衡是制约义务教育发展的关键因素。提高薄弱学校的管理水平,整体提升区域义务教育学校的管理水平应当成为促进义务教育优质均衡发展的一项战略任务。

要深化干部选任制度改革。不断创新干部选拔制度,完善校长任命任期制,积极推行公推竞岗、“两推一决”、校内直选和授权聘用等校长选任机制,为每一所学校配优配强校长。不断拓展校长和班子成员的管理视野,整体提高领导教育改革与发展的能力和水平。

要加强校长队伍建设。改变校长重“管”轻“理”，重“权利”轻“权威”，重“领导”轻“引导”的倾向，坚持校长专业化发展方向，健全校长任职研修制度，提高校长的“职业化”程度，不断提升他们对学校发展的“领导力”和“执行力”。

要大力推进现代学校制度建设。推动政府和教育行政部门转变职能，建立新型政校关系，着力构建以学校文化凝聚师生、以特色建设提升品位、以教育国际化拓展视野的现代学校运行机制。要积极倡导教育管理的“文化自觉和文化向往”。要不断丰富和拓展教代会民主管理监督和理事会议事监督职能，推动形成“自主办学、自我约束、民主管理、社会监督”的现代学校管理制度。

4. 办学质量品质化：课程与课堂相融。

提高教育质量，促进广大学生德智体美全面发展是义务教育优质均衡发展的重点环节，是学校内涵发展的核心命题。优质均衡的教育教学质量是群众关注的热点，让更多的孩子能够享受优质教育，是实现教育公平、办人民满意教育的迫切要求。

要树立全面科学的教育质量观。着力构建以学生终身发展为基点，以全体学生为评价对象，以完成国家规定教育教学内容、达成国家规定培养目标为评价标准，以合格率、完成率和学生综合素质为主要指标的评价体系，引导学校从升学竞争向办学水平、育人水平竞争转变。

要提高“课程”和“课堂”的实施水平。课程改革的核心环节是课程实施，而课程实施的基本途径是课堂教学。要在构建课程管理体系，创新课程实施模式，建立课程评价机制上下功夫。使“国家课程校本化，校本课程规范化”，不断提高课程的适切性和课堂的有效性，促进学生综合素质的全面提升。

要推动学校特色发展。坚持特色办学、品质立校，充分挖掘和利用学校文化传统、社区资源和教师特长，全面推进学校特色建设，着力形成“一校一特色、一校多特色”的发展格局，为促进中小学生特长发展、个性发展，培养具有社会责任感、创新精神和实践能力的高素质人才搭建发展平台，整体提升学校的办学品位和区域教育的影响力。

5. 教育公平全纳化：共有与共享一体。

教育公平是社会公平的重要基础，实现城乡之间、区域之间、校际之间义务教育均衡发展的实质就是促进社会公平。

随着城市化进程的加快和经济社会改革的深入推进，不少地区呈现了外来务工人员子女人数急剧上升的态势。同时，因病致贫、因残致贫等贫困家庭子女教育问题也相当突出。维护这些社会弱势群体依法享受教育改革与发展的成果，直接反映了一个地区教育均衡发展的程度。

要落实“两个为主”政策，切实负起对适龄外来人口子女入学的管理职责。在外来务工人员子女教育上做到：在区域经济社会建设和教育发展规划中与本地生一并纳入，在免费政策上与本地生完全一致，在教育培养上与本地生同等对待。

要加强“民工子弟学校”帮扶。提高民办外来务工人员子女学校的办学水平是义务教育发展必须面对的现实问题。要坚持“管”“督”“扶”并重的策略，努力缩小外来务工人员子女学校与公办学校的差距，促进区域内公办、民办教育协调、均衡发展。

要全面推进特教事业和全面落实减免救助政策。办好特殊教育学校，实行按需供教。进一步完善随班就读保障体系，健全特殊教育经费保障长效机制，大力实施贫困家庭学生和残疾学生教育救助，确保无一个学生因贫困而辍学，确保义务教育阶段100%的残疾生免费就读。

教育优质均衡发展的基本价值是追求教育公平，最高价值是公平基础上的高效率高质量，使教育最大限度地实现人的全面发展目标。区域义务教育优质均衡发展无论是作为一种教育理想，还是作为一种过程目标，都是要坚持教育公平，坚持以人为本，以学生为本，从根本上实现人的全面发展。让区域内的学校实力势均力敌、不相上下，成为令人民群众满意的学校，实现优质的均衡。从理论上讲，优质均衡发展的教育是最理想的教育状态，它是教育发展的一种美好的愿望。我们应该承认，教育的不均衡发展才是常态，教育的发展理应是一个“不均衡——均衡——不均衡”的螺旋式上升发展过程。因此义务教育的优质均衡发展不等于“平均发展”“同质化发展”，而是“有差异的发展”，是向更高层次的均衡和个性化的发展，这将是教育优质均衡发展永恒的价值追求和奋斗目标。

新建学校文化建设的视角与实施策略

“文化立校”“文化化人”已经成为大家对学校发展提升的一种共识。对于一所新建学校来说，如何依托区域优势，突出自身特点，以学校文化建设统领学校发展，具有不可估量的重要意义。

一、明晰办学定位，规划引领学校文化建设

我们知道，支撑学校文化建设的动力是教育理念。新建学校文化建设，必须科学定位自己的核心价值，必须遵循认同的价值理念，必须理清学校的发展思路。首先，要把握发展的方向，研究国家教育发展战略，积极贯彻执行党和国家的教育方针，基于地方教育和社会发展的优势，构筑学校发展的新平台；其次，要坚持走内涵发展之路，深入挖掘学校文化建设的内涵，力求“建构、创新、突破、超越”，追求高品位立意的学校文化；第三，校长需要制订三年发展规划，将学校的教育实践真正建立在科学教育理论的基础上，形成以素质教育为核心的先进教育思想体系，并在认真践行中提高目标的达成度。

建设什么样的学校文化，关乎学校管理人员，尤其是校长的文化视野、视线和视角，是学校品位、品质、品牌的形象体现。学校文化从本质上说是全体师生员工创造出来的一种校园精神，对学校来说，科学定位，以发展的眼光、国际的视野、先进的理念来打造学校品牌，高起点、高质量规划和建设学校文化，良好的学校文化才能创造出来，才会具有一种能动的、持续的教育力量，才可能作为一种特色和精神永恒传承。

二、梳理渊源优势，逐步建构学校文化特色

新建学校，或是数校合并，存在多种文化的冲突；或是办学历史短，文化底蕴不深。但其文化建设，绝不是白纸一张。新建学校与生俱来的优势就是学校发展的新起点，高站位，以特色建设作为学校文化建设和发展的长期目标，在创特色上重点突破，全方位拓展，方能推动整体，取得系统性成功。如继承与创新结合，传统与现代结合，取与舍结合，破与立结合，深入挖掘区域、地域、校本特

征和特点，建构以精神文化与行为文化为主要内容的学校文化系统；创建绿色校园、生态校园、书香校园、数字校园等，通过营造一个优美、和谐的文化环境和人文氛围，促进学生健全人格的形成；打造学校优秀的教师团队，坚信“教师发展学校”的第一要义，挖掘教师的潜能，凝聚教师的智慧，打造积极向上的教师文化；以“绩效”为评价目的，通过创建现代学校管理制度和有效的学校评价机制，逐步建构富有特色的管理文化。再如融合学校特色建设目标，提升强项，强化学校个性特色。在创造文化个性方面，新建学校有更大选择权。重视个性塑造，在认真分析校情的基础上，避免雷同，尽可能地在文化建设中形成自身的风格和特色。通过继承(借鉴)、创新，建构学校文化特有的符号和内核，在学校发展行进过程中逐步打造学校品牌。在持续优化过程中不断完善，实现学校文化建设深度建构，使学校文化成为师生的一种自觉行为，提升学校文化品牌的知名度和荣誉度。

三、强化课程教学，适切容纳实践经验与智慧

以共享价值观引领的学校文化，缘于纯粹的教育实践功能，而逐步走入课程和教学之中，往往会形成丰富多彩的课程文化和共享的教学行为规范。学校文化建设和学生个性发展更为紧密地有机结合，也使得教育的核心工作——课程和教学，与学校文化建设更为有机地融合。因此，新建学校需更强调文化建设和课程设置相结合，从而形成独特的课程与教学文化。

新建学校课程与教学，在课程管理上，必然走“规范——示范——模范”之路，迈好严格执行课程计划的第一步；在课程实施上，应该关注“课程、课题、课堂”的整体功能，以“课堂”作为立足点；在课堂教学上，突出“生本、生成、生命”等核心价值，树立全面的质量意识，提升学生的学习品质，凝练学校的课程文化。“校本”是区分这校与那校的标识，是学校的个性符号。校本课程作为学校最重要的资源和支撑点，需要充分利用社区教育资源和学校人力资源，创设优质丰富的校本课程，深化校本课程精神内涵，拓宽学校教育发展空间，为学生成长创设多维环境，促使学生得到整体和谐的发展，使“为学生一生的发展奠基”核心理念得到更强有力的支撑和拓展的途径。

教育絮语

◎教育的魅力与意义在于对生命的理解。

◎教学关键是“度”的问题:教学资源取舍有度,教学节奏张弛有度,教学方法运用有度。

路漫漫兮

——小学语文课改实验的最初探索

一、从困惑中走来

我国的语文教育改革带着千年的积淀、百年的探索、世纪末的讨论、跨世纪的思考一路走来,完成了对传统语文教学的一种改良:从二十世纪五六十年代众说纷纭的“文道之争”,到70年代初愈演愈烈的“重道轻文”,直到80年代初才基本解决了“语文教学应当干什么”的问题,90年代初解决了“怎么教”和“为什么而教”的问题,而后的阶段已呈现出对语文教学进行全方位改革的趋势。这可从以下几点看出:一是语感教学的讨论;二是“大语文”教育口号的提出;三是由研究“教”到研究“学”的转向;四是“工具论”与“人文论”的争论。以上改革之所以说是改良,是因为它还没有突破传统教学的“三个中心”的框架,是“戴着镣铐跳舞”。不然怎么会有以下的事例频频见诸报端——考题“弯弯的月亮________挂在空中”,二年级的学生答“轻盈地”,老师说错了,因为标准答案是“高高地”;“雪化了变成________。”一年级的孩子答“春天”,老师又批错,因为标准答案是“水”……诸如此类,以其昏昏,使人昭昭。

新一轮的国家基础教育课程改革不仅是教学的改革,还是课程的革命。作为国家级实验区,我们进行的小学语文课程改革实验不得不站起来瞭望世界课程改革的趋势:多元主义教育价值观、教育民主化与教育公平的理念、主体教育观、生态伦理观、个性发展观，这些，都是20世纪世界课程教材改革乃至整个教育改革的基本价值追求。至此，我们找到了一条通向“罗马”之路。

二、走进新课程

课程实验是一个改革创新的过程，我们肩负着“为了每位学生的发展”的重任。实验伊始，我们就建立了培训引路、课题带动、课堂为本、评价反馈、制度保证相结合的实验基本策略。

（一）培训引路，观念先导

师资培训工作是课改工作成功的前提。在实验进程中，我们通过多层次、螺旋形的行动培训方式，尤其突出了校本培训和校本教研制度的建立，构筑了培训者与教师，教师与教师的平等交流、对话的通道，达成了如下共识：

1. 实验观：从“试用教材”走向“检验标准”。

这次课改实验，不仅是一种教材的更替，更是对整个课程标准的检验。我区小学语文课改实验的目的和任务主要包括三个方面：验证《语文课程标准》的合理性；试用并检验新教材的科学性和适用性；开发课程产品，创造教学经验，构建新的教学和评价体系，并通过推广产生更大的效应。

课程标准是什么？结合我国的教育传统以及教师的知识准备，我们认为下面几点认识是极为重要的。

• 课程标准主要是对学生在经过某一学段之后的学习结果的行为描述，而不是对教学内容的具体规定（如教学大纲或教科书）。

• 它隐含着教师不是教科书的执行者，而是教学方案（课程）的开发者之意，即教师是“用教科书教，而不是教教科书”。

• 课程标准的范围应该涉及作为一个完整个体发展的领域。如《语文课程标准》的目标体系中则表现为三个维度（知识和技能、方法和过程、情感态度和价值观）、五个方面（识字与写字、阅读、写作、口语交际、综合性学习）。

实验时，要求我们冲破樊篱，不“唯《标准》是举”，不“唯教材是经”，自己解放自己，走出“认可感”的怪圈。

2. 课程观：从“文本”走向“体验”。

“课程”是什么？在传统的教学论概念系统中，“课程”被理解为规范性的教学内容，这就意味着“课程”只是政府和学科专家关注的事，是学校教育的实体或内容，它规定学校“教什么”，是教学方向或目标，是在教学过程之前和教学情

教育絮语

◎人的发展主要看本质与潜质，胸怀与情怀，思维与思路。本质决定厚度，潜质决定高度，胸怀决定宽度，情怀决定温度，思维决定深度，思路决定角度。

境之外预先规定的，是“专制”的一方。而教学则成为被控制的一方，教学的过程是忠实而有效地传递课程的过程，而不应当对课程做出任何变革。

当课程由“专制”走向民主，由封闭走向开放，由专家走向教师，由学科走向学生的时候，课程就不只是“文本课程”（教学计划、教学大纲、教科书等文本），而更是“体验课程”（被教师与学生实实在在体验到的课程）。即课程不再只是特定知识的载体，而是教师和学生共同探求新知的过程，教师和学生是课程的有机构成部分并作为相互作用的主体：教师即课程，教师不是孤立于课程之外的，而是课程的有机构成部分、课程的创造者、课程的主体；学生同样是课程的有机构成，同样是课程的创造者和主体。学生与教师共同参与课程的开发。教学过程成为课程持续生化与转化、课程意义不断建构与提升的过程。这样，教学与课程相互转化、相互促进、彼此有机地融为一体。课程也由此变成一种动态的、生长性的“生态系统”和完整文化，这意味着课程观的重大变革。

3. 教学观：从“传道、授业、解惑”走向“教学相长”。

课程观决定教学观。在当前的小学语文课改中，一个亟待解决的理论与实践问题是：如何认识与处理教师在小学语文教育中的地位和作用。显然，传统的“传道、授业、解惑”无视学生的主体地位，我们所追求的理想的师生关系与教学境界应是“教学相长”。“教学相长”的过程是师生交往、积极互动、共同发展的过程。把教学的本质定位为交往，是对教学过程的正本清源。它不仅在理论上超越了历史上的“教师中心论”和“学生中心论”，现实中的“学生特殊客体论”和“主导主体论”，而且在实践上具有极其重要的现实意义。交往的本质属性是主体性，交往论承认教师与学生都是教学过程的主体。交往的基本属性是互动性和互惠性，交往论强调师生间、学生间动态的信息交流，通过信息交流实现师生互动，相互沟通，相互影响，相互补充，从而达到共识、共享、共进。这是教学相长的真谛。

强调师生交往，绝不意味着可以削弱乃至放弃教师在价值引导上的神圣职责。九年义务教育作为一种基础教育，既不同于自学，也有别于高中的教育，教师的引导恐怕更为重要。我们所要强调的是，第一，教师价值引导的落脚点是学生的自主建构，整个教学过程应是教不断向学转化、学生独立性和自主性不断提升的过程。第二，教师的角色要进行换位，要从传统的传授者转向现代的促进者，具体来说，教师是学习者、发现者、欣赏者，教师是开发者、引导者、组织者，教师是研究者、反思者、创造者。这一教师观的转变决定了教学改革的深度、广度。

4. 人才观：从培养“笔杆子”走向为人“打底子”。

以前我们认为语文教育培养出来的人才必如鲁迅、冰心、叶圣陶一般是大文豪，否则就会疑惑：语文教育究竟怎么了？这是精英主义的人才观在作怪。在教育谋求平等与高质量兼得的今天，从语文对人的基础意义出发，我们强调的为人“打底子”的概念是：打好“终身学习”的底子与“终身精神发展”的底子。

正如钱理群教授所说：一方面，从新的时代变革对人的要求这一角度来思考。人需要通过不断的学习来不断丰富、开发、调整自我，以适应外部环境的变化，调整自我与外在世界的关系，建立与发展新的联系。而语言（母语与外语）的听、说、读、写能力，正是为这样的“终身学习”打基础的。这就是说，在学校里，特别是在九年制义务教育中，所能学到的知识是有限的，但如果具有了较强的听、说、读、写的能力，就能为终身的学习，不断吸取新知识提供无限的可能性——语文学习的基础意义正是体现在这里。另一方面，语文教育也是为“做人”打基础的。道理很简单：语文教育所用的教育材料是语言文字，是各类文体的文章，文学作品又占据了很大的比重，都无一不积淀着丰富的文化内涵与人文精神。这样的精神贯注、文化熏陶也是影响终身的。即语文教育是为人打“精神的底子”。

5. 学科观：从“封闭”走向“开放”。

语文教育重点在教育，在小学阶段的重点应是利用语文的优势为促进学生的发展而教育。如《语文课程标准》提到：加大语文阅读量和增加口语交际环节等便是很好的印证。值得一提的是：《语文课程标准》还提出了“综合性学习”的

教育絮语

◎课堂首先应该是一个“安全场”，其次要形成“对话场”和“训练场”。

◎预设与生成是一对矛盾统一体，没有精心的预设就没有精彩的生成。

要求，以加强语文课程与其他课程以及与生活的联系，促进学生语文素养的整体推进和协调发展。特别强调的是综合性学习“提倡跨领域学习，与其他课程相结合”。这便是新课程下的学科观——突破学科中心，使学科从“封闭”走向“开放”。

（二）课题带动，科研先行

课题带动、科研先行，是我区课改实验的特色。小学语文也不例外。

1. 课题运作：由“点”到“面”。

为了使实验工作一开始就步入有序、规范、科学的轨道，在课改启动阶段，我区就针对新课程培养目标的变化、新课程标准的制定、新课程实施与教学改革、教材改革、课程资源开发、评估体系的建立等，结合我区课改的实际情况，进行了广泛的论证，出台了《小学课改教科研课题目录》，小学语文的课题就有8个，如“自主、合作、探究学习方式在小学语文教学中的运用”。要求学校根据自身实际和办学特色，自己选取课题进行开创性研究，也可参与上级教科研部门推广的课题项目，选择其中的子课题进行研究；要求教师根据自身教学实际，选取课题进行研究。这样，由点到面，做到校校有课题，人人参与课题研究。在此基础上，我区抓好学科实验基地申报工作，还积极推荐有些学校申报的课改课题，争取纳入国家、省、市“十五”教育科研课题规划。

2. 教师素质：从“经验型”走向“科研型”。

我们认为，教育科研素养是教师成熟程度高低的重要标志。这也顺应了教师自身素质提高的需要。根据马斯洛的“需要层次论”，人的需要具有层次性。由于社会发展的水平不同，客观环境和个人情况的差异，在需要层次结构中往往会有其中的某一种需要占主导地位，成为人们最为迫切的需要。随着课改的不断深入，教师迫切需要提高自身的素质以适应新形势的要求。实践证明，投身于教育科研是最有效地提高自身素质，从而由经验型教师向科研型教师完善的重要途径。

（三）课堂为本，研讨深化

1. 教学模式：从“插秧式”教学走向“牧羊式”教学。

所谓“牧羊式”教学模式是相对于“插秧式”——整齐划一的教学而言的一种自由自在的教学模式，它是对“教师权威、知识本位、精英主义”价值取向的否定，倡导“师生平等”“知识和技能、过程和方法、情感态度和价值观一体”的“大众主义”价值取向。其模式有三个逻辑必要条件：一是指明学生所要达到的目标和所学的内容，即把“羊”带到哪儿“吃草”；二是要求教师有对象的意识，也就是说，教师必须确立学生的主体地位，树立“一切为了学生的发展”的思想，“吃什么草怎么吃”是“羊”的事，“牧羊者”只需点拨诱导；三是要求教师有“二全”的概念，学生的发展是“全人”的发展，而不是某一方面（如智育）或某一学科（如语文、数学等）的发展。教师千万不能过高地估计自己学科的价值，而且也不能仅把学科价值定位在本学科上，而应定位在对一个完整的人的发展上。另外，不是个体的发展，而是“全体”的发展，就像牧羊人不可能按住羊的头硬要它吃这儿的草，说这儿的草如何如何的好一样，或是只准这几头羊吃，不准其他羊吃。

2. 学习方式：从“接受式”学习走向“探究式”学习。

所谓学生学习方式的改变，是指从单一、被动的学习方式，向多样化的学习方式转变。其中，自主探索、合作交流和操作实践都是重要的学习方式。

学生主体的语文实践活动应是语文教学的核心，学生的语文实践本质上是一个主动参与、积极活动的过程。如《蚂蚁和蝈蝈》第一段用拟人化的手法描写了小蚂蚁们搬粮食的情景：“夏天真热。一群蚂蚁在搬粮食，他们有的背，有的拉，个个满头大汗。”词句简练却形象生动。教学时，可请孩子们说说该怎样学好这一段。孩子们有的说可以看课文插图，有的说要有感情地读课文，还有的说可以演一演……在孩子们表演的过程中，教师走去问一问正在“背”“推”“拉”“扛”“抬”“顶”的小蚂蚁：(1)“你（你们）在干什么？”——帮助学生理解动词的意思，体会课文用词的准确、丰富；(2)“你（你们）觉得怎样？”——引导学生理解“满头大汗”的意思，体验小蚂蚁的内心感受。孩子们在趣味盎然的表演中，再现了小蚂蚁搬粮食的场面，体会了课文用词造句的准确、丰富，体验到了小蚂

教育絮语

◎人与知识的“相遇”并非二者的“面对面”，而是精神的“对话”。

◎是选择适合教育的学生，还是适合学生的教育？答案必定是后者。

蚁搬粮食的辛劳。有些孩子还产生了个性化的体验，说觉得很高兴，因为自己搬了许多粮食，冬天可以美美地吃个饱了，他们体会到小蚂蚁劳动时的心情是快乐的。

给学生自由选择学习方式的权利，能最大限度地吸引他们自主参与到语言文字的训练中来，轻松地掌握语文知识，享受学习的乐趣。

3. 学习方法：从“繁琐分析”走向“读中感悟”。

在较长一段时间里，语文教学的一个重要失误，就是教师往往在“知”的紧迫下，不肯让学生用自己“感观和心智”去通过语言文字感受事物的“感性的光辉”，而过早地扒皮抽筋、肢解课文，用教师“权威”的分析讲解，向学生硬性地灌输理性知识结论。

语文课程标准指出：必须“正确把握语文教育的特点”来构建新的语文教育体系。我省重要的科研成果“五重教学法”——重情趣、重感悟、重积累、重迁移、重习惯，就是按汉语文特色来构建的语文教育新体系。其中重感悟一环就一改过去以分析为主的教学方法。

在语文教学中，所谓的“感悟”，最主要的渠道有两条：一是听教师讲解而“懂”（简称“听懂”）；二是通过自己的阅读而“懂”（简称“读懂”）。从读懂和听懂的效能比较而看，读懂优于听懂。操作时，第一是“读”，使学生直接面对文本，反复诵读，充分感知语言文字材料；第二是“悟”，在与文本的对话中，通过扣读导悟、读中见悟，丰富着文本与自我。悟，关键是要联系学生的实践，让学生用自己的生活经验和语文积淀去悟。

笔者曾听一位教师执教《梅兰芳学艺》一课，这是原苏教版教材第三册中的一篇课文，现被选入苏教版国标本实验教材。在访谈中，了解到执教者在新课改理念指导下，对本课教学作了较大的调整，尤其是对如何有效地指导学生学习作了新的思考。试看本文第一段教学的比较：

第一段内容：梅兰芳小时候去拜师学艺，师傅说他的眼睛没有神儿，不是唱戏的料子。

原设计：

1. 轻声读第一段，要求：读准字音，读通句子。接着，教师出示预先准备好的词卡检查认读情况，最后检查读课文的情况。

2. 教师提问：这一段主要写了什么？再问：梅兰芳拜师学艺遇到了什么情况？进一步追问："没有神儿"是什么意思？"不是唱戏的料子"说明什么？梅兰芳心里会怎么想？

3. 教师总结：是啊，梅兰芳多么伤心、失望啊！让我们读好这一段。

现设计：

1. 学生自读，要求读准字音，读通句子。接着，教师检查学生的朗读效果，视具体情况随机出示词卡正音。

2. 学生议读：你读懂了什么？

学生1：我知道梅兰芳小时候眼睛没有神儿，不是唱戏的料子。

学生2：我知道他是小时候去学唱戏的。（教师补充：他8岁学艺，11岁就登台演出了。）

学生3：我知道他第一次拜师学艺不成功。（教师追问：那你说说，他心里会怎样？）

……

3. 师生研读：

(1) 你还有哪些不懂的？

学生1：什么叫"料子"？（教师指衣服：这就是料子，这种适合做外套，那种适合做毛衣。人就和料子一样，有的适合做演员，有的适合做老师。追问：梅兰芳小时候适合唱戏吗？）

学生2：什么叫"没有神儿"？（引导学生找出第二段中与其意思相反的词"灵活""会说话"，联系上下文理解。）

学生3：为什么去拜师学艺？（师生谈话：说说你的理想，揭示：每个人都有自己的理想，梅兰芳的理想是唱戏。）

教育絮语

◎教学是经验的链接，要贴近学生原有经验，要和学生一起改造，并链接新的经验。

◎要说语文教学的关键词，一言以蔽之，即“语境、语感和语用”。

……

(2) 你认为该怎样读好它？（教师充分尊重和肯定学生的独特体验和个性化的理解，指导感情朗读。）

从上述两例中，我们不难看出，原设计是教师用繁琐的分析去迫使学生就范，学生的学习是在教师操控下的“应答”与“顺从”。而现设计关注的是学生怎样学习，教师借助多种形式的“读”，还学生学习的自主权利，启发学生质疑问难、读中感悟、交流讨论，关注学生的个体差异和不同的学习需求，保护和激发了学生的求知欲和探索兴趣。学生学得主动，学有创见，不仅很好地进行了语言文字训练，发展了思维能力，而且受到了正确价值观和积极人生态度的熏陶感染，三个维度的教学目标真正得到了落实。

(四) 改革评价，反馈矫正

评价是杠杆，是导向。它制约着目标的达成。

传统的评价是单一的、片面的、静态的，主要是“分数”评价。它加重了学生的心理负担，混淆了学习与考试的关系：不是考试为了学习，而是学习为了考试。

新课程中的小学语文教学，必须建立自己的评价体系。我们改革语文教学的评价，其做法是：

1. 突出整体性和综合性评价。要从知识与能力、过程与方法、情感态度与价值观几方面进行评价，以全面考察学生的语文素养。语文学习具有重情感体验和感悟的特点，因而量化和客观化不能成为语文课程评价的主要手段。应避免语文评价的繁琐化。

2. 加强学生的自我评价和相互评价，还应该让学生家长积极参与评价活动。

3. 形成性评价和终结性评价相结合。采用成长记录袋的方式，收集能够反映学生语文学习过程和结果的资料，如，关于学生平时表现和兴趣潜能的记录、学生的自我反思和小结、教师和同学的评价、来自家长的信息等。

4. 定性评价和定量评价相结合，更应重视定性评价：客观地描述学生语文学习的进步和不足，并提出建议。用最有代表性的事实来评价学生。

三、课改之行始于足下

课程改革实验，不仅仅是设计一个实验方案，也不是靠一、二年的实践能得出什么结论的，它是一个充满探索、创造和建设的理论和实践相结合的漫长过程。语文教育改革，历来是教育改革中最沉重也是最活跃的命题。因为，语文是我们民族文化的载体，是我们立国立人的依靠。开展实验以来，我们倾注了极大的热情，投入了极大的精力，进行了有益的尝试，也取得了最初的成效。但随之也带来了不少新的困惑：如教师专业水平普遍不高，教师接受最新理念的严重不平衡性，教学的“功利”色彩依然存在，三级课程管理的滞后，理想化的教育目标与应试化的评价目标的“二律背反”，教育辅助材料的配套问题，等等。但是，千里之行，始于足下，我们毕竟已进入基础教育的崭新时代——课程改革时代，我们将拥有一个学习型的课程改革共同体，一种共同的课程愿望——建设具有中国特色的现代化的基础教育课程体系。让我们建构一种对话、合作与探究的课程文化，努力把一种开放的、民主的、科学的课程奉献给新世纪的中国儿童。路漫漫其修远兮，愿有志于小学语文课程改革之士与我们一路同行。

教育絮语

◎一篇课文的教学，开始于文本解读；而文本解读最紧要之处，在于发现文本特质，即文本的语文核心价值：语言学习的价值，以及与之密切相关的思维能力培养的价值。

基于语言学习，培植人文素养

语言文字是人类最重要的交际工具和人类文化的重要组成部分，它不仅是一种语音和符号系统，更重要的是积淀了民族的智慧、文化、精神。小学语文作为一门基础学科，是托起学生语文能力和素养的重要支柱，在整个小学教育中具有不可替代的重要作用。所以，小学语文教育要基于语言的学习，把学习语言、培养语文能力和人文熏陶、语文素养统一起来，为学生的终身学习、生存和发展奠定基础，打好他们人生的底色。但要真正地理解与把握两者的关系，还需正确定位学科性质，科学确立语文教学观，并对语言学习和人文素养有合理的认识和诠释。

一、由语文学科的性质谈起

对语文学科的性质，历史是众说纷纭："工具学科""基本学科""基础工具学科""思想性很强的工具学科"……但不管怎样，语文学科"工具性"这一本质属性是无可非议的。但"语文"这个工具有什么特点？对此，张志公先生在《说工具》一文中指出："语文这个工具和生产上用的一些工具，比如除草用的锄头，平整木料用的刨子等等，有同有异。"接着，他在文中又做了具体分析：

它们的相同点：

1. "工具的本身没有阶级性，掌握在谁的手里就为谁服务"；

2. "凡属工具，最重要的是准确地操纵它，熟练地运用它，只有这样，它才好好地为我们服务"；

3.“凡属工具，要掌握它就要到使用它的现场里去学”。

它们的不同点：

1.“生产上用的各种工具，都是生产物质资料的。语文这个工具不生产物质资料，它不是生产工具，而是人们用来思维和交流思想的工具，学习科学文化知识和进行工作的工具”；

2.“锄头是锄草的，而锄头和草是两码事，锄头和草并不长在一起，语文是交流思想的，语文和思想虽然也是两码事，可是由于语文是交流思想的工具，而思想是抽象的，它要依靠语文这个物质外壳而存在，所以语文和思想老是长在一起，分不开”。

从张老生动形象、简明透辟的“比较”中，我们不难看出，语文学科是一门具有工具性和人文性的重要学科，它不仅是反映客观事物、负载文化的工具，也是人们表情达意的工具。学生接触课文时，接受的不仅是文章的形式——语言文字，同时也接受它的内容——思想感情。关于这一点，实际上《语文课程标准》中也表述得相当清楚，本是无可厚非的，但是广大语文教师在具体教学中，却往往厚此薄彼，或简单肢解语言文字，或笼统阐述思想感情，片面强调“把语文课上成语言文字训练课”，忽视母语的文化特性，导致学生对母语缺乏感情。正如浙江师大教授王尚文先生在《语文教育学导论》中所言：过分强调“工具性是语文学科的基本属性”的观点是导致语文学科人文价值、人文底蕴流失的根本原因，是学生对语文课产生厌学情绪的根本原因。

二、语文学习要加强人文教育

语文学科不仅是工具学科，而且对形成一个人的品格、培养一个人对社会的责任和今后终身教育的能力具有重要的奠基作用。当前，语文教学形式化，从解词、分段、概括段落大意到归纳中心思想和写作方法等生硬刻板的技能训练，这种方式丧失了语文教学应有的灵性，也曲解了语文教学本身的功能。所以，不少学者都认为语文教学的改革必须从教育观念入手，并强调从“人的建设”的高度来定位语文教学，语文教育的目的应该使人的精神世界变得更加美好，应为孩子的一生打好“精神底色”。

记得法国作家都德的《最后一课》中有这样的一段描述：“语言教师韩麦尔对他的学生说，‘亡了国当了奴隶的人们，只要牢牢记住他们的语言，就好像拿着一把打开监狱大门的钥匙。’”都德是从培育民族精神、塑造民族灵魂的高度

◎汉字是民族的瑰宝，是独特的书写符号，要培养儿童端端正正地写字和做人。

◎与孩子的对话与互动，要顺应孩子，给孩子“加油添醋”的时机。

看待语言学习的，这对我们当前的语文教育是不无启迪的。我们的教育对象是人，我们的教育应以学生发展为本。所以衡量教学改革成功与否的价值标准是：学生通过学习，情感是浓厚了还是淡漠了，兴趣是增长了还是减弱了，学生的能力是更强了还是尚未达我们的目标，这比我们平时纲目式的考试和庖丁解牛般的分析更具有本质的意义和价值。

语文作为一门地地道道的人文学科，它义不容辞地肩负起对学生人文素质培养的重任，包括人的思想、情感、操守和审美能力的培养。其中，对中小学生来说，对他们进行情感熏陶，更应作为语文教学的题中之意，苏霍姆林斯基说过：“少年对文艺作品的领会取决于极其重要的情感教育，取决于对别人欢乐和不幸所表示的同感的深度”。

文章，尤其文学作品是情感的产物，语文教育自然要缘情而发、因文入境，离开了情感体验也就谈不上语言文字的涵咏和思想感情的共鸣。

刘勰说：“情者文之经，辞者理之纬，经正而后纬成，理定而后辞畅，此立文之本源也”（《文心雕龙·情采》）。又说：“夫缀文者情动而辞发，观文者披文以入情，沿波讨源，虽幽必显”（《文心雕龙·知音》）。前者强调“情”字是写作的本源，后者说明“情”是阅读所要进入的境界。一个“情”字关乎写和读两个方面。就写作而言，“情”是写作的动因，是文章的气脉，也是文章的内容。俗话说“文情并茂”，“情”是相对于“文”而言的。没有情感的文字是不能打动读者的。从阅读的角度看，既然缀文者“情动而辞发”，观文者自然要“披文入情”，即通过语言文字的涵咏，体悟其情感内涵。所以，语文教育要把功夫下在学生情感的培养和悟性的启迪上，而不是拿着一把解剖刀从有血有肉的文章中抽象出理性的教条，只剩下几条干巴巴的筋骨。

三、寓人文教育于语言学习之中

本文强调的语文教育应加强人文性,并不是一味地阐发“微言大义”,片面地看重伦理教化。我们反对庖丁解牛式地把语文这门极有情趣的学科肢解为一堆了无生机的零件,但并不反对语言文字的训练,相反,针对语文教学高投入、低效益的积弊,出于对语言本质的进一步认识,我们积极倡导用人文主义和科学主义融合的共同的思想武器来改革当前的语文教育,把人文教育寓于语言学习之中。

这种语言的学习不仅指基础知识和基本能力,还包含着深刻的人文内容,即学生在语文教育过程中情感意志的发展、精神世界的开拓、心理素质的提高、健全人格的培养,乃至行为习惯的养成。一句话,字词句篇、听说读写、知情意行,都必须通过训练,语言学习关系着学生整体语文素质的提高。语言实践内涵之丰富,远非被人为狭隘化了的“工具论”所能概括。但是,这并不意味着要把语文学科变成“万能科”去超载运行。所有这些方面都必须凭借“学习语言文字运用”这根主轴统一和谐地运转。

寓人文教育于语用之中,首先应训练语感。叶圣陶说:“文字语言的训练,我以为最主要的是训练语感,就是对于语文的敏锐的感觉。”语感是一种复杂的心智活动过程,训练语感,可通过听读欣赏、直观演示、讨论辨析、情景模拟、生活联想等基本方法进行。其关键在于教师要有较强的语感训练意识。在日常大量的语文课堂听说读写实践中,不断提高学生对言语正误、异同、美丑、优劣的敏锐感觉,提高学生语言的应用能力,这样,学生是终身受用的。或者说,语感的熏陶本身就是人文教育的一种方法。

其次要追求语言实践的情感性。因为语言文字是思想交际的工具,是表情达意的载体。语文学科具有培养学生正确健康的情感的内在机制。语文课堂的语言学习过程,即是以接受知识信息为主的认识过程,也是以培养能力为主的实践过程。所以,有效的语文学习,必然要伴随着浓烈的情绪。这种情感性不仅指师生参加与训练的“和谐融合”(这也是当今课堂教学所缺乏的),更重要的是在训练点和训练方法的选取上,注意情与知、情与理的统一,使学生善于学、乐于练、欣于行。

第三,要体现语言积累的审美化。夸美纽斯在《大教学论》中有一句著名论断“教学论的意思是指教学的艺术”。这句话强调了教学的艺术倾向。确实,语

教育絮语

◎我们要让课堂进入一种胶着的对话状态，让正确的答案来得慢一些，让学生拥有讨价还价的机会。

◎当学生没有“问题”时，那你的教学就可能有问题。

文课堂训练是技术，但更是艺术，成功的语文课堂训练艺术，往往能引起学生的美感，十分有益于培养他们正确的审美观和高尚的审美情操，净化学生的审美情趣，提高他们鉴赏美和创造美的能力。语言文字学习的审美化，一方面要挖掘教材中的文质美，如人物的形象美、生活的情境美、作品的结构美、思辨的哲理美等等，以美的语文材料提供训练基础；另一方面，在实践活动设计中要灵活运用多样——统一、对立——和谐的普遍艺术规律，独具匠心地处理虚与实、疏与密、拙与巧、雅与俗、庄与谐的各种关系，以达到整体完美、震撼人心。请看特级教师于永正的教学片段：

师：我们学了古诗《草》。回家以后，谁愿意背给奶奶听？（学生纷纷举手。教师找一名学生到前边来）好，现在我当你奶奶，你背给我听听好吗？想想到家里该怎么说。

生：奶奶，我今天学了一首古诗，背给您听听好吗？

师：我孙女真能干，老师刚教就会背了。（众笑）背什么古诗？

生：背《草》。

师：草？那么多花儿不写，干吗写草哇？

生：因为草有一种顽强的精神，野火把它的叶子烧死，可第二年又长出了新芽！

师：哦，我明白了。（生背）

师：“离离原上草”是什么意思？我怎么听不懂？

生：这句诗就是说，原野上草长得很茂盛。

师：还有什么“一岁一窟窿”？（众笑）

生：不是“一岁一窟窿”，是“一岁一枯荣”。“枯”就是干枯，“荣”就是茂盛。

师：后面两个句子我听懂了。你看俺孙女多有能耐！小小年纪就会背古诗！奶奶像你这么大的时候，哪有钱上学啊！（众笑）

背诵大概是语文课堂实践活动中最枯燥乏味的了，但于老师把呆板的背诵训练戏剧化了。如果你仅仅以为这样做无非是个逗趣，那就错了。于老师借用这种活动形式，寓回讲、交际、言语训练于其中，既克服了死记硬背的缺陷，又水乳交融、情趣盎然，创造出虚实相生、疏密互见、拙巧并用、庄谐映衬的艺术境界。

总之，语言学习和人文素质培养都应是语文教育的题中之意，要达到两者的和谐统一，最关键的是要提高每个语文教师自身的人文素质，抛舍语文教学急功近利、舍本求末的思想，真正从“人的教育”的高度来认识语文教育，这样才能真正完成语文学科的教学任务，我们的语文教师也因此会受到学生的终身感激。

实施素质教育的重点在“课堂”

实施素质教育的重点在“课堂”，这是因为——

课堂教学是学校教育的主要形式，是教育因素容量最大、功能最全、最可控、最有效的教育时空。教学论中关于教学的教育性、教养性和发展性职能的论述充分证明，学生基本素质的形成和发展，主要是通过课堂教学来实现的。

改进课堂教学，努力提高课堂质量，是减轻学生课后过重学习负担、丰富学生课堂生活、促进学生身心素质全面发展的关键环节。

实施素质教育多年来，人们之所以感到素质教育出现了“高原”现象，甚至出现了“回潮”苗头，其根本原因在于：素质教育还没有真正和每个教师日常最为大量的工作——课堂教学联系起来。

所以，我们认为，课堂教学的转轨对实施素质教育最具根本性的意义，改革课堂教学，当成为实施素质教育的重点。

本文试从课堂教学的“目标——策略——评价”的角度，谈谈自己的一点见解。

一、在目标上，把培养目标转化为素质化的课堂教学目标

长期以来，我们的教学理论只讲比较笼统的教学目的，对具体到每一个教学内容的教学目标缺乏认识，尤其是对教学目标系统化的重要意义缺乏认识。新课程实施以来，尽管提出了知识与技能，过程与方法，情感、态度与价值观的三维目标，但在具体实施的过程中，有些教师总感觉很难把握，甚至在理解上出现了偏差。

教学目标的传统设计功能单一，大体未能走出“知识化”“智能化”和“分数化”的误区。教师在设计教学时，如何使学生通过对具体教学内容的感悟来达到一堂课的教学目标，以及要使学生对各教学内容掌握到何等程度才能最优化地达到一堂课的教学目标，大都只凭各自的教学经验而定。

准确把握相关概念及其关系是理解三维目标并以此推进课程改革的前提，

三维目标不是三个目标，而是一个问题的三个方面，三位一体、不可分割。把培养目标转化为素质化的课堂教学目标，主要解决两个问题：一是实现知识内化，即通过解决是什么（陈述性知识）和为什么（建立知识间的联系）的问题，把握知识规律；二是形成学科技能，即通过知识的应用，把握知识应用规律。

素质化的课堂教学目标，首先在于它的基础性、全面性和发展性，同时在于它的"内源性"和"内化性"，即着眼于学生潜能的开发，强调内化过程，体现教师教授目标和学生学习目标的协调统一。

素质化的课堂教学目标，既要全面体现认知目标、情意目标和动作技能目标的要求（目标的全面性）；又要体现每一学科中年段目标、学期目标、单元目标和课时目标的有机结合（目标的有序性）；还要落实课标要求，符合教材特点，切合学生实际（目标的合理性）。

素质化的课堂教学目标，在强化基础知识、基本技能的同时，又要强化情感态度和价值观，使学生的非智力因素与智力因素得到同步发展。

二、在策略上，把课标优势转化为师生的课堂教学优势

《义务教育语文课程标准（2011 年版）》的颁布，是新课程改革深化的标志，是教学领域一场持续的"革命"，随之将推动教学方式和学习方式的不断变革。全面实施素质教育，当务之急就是要把新课标的优势转化为师生的课堂教学优势。

谋求这一"转化"的策略之一，在于优化课程意识，关键是充分发挥学生在课程教学中的主体性。事物内在的矛盾性是事物发展的源泉，因而学生思想、能力发展的源泉和动力或者说学生的知识、能力、品质、性格发展的根本原因，在于学生内部的矛盾性。

发挥学生的主体性，要处理好与发挥教师作用之间的关系，既要避免教师"包办"的"主导"，又要避免放任自流的"主体"，要真正确立"学"是教学的全部，"教"是为"学"而教，即"以学生主体作用充分发挥与否作为衡量教师'首席'作用有效性的一个重要标准"。

谋求这一"转化"的策略之二，在于改进教学方法，探索面向全体学生、适应学生个别差异的教学方法。

新课程义务教育新教材的主要优势就在于它的"义务"性，即基础性、全体性、全面性。面向全体学生还是少数学生、正确对待和处理学生的个别差异还

教育絮语

◎课堂中教师要想尽一切办法做到吸引、解放、激化、发展学生的情趣，让课堂真正成为润泽的情趣盎然的课堂。

◎管理的实质就是两个词："激励"抑或"挫伤"。

是无视个别差异是素质教育与应试教育的一个分水岭。探索面向全体，适应学生个别差异的教学策略，正确看待学生的"错误资源"，对实现课堂教学的转轨，实现"让学习真正发生"，具有深远而现实的意义。

三、在评价上，把单一的传统评价转化为科学的合理评价

评价是杠杆，是导向。它制约着目标的达成。

传统的评价是单一的、片面的、静态的，主要是"分数"评价。它加重了学生的心理负担，混淆了学习与考试的关系：不是考试为了学习，而是学习为了考试。

科学的合理评价机制应该有效减轻学生因学习困难的积压，或测试成绩在同伴中下降而带来的焦虑、畏惧、压抑、挫折和自尊受威胁等学习心理负担，有利于学生在不断克服困难取得学习进展中，获得成功的体验，建立学习的"自信心"，更积极主动地进行学习。

为此，科学的合理评价应是全面的，不仅有对所掌握知识的评价，而且有认知能力和水平的评价；评价的方式是多样的，不仅有书面考试，还应有口试、操作、实践等测试；评价的过程是动态的，是对一个发展过程的评价，不只看结果，而要看从起点到终点所跨越的幅度。

试论语文教学中语言实践的关键要素

语文是实践性很强的课程。从某种程度上说，语文课就是学生的语言实践课。教学中教师应积极引导学生的参与意识，为学生创设阅读、思考、倾听、辩论、表达、评价等诸多活动的机会，让学生在实践中感受语文、理解语文、运用语文，从而培养学生听、说、读、写、书等语文能力，提高人文素养。至于语文教学所承载的思想品德教育、思维能力培养、良好习惯养成等功能，都必须寓于语言学习当中，并通过语言实践来表现和检验。只有这样，语文教学“高耗低效”的局面才能得以根本转变。本文就语文教学中语言实践的关键要素作一探微。

一、言之有“理”——有目标

“有效的教学始于知道希望达到的目标是什么”（布鲁姆语）。在语文课中设计相应的语言实践活动，首先要有明确的目标。这里的“明确”指的是清晰、明白及确切、确定。语言实践的目标清晰就是对字、词、句、段、篇的听、说、读、写、书的训练要清晰，且要落实到每篇课文、每个课时、每个教学环节，避免教学仅停留在梳理教学内容、交代课文情节的平面活动上；语言实践活动目标确切指的是要准确地把握教学的度，体现目标的能级水平，注重目标的可操作性和可评价性。平时听课时，经常发现不管哪个年级都进行“因为……所以……”句式的说话训练，哪个年级都在讲比喻句用法，即是教者对目标的确切性掌握不够的缘故。

语言实践活动的目标明确，主要包含：(1)目标的全面性。即不仅包括教养目标，还应当包括知识、能力目标和情感目标，而这些目标又都统一蕴含在教材的语言文字中；(2)目标的具体化。即对笼统的教学目标进行分析，使之具体化，做到宏观上把握，微观上落实。要将单元目标、课文目标分解，组合为课时目标，再将课时目标细化为可以操作的子目标（二级目标），最后转化为问题情境，通过在教师指导下的学生活动（听、说、读、写、书的实践）来达成目标。

一句话，在语言实践活动中只有坚守语文教学的本体目标，才能让学生“言

◎学语文要“一篇带一篇”“一篇带多篇”，要形成类概念，产生类迁移。

◎课题研究好比“烧水”，一定要把水烧开，烧到沸点，不能变成“温吞水”。

意兼得”，才能让语文课彰显浓浓的语文味，才能真正实现由“文本解读型”课堂向“语言学习型”课堂的美丽转身。

二、言之有“物”——有“质”“量”

语文学习中的语言实践，包括活动的“量”与“质”。学生知识的积累，能力的形成，是通过一定“量”的语言实践活动而形成的，所以我们常说有数量才能有质量。当然，数量决不意味着在一次语言学习或语言运用当中以多取胜；数量也决不意味着实践活动次数的简单叠加。语言要得以发展，就是要在有限的教学时空中，提取有效的实践要素（语言训练点和实践方法），以获得最大的效益。

要保证语言实践活动的质量，教师应注意教学的有效性，真正把课堂学习时间还给学生。时间是个常数，教师要努力做到善问、精讲，压缩问与讲的时间，而让学生有足够的时间用来听说读写。一堂课，进行实践的时间应占三分之二甚至更多。教师应注意教学的有序性，无序、繁化、歧化的教学，只能使学生无所适从、被动接受。教学的有序还应是“导而勿牵”，否则教者即使有清晰的教学思路，若学生处于被动状态，质量也得不到保证。教师还应注意教学的针对性。围绕训练目标，精选语言训练点，有的放矢，求实不求全，求精不求繁。有些教师唯恐教学挂一漏万，故而面面俱到、无所不及，那是要不得的。

总之，关注表达，精心设计语言实践活动，要立足学情，变备教材、教法为备学生、学法，真正做到“以学定教”；同时要用好教材，发现教材文本表达上的特点或者说精妙之处，这样才能准确地选择我们的教学内容，才能更好地引导学生走进“语言”。

三、言之有“法”——有路径

当前,语文教学的方法可谓层出不穷,各种方法都有其存在的价值。而要领会它们的要旨,则要“精讲多练”。因为它是启发教与学在一堂课中较佳的结合形式,也是“轻负担高质量”的路径所在。

“精讲”要求在教学中处理好系统与重点的关系,把精力放在重点、难点上,使学生对精华理解得精深些。“多练”要求实践的方式多样化,实践时间多一些。

阅读教学中的实践活动要突出“读”和“写”,即朗读指导与动手书写。要教给学生读书方法,使之学会边读边思、分步读书、读中理解、熟读成诵。叶圣陶先生说:“一篇好作品,只读一遍未必能理解得透。要理解得透,必须揣摩。”要揣摩什么呢? 语文味儿,即语言形式,要揣摩为什么用这样的语文形式或言语形式表达这样的思想情感。在这一过程中,让学生圈画、批注,增加“写”的机会。

实际上,语文教学中注重语言的实践,就是将形式多样的“读”贯穿在整个阅读教学的始终,把“听”“说”作为最基本的训练形式,把“写”作为巩固知识、发展能力的有效手段。

四、言之有“人”——有学生

让学生站在课程中央。语言实践活动要面向全体学生,就要彻底改变那种所谓“看不见儿童”的教学,既要关注优等生,又不能忽略一般学生,更要重视后进生。要采取一切有效的方法,扩大实践活动的参与面,让尽可能多的学生投入语言的学习,人人动脑、动口、动手。

语言实践活动面向全体学生,要注意:(1) 把握实践的强度;(2) 设计活动的梯度;(3) 选准训练的角度。把语言的实践落在学生的“最近发展区”,使优等生吃得好,中等生吃得饱,后进生吃得了。

再优美的语言若没有实践的参与,它永远只是语言。要使语言知识转化为语言能力,实践是必由之路。语言实践不仅可以使学生亲身体验到语言的魅力,而且还可以加深学生对更深层语言内涵的理解,弥补语言的缺失,最终使语言知识彻底内化,进而形成真正意义上能指导实践的语言能力。因此,语言实践活动要逐渐实现两个转移并做到两个最佳结合:一是由以教为重心逐渐转移到以学为重心,做好教与学的最佳结合;二是由以知识为重心逐渐转移到以能

教育絮语

◎“对话”是优秀教学的本质性标识，“对话”应是思维碰撞、思路交锋、思想升华的过程。

◎课堂应是学生的“敢言堂”“群言堂”“乐言堂”。

力为重心，做好传授知识与培养能力的最佳结合，真正使学生成为学习的主人。

五、言之有“应”——有反馈

课堂语言实践活动是一个有目的有控制的活动过程，而只有通过反馈才能实现调节和控制。语文教学历来反馈较慢，造成学生累积误差大；由于缺少反馈，教师对语言实践目标是否达成了解不够，从而错过最佳教学机会。

及时反馈，应包括两个方面：一是学生对教师教的反馈，教师据此反馈信息调整自己的教学；二是教师对学生学的反馈，学生据此反馈信息调整自己的学习活动。

要做到反馈及时，教师备课时，要考虑语言实践中的主要环节都应设计反馈环节。课堂中要切实改变语文教学中“教师讲，学生听”的状况，通过听、说、读、写、书等语言实践活动获取第一手的反馈信息，要变原来教学的单向信息传递为师与生、生与生、组与组之间的多向信息互递，同时要增加课堂练习（作业）的时间，当场评价、当众评价，做到信息及时反馈。此外，教师还应努力提高自身的课堂随机调控能力，真正使信息反馈做到准确及时，使语言学习目标得以调控、落实。

在学生的生命里种下一棵树

有人把教师分为聪明者和智慧者两类，说时下聪明的教师很多，但智慧的教师却很少。聪明者会选择种下牵牛花，经年即开，只是希望看见来年的姹紫嫣红；而智慧者会选择栽下银杏树，百年方成，哪怕他们看不到成材结果的那一天。当教育面对生命时，智慧者不是急于得到肤浅的、一时的成绩，而是着眼于人深厚而又长久的生长。因为教育恰恰是“百年树人”的事业！

——题记

教育家徐特立曾说，教师有两种人格：一种是“经师”，即所谓“传道、授业”；一种是“人师”，即教学生怎样做人的问题。圣贤之仁，可以百世为师；经师易得，人师难求；最佳的为师者，当是想为人师而又堪为人师的人。

从教 30 年，虽辗转多个学校，从事教育行政工作也有 21 年，但“人师”的理想一直是激励我前行的动力和目标。求学的时候就知道，堪为人师的两大要求是“学高”与“身正”。经过了几年工作岗位的锻炼后，又慢慢觉得，师之“范”似乎还不仅在于“学高”和“身正”的自我修为，更在于如何使我们的教学对象——学生发展得更好。“人师者”，尤其是语文教师，不仅要教给学生丰富的知识，更要在学生的生命里种下一棵树，让他们未来的生命历程踏踏实实、蓬蓬勃勃，既扎根沃土，又伸向天穹……于是，我在自己的教学生命里也默默地种下了一棵树，精心而又坚定地践行着我的“生长性”语文课堂，期待着我心中的那棵树伴随着学生的生长也慢慢地长大……

一、教育是一种生长

早在 18 世纪，法国启蒙思想家卢梭曾经提出“教育即生长，生长本身就是目的”的观点，而后 19 世纪美国实用主义教育家杜威做了进一步的阐发：“教育即生长言简意赅地道出了教育的本义，就是要使每个人的天性和与生俱来的能力得到健康生长，而不是把外面的东西例如知识灌输进一个容器。”1926 年，

教育絮语

◎课程教学要更多地关注学生的心理逻辑而非内容逻辑。

◎学生是什么？是学习的个体，发展的主体，公民的本体。

陶行知在《我们的信条》中提到："教育应当培植生活力，使学生向上长。"

中外教育大家所共同揭示的"教育即生长"的论断，既承载了他们对于传统教育的深刻反思，也掀开了现代教育的序幕；既开脱了教育长久以来的羁绊，又道明了未来教育的走向。我以为，"教育是一种生长"，不仅从教育学角度定义了教育的本质，探究了教育对生长的影响，而且从人类学角度关注了人生长的意义。

1. "教育是一种生长"——对教育本质的认识。

杜威在《民主主义与教育》一书中关于教育即生长这一观点，分了三个部分内容进行论述：一是生长的条件；二是习惯是生长的表现；三是发展概念的教育意义。文中提出，未成熟状态是生长的重要条件，这是因为一个人只能在他未发展的某一点上发展；习惯是一种执行的技能或是工作的效率，是利用自然环境以达到自己的目的的能力；生活就是发展，不断发展、不断生长就是生活。杜威提出"教育即生长"，其本意并不是要把教育与生长混为一物。他的"教育即生长"实质上揭示了一种新的儿童发展观和教育观。

杜威认为，当时的学校无视儿童天性，"儿童被置身于被动的、接受的或吸收的状态中"，"结果造成阻力和浪费"。杜威提出"教育即生长"的根本目的在于，将儿童从被动的、被压抑的状态下解放出来。旧教育消极地对待儿童，"学校的重心在任何地方，唯独不考虑儿童的心理需要与能力。"生长论要求尊重儿童，使一切教育和教学合于儿童的心理发展水平和兴趣、需要的要求。但这种尊重绝不是放纵。杜威明确地讲："如果只是放任儿童的兴趣，让他无休止地继续下去，那就没有'生长'，而'生长'并不是消极的结果。"

杜威既反对传统教育对儿童生长内部条件的漠视和压制，也反对传统教学中社会精神的匮乏。杜威认为赫尔巴特等的传统教育理论的基本缺点是忽略了生物都有种种主动的与特别的机能，因此他提出"生长"是生物的根本特征。既然人是一种生物，也应具有生长的特性，而且不仅常态的儿童在生长，就是成人也在不断生长。"生长"是人生的目的，因而也是教育的目的。

一个半世纪过去了，当年杜威的担忧和针砭时弊的批判现在似乎还到处可见，教育的很多行为似乎还"涛声依旧"，可见传统的惯性运作势头有多强劲。我国当代教育专家林格在《教育是没有用的——回归教育的本质》一书的开篇就用了《摁着牛头吃草》的故事来阐述了现代教育所面临的困境。

故事讲，牛小的时候被绑在一根木桩上，小小的力气无法挣脱绳子去吃旁边的草，尽管它曾经多次做过努力都失败了，从此，它不再想着挣脱绳子，等它慢慢长大，已经有足够的力气摆脱绳子束缚的时候，它却已经不愿意去尝试了，只能吃够得着的草了。

这是一个很悲哀的故事，是什么拴住了牛？是小小的木桩吗？不！拴住牛的不是木桩，而是由木桩形成的心理枷锁和教育桎梏。

这个故事说明，尽管"教育即生长"已成为现代教育的核心理念，但在具体的教育实践中，很多教师还是把"未成熟状态"仅仅看作可以任意拿捏，不考虑儿童的本能的或先天的能力；把"习惯"看作僵硬，过分强调机械训练；把"发展"看作对固定环境的静止的适应，而不发展儿童应对新情境的首创精神；把"生长"看作有一个目的，而不看作就是目的，都认为生长乃是朝着一个固定目标的运动。

"教育是一种生长"告诉我们要从儿童出发，不要阻碍儿童生长所依靠的器官的发育或使它们畸形发展，不要过分强调训练以免牺牲个人的理解能力，要"尊重儿童时期""尊重生长的需要和时机"，不要忽视生长的过程而揠苗助长。"学校教育的价值，它的标准，就看它创造继续生长的愿望到什么程度；看它为实现这种愿望提供方法到什么程度。"也就是说，学校教育工作的中心任务就在于促进儿童的生长，一切都从学生的需要出发，以促进儿童的生长为中心。"生长是生活的特征，所以教育就是生长；在它自身以外，没有别的目的。""教育是一种生长"其实质和意义就在于强调不应该在教育过程之外强加一个目的，教育的过程和目的本就是一致的，教育目的就在教育过程之中。

教育絮语

◎校本课程是因为班级授课制情况下，不可能照顾到每个学生的个性发展而设立的选择性课程。

2.“教育是一种生长”——对生命意义的关切。

“生长”本是一个生物学概念。用“生长”来定义教育，不仅因为“人”具有类似生物生长的特征，更在于一种教育观的改变，即教育从“教师中心”转到了“儿童立场”，而且开启了儿童生长过程中的生命意义的建构。

从人的生物性层面来看，生长，就是生命体在自然状态下，通过自我发育，逐步走向成熟的过程。“生长”首先具有生命的个体性。它既是人个体生命的基本特征，也是人个体生命的本能反应。由于先天遗传和后天形成的不同个性，造就了生命的不同个体，其生长模式、成熟序列的差异性决定了生命具有个体独特性。

其次，“生长”具有生成性。“生成”的内涵是生长和建构，是一个动态行进的过程。人是未完成的存在，也是非特定化的存在，人与动物在生命意义上的本质不同主要是人的未完成性和非特定化。“未完成性”意味着人总处在未完成之中，人的生命处于不停息的变化之中。人的“非特定化”意味着人具有无限发展的可能性，意味着生命本身不是一个结论，而是一个历程，生命一直在产生意义。这些意义使生命成为一种有意义的、非确定的过程，使人的发展永远具有创造性和超越性，使人永远处在生成之中。

再次，“生长”具有自主性。虽然生命的成长离不开外界环境和条件，然而生命本身具有自主性，外界因素可以影响它，但无法取代它。人“天生”具有认识外部世界、求知于外部世界的本性，表现出自主的态度和自主的行为，自动完成一些生命活动。对世界充满好奇遐想、乐于追根究底、敢于尝试探索，并在追问、探寻和创造的过程中展现自己的生命力量，获得生命的意义。

人的生物性是教育的基础，用“生长”来定义教育，当然不应该只是生物学意义上的、工具性的、单向度的人，也不应该是抽象的、普遍的人，而应该是具体的、现实的、活生生的、完整的人。

“教育是一种生长”，就要不断地改造学生的生活经验。杜威认为，“教育就是经验的改造或改组。这种改造或改组，既能增加经验的意义，又能提高后来经验生长的能力”。经验是学生各方面发展和生长的载体，学生知识的获得、能力的形成、品德的养成、职业素质的获得皆以经验为媒介。教育的首要任务，就是帮助学生积累生活经验，丰富学生对生活经验的体验，让学生感受到生活的意义。

“教育是一种生长”，就要不时地满足学生的生长需要。“生长”既说明了生命的存在，又说明了发展的状态。人生命的意义就是实现“生长需要”，没有生长，生命就失去了存在的价值。正如德国哲学家叔本华所说，人和动植物的成长一样，无不在展现自己的生命意志。但人和动植物最大的不同就是人有意识、有意志，不断地向环境表达自己的需求。所以，不时地满足学生的生长需要，而不是阻碍或抑制他们的需要，就成了教育的核心命题。

“教育是一种生长”，就要不停息地实现学生的生命意义。生命是教育的原点，教育与生命共存。叶澜说过：“教育是直面人的生命、提高人的生命、为了人的生命质量而进行的社会活动，是以人为本的社会中最体现生命关怀的一种事业。”因此，面对有着丰富多彩的生命内涵的学生，教育只有回归到生命，才能展示出它的无穷魅力，也只有不停地在生命中对教育展开理解，才能实现理解教育，从而实现生命意义的回归。

二、生长性语文课堂的基本特征和观点

种树的人说：“种树不是种菜或种稻子，种树是百年的基业，不像青菜几个星期就可以收成。所以，树木自己要学会在土里找水源。我浇水只是模仿老天下雨，老天下雨是算不准的，它几天下一次？上午或下午？一次下多少？如果无法在这种不确定中汲水生长，树苗自然就枯萎了。但是，在不确定中找到水源、拼命扎根，长成百年的大树就不成问题了。”

种树人语重心长地说：“如果我每天都来浇水，每天定时浇一定的量，树苗就会养成依赖的心，根就会浮在地表上，无法深入地下，一旦我停止浇水，树苗会枯萎得更多。幸而存活的树苗，遇到狂风暴雨，也会一吹就倒。”

——摘自林清玄《桃花心木》

种树是这个理，育人不也一样吗？生长是不确定的，在不确定中需要教育提供给人以生命的呵护和精神的滋养，但更需要人自身有一颗独立自主的心。

教育絮语

◎课程是课堂的引领和规约，课堂是课程的意义，是抽象的课程土壤开出的一朵具体的花。

◎“问题即课题”，带着问题进课堂，课题做在课堂上。

在不确定中，深化对环境的感受与情感的感知，就能学会把很少的养分转化为巨大的能量，努力生长。

“语文的教育是人的教育”，这是由语文学科的性质决定的。语文课程的工具性决定了它是学好其他所有学科的基本工具，语文课程的人文特性决定了它拥有丰富的思想、文化和精神的内容。一个合格的语文教师，必须目中有“人”。既教学生读有字之书（教材与书本），又教学生读无字之书（社会与人生）；既教学生学作文，又教学生学做人。所以，生长性语文课堂应该站在生命的高度，用动态生成的观点来建构，这是师生人生中一段重要的生命经历，也是师生生命的有意义的构成。

1. 生长性语文课堂的特征。

所谓生长性语文课堂，即在语文教学中，教师与学生彼此“精神敞亮”“相互悦纳”，贯彻“以学定教”原则，注重性情的培养，着重思维的训练，看重语言的生长。让课堂成为学生学习探究的源头，让学生获得不断学习的动力、持续学习的能力。在生长性语文课堂中，既要追求训练的密度，也要追求发展的自由度；既要磨练学生思维，也要充满人文涵泳；既要着力于生长的“原点”，更要着眼于发展的“远点”。

用“生长”来观照语文教学，语文课堂就应该是教师和学生交互作用而生成的一项具有建构生命意义的活动。这种活动应该具有生命的意识，有生命的体验，有生命与生命的交往与互动，有生命的不断完善和超越。这样的课堂变化，从特征上讲，主要反映在：

第一，教学使命从“知识课堂”走向“生命课堂”。改变课堂教学过分强调认知性目标，过分强调知识本位，弱化“过程与方法”，虚化“情感、态度、价值观”的情形，从根本上追求语文课堂对人的生命存在及其发展的整体关怀。

第二，教学观念从“传道、授业、解惑”走向“教学相长”。传统的“传道、授业、解惑”无视学生的主体地位，理想的师生关系与教学境界应是“教学相长”。把教学的本质定位为交往，是对教学过程的正本清源。交往的基本属性是互动性和互惠性，“教学相长”旨在实现师生互动、相互沟通、相互影响、相互补充，从而达到共识、共享、共进。

第三，教学目标从培养“笔杆子”走向“为人打底子”。改变精英主义的人才观，从语文对人的基础意义出发，强调为人打好“终身学习”的底子与“终身精神发展”的底子。培育学生对真、善、美的追求，对彼岸理想世界的向往与想象，对人类、自然、宇宙的关怀，对未知事物的好奇心，并由此焕发出内在与外在的激情、生命的活力、坚强的不屈不挠的意志力、永不停息的探索精神、永远不满足于现状的批判与创造的欲求。

第四，教学模式从“插秧式”教学走向“牧羊式”教学。所谓“牧羊式”教学模式是相对于“插秧式”——整齐划一的教学而言的一种自由自在的教学模式，它强调“大众主义”价值取向。其模式有三个逻辑必要条件：一是指明学生所要达到的目标和所学的内容，即把羊带到哪儿“吃草”；二是要求教师有对象的意识。也就是说，教师必须确立学生的主体地位，“吃什么草，怎么吃”是羊的事，牧羊者只需点拨诱导；三是要求教师有“二全”的概念。学生的发展是“全人”的发展，教师不能过高地估计自己学科的价值，而且也不能仅把学科价值定位在本学科上，而应定位在对一个完整的人的发展上。另外，不是个体的发展，而是“全体”的发展，就像牧羊人不可能按住羊的头硬要它吃这儿的草，说这儿的草如何的好一样，或是只准这几头羊吃，不准其他羊吃。

第五，教学方法从“预设提问”走向“对话生成”。预设是教学的内在要求，生成是教学的必然结果，“没有精心的预设就没有精彩的生成”。“生成”应该是有机的、开放的。“生成性”是对“接受性”的一种批判和超越，是对“预设性”的补充和修正。生成虽是“无法预约的美丽”，但“生成却青睐有准备的大脑”。“对话”是优秀教学的本质性标识，现代教学是师、生、文本之间对话的过程，互动对话是课堂生成的生态条件。要改变传统教学中“我问你答”“我发你收”的单向传递，科学地营造“对话场”。追求教学过程的沟通、理解和创新，体现对话

教育絮语

◎文化是个抽象的概念，做学校文化一定要找到具体的文化“载体”。

◎文化的核心是价值观，文化的功能在于“化人”，文化是自觉的修为。

主体间视界的融合、精神的相遇、理性的碰撞和情感的交流。

2. 生长性语文课堂的基本观点。

说起来，生长性的语文课堂与传统的课堂所面对的问题是一样的，即把学生引向何处（目标问题），是怎么引的（方法和过程问题），引到了该去的地方了吗（效果问题）？只是教师在设计课堂时所把握的观点和主张不一样。生长性语文课堂产生于教学目标的任务驱动，发展于学生在完成学习任务时所产生的疑惑，结束于学生对更高更远的学习目标所产生的欲望。我的生长性语文课堂的基本观点是：

（1）生长性的语文课程观——让学生与课程知识“相遇”。

“课程知识”是相对于“客观知识”而提出的新的课程观，强调的不是知识本身，而是学生与课程知识“相遇”的可能情境。客观知识是自在化的、相对静止的，冷冰冰的“知识块”，是“死”的“知识筐”。知识只是被当作一种资料或死的资源，“教学的目标就是堆积知识，在单位教学时间内获得最多的知识”。而“课程知识”则是经过改造了的、“动姿化”的知识，是灵动的、热切的、表现出趋向性的、具有与人对话的姿态。课程不是知识的“载体”或学习内容的“运输线”，而是人与知识“相遇”的“场域”。人与知识的“相遇”并非二者的“面对面”，而是精神的“对话”。它不是被“给定的”，而是由人建构的。好的课程给人的理解创造尽可能大的空间，它总能吸引人，并在人与知识的每一次“相遇”中创造出更多的“期遇”。如果说知识的获得是一个“教化”的过程，即知识与人“相遇”并最终实现知识与个体精神的创造性转化的过程，那么课程就是人们事先设计的知识与人“相遇”的可能情境，其实质是一种“知识环境”。只有这样的知识，才能较好地参与人的精神生活，与人建立起意义关系，使知识增值，让课堂生长。

（2）生长性的语文学科观——让人文性与工具性“相融”。

“工具性与人文性的统一是语文课程的基本特点，工具性是语文的根本属性，人文性是语文的重要属性。”在这里，我之所以不用“统一说”，而用“相融”的概念，是因为“工具性”和“人文性”不是简单的“二元相加”，更不是“二元对立”。我国的语文教育是母语教育，语文是唯一以言语形式为教学内容的特殊学科，同时语文又是一种文化，是和人的生命、心灵、生活密不可分的文化。语文的工具性、人文性是一个硬币的两面，语言文字为表，思想内容为里；工具性是人文性的载体，人文性又是工具性的灵魂；“工具性”和“人文性”是你中有我，我中有你，水乳交融的关系。学生在接触课文时，接受的不仅是文章的形式——语言文字，同时也接受它的内容——思想感情。让人文性与工具性“相融”，就需要用人文主义和科学主义融合的共同的思想武器来改革语文教育，把人文性寓于语言文字的训练之中。这种训练不仅要着力于培养学生语文运用能力的实用功能，也要着眼于语文课程对于学生思想感情熏陶感染的文化功能，让学生在语言成长的同时，人文素养也同步生长。

（3）生长性的语文教师观——让教师成为平等中的“首席”。

生长性的语文课堂，离不开师生间平等的伦理关系。生长性的语文教师观，反对“文化资本”的霸权和隐性的“话语霸权”以及对学生成长的粗暴干预，要改变课堂教学中教师“主宰”“控制”的意识，改变学生“服从”“依从”的地位，要摒弃自己内心的居高临下，使自己沉静、慈爱和智慧。“教师永远不能忘记他是一位教师以及他的使命就是教育。”要做到“目中有人”、谋求共赢，应该站在儿童的立场，“以儿童之心度儿童之腹”，与学生建立一种新型的合作关系；同时作为“首席”，也重视教师的作用，但教师作用的权威不是“外部强加的”，而是“内在养成的”，即通过自己的人格、教学风格树立起来的。教师的“首席”作用主要体现在思维的引领、情感的带动和语言的表率上。生长性的语文教师观还强调教师和学生都是“生长需要者”。无论是教师还是学生，每个生命体都有“生长需要”，每个人都是“自我发展者”。这样定义教师也将带来教育主体的变化——教育不是别人的要求，是生命本身的需要，是一种生命自觉，是自我教育。因此，让教师成为平等中的“首席”，也就真正地具有了人性的光辉，除了可以成为对话的前提因而也是生长的前提之外，它自身就具有极大的教育价值。

教育絮语

◎学校是“研究院”，教室是“研究室”，教师是“研究者”。既要研究学生，又要让学生学会研究。

◎教育科研是做出来的，不是写出来的。

（4）生长性的语文学生观——让学生成为生长中的“主体”。

卢梭认为，教育要使人类与生俱来的能力得以生长，这种生长是一种顺其“天赋”的自然生长。我的理解是，教育应不把“长成”怎样一个具体形态作为追求和结果，而只强调顺应着生长发育的规律不断生成的这样一个过程。在这样的过程中，“生长”不是赋予的、外加的，而是“主体”自觉的、应然的。儿童是天生的学习者，布鲁纳说过，“知识的获得是一个主动的过程，学习者不是信息的被动接受者，而应该是知识获得过程的主动参与者。”学生是能动的主体，他们的学习是在原有认知结构的基础上吸收、同化新知识，充实、完善原有的认知结构，或者改组原有的认知结构，组成新旧知识统一的、新的认知结构的过程。“教师的工作不是拯救孩子的灵魂，而是提供机会让他们拯救自己的灵魂”，我们需要的只是控制自己“化而欲作”的浮躁，最大限度地尊重学生、激励他们，给他们时间、允许他们失败、满足他们学习的需要，必要时给予方法的点化，推动他们学习的内在动力，帮助他们“实现意义的获得及自我主体的建构”，使学生自然的学习生活得以延伸。当然，让学生成为生长中的“主体”并不是毫无“规约”，只是这种“规约”对于生长着的儿童来说，不是本质层次的需要，可以减弱到最低限度。正如列夫·托尔斯泰的话：“教育的唯一规范是自由”。“规约”是为了他们更好地集聚生命的能量，顺利地“生长”，而“生长”，则是本质层次的。

三、生长性语文课堂的实践探索

橐驼非能使木寿且孳也，能顺木之天以致其性焉尔。凡植木之性，其本欲舒，其培欲平，其土欲故，其筑欲密。既然已，勿动勿虑，去不复顾。其莳也若子，其置也若弃，则其天者全而其性得矣。故吾不害其长而已，非有能硕茂之也;不抑耗其实而已,非有能早而蕃之也。

——摘自柳宗元《种树郭橐驼传》

郭橐驼种树最大的秘诀是顺应树木的生长天性,使之符合规律地生长。我以为,语文生长性课堂要尊重学生身心发展的规律和学生语言素养发展的规律,以语文课程本身的魅力滋养学生,带给学生积极的变化,实现学生生命的成长。语文生长性课堂既关注学生当下的生长状态——课堂的深处充盈蓬蓬勃勃的生命律动,学生的语言、思维、精神在活泼泼地生长;又"指向远方"——课堂为未来的语文学习和生活积蓄了生长的力量,学生萌发了生长的向往,拥有了良好的生长态势和持续生长的能力。所以,在教学中,我始终反复思考与追问自己:学生作为语文学习主体的生长需求有哪些?语文素养的生长特性是怎样的?教师可以为学生的生长做些什么?

1. 培育自然的生长环境。

在良好的自然生态环境中,树木才能生长得生机勃勃、优雅自在,长成百年的大树。课堂是学生生命成长的重要场所。课堂生活质量影响学生一生的发展。生长性语文课堂要着力培育符合儿童本性的、适合言语活动的课堂环境,让学生、教师、文本的平等对话过程能够充分地、创造性地展开。

(1) 舒适的心理氛围。

教学是一种沟通与合作的活动。语文课堂生活是围绕文本话题的师生经验的共享,师生思想的碰撞,师生情感的交汇,师生精神的对话。这些活动离不开语言表达,离不开相互言说和彼此倾听。心理学家罗杰斯曾指出,一个人的创造力只有在其感觉到"心理安全"和"心理自由"的条件下才能获得最大限度地表现和发展。如同雷夫的"第 56 号教室"一样,语文课堂应该是一个让学生觉得舒适的"家"。"一个问题可能有 100 种答案,一个答案可能有 100 种表达方式"。这里允许出错、允许改正、允许保留不同的意见,甚至允许自由争论、辩论;这里不存在害怕,不存在戒备,不存在威胁,取而代之的是相互信任、彼此支持。只有学生感受到心理安全,才能充分地表达自己的观点,表述自己的思想,表露自己的情感,才能进行一种积极的、融洽的、持久的沟通与合作。

形成这样一种舒适的心理氛围的关键在于师生之间建立真诚的教学关系。首先,师生双方实现真正的平等,彼此作为真实的、完整的人真诚地交往。教师要做走向儿童世界的使者,成为学生语文学习同行的伙伴,从心灵深处平视学

教育絮语

◎让学习真正发生，关键是教师要保持“倾听与对话”的姿态。

◎守住底线，办学更加规范；把握生命线，办出更高质量；创造风景线，学校更具特色。

生，摒弃严肃、古板、急躁与斥责，以微笑、亲和、耐心、鼓励取而代之，真正成为学生学习活动的一个交换意见的参加者，和学生展开那些有效果的和有创造性的活动：互相影响、讨论、激励、了解。其次，语文是情感性很强的课程。“缀文者情动而辞发，观文者披文以入情”，师生并非冷静的局外人、理性的分析者，而应带着自己的前经验，成为“文本中的一员”，成为故事同情共振的亲历者。语文课堂生活中师生都要真情投入，真诚交流。师生对话交流的内容应该是富有自己个性色彩的，发自师生内心真诚的信息，带有师生的情感因素，带有师生的生命温度。对教师来说，课堂话语并非仅仅为了传递知识，而是从内心深处流溢出来的深切之感；对学生而言，说的也并非教师想要的答案，而是自己思考的产物，内心真实的想法。

（2）充裕的生长时空。

很多语文课，环节多、内容满，虽然环环紧扣、不失精致，但总让人感觉课堂依然被教师控制和主宰，课堂负载了太多的目标与任务，问题太多、节奏太快，没有潜心阅读的时间，没有自由思考的空间，没有咀嚼回味的机会，学生身处课堂会产生紧迫感，进入不了舒展自如的状态，思想的翅膀没有办法张开，何以实现语言、思维、精神的“拔节”生长呢？

生长性语文课堂是属于学生的，有空间才有生长的可能。语文教师不妨放慢脚步，还语文课堂以自然松弛、疏疏朗朗、浓淡相间的状态，少一些提问，少几个环节，留一些空白，留几分空间，让学生自己直面文本、静思默想，去有滋有味地阅读，充满灵性地感悟，自由大胆地想象，聚沙成塔地积累，充满激情地创造。学生拥有了属于自己的时空，才能投入地思考，真诚地表达；才会生长出自己的思想;语言才会新鲜水灵、纯朴有趣、丰富多彩。有等待才有生长的可能。等待是教师对学生生长差异的尊重和理解,当学生遭遇障碍时,有时只要我们再等待一下,也许就能够打开学生思维的大门,实现突破性地生长。

教学新美南吉的《去年的树》,因为留有空间,因为等待,课堂上看到了学生语言理解力和表达力在一瞬间的生长。

师:请同学们读读课文 1～5 段,从哪些地方你感受到了鸟儿和树是好朋友?

生:一棵树和一只鸟儿是好朋友。鸟儿站在树枝上,天天给树唱歌。树呢,天天听着鸟儿唱。

(学生读了第一段,却不能很好地抓住关键字词表达自己的理解。)

师:不着急,请大家再读读这句话,想一想,你从鸟儿和树的哪些举动看出它们是好朋友?

生:鸟儿天天唱歌给树听,树天天听鸟唱歌,它们天天在一起,做这些事情。我觉得它们是好朋友。

生:鸟儿是"站在树枝上"唱歌给树听,我觉得它们的关系很亲密,是好朋友。

生:鸟儿唱,树专心地听,树对鸟儿很尊重,彼此尊重才是好朋友。

生:鸟儿天天唱,树天天听,都没有听腻,树很喜欢听鸟儿唱歌。可见它们是好朋友。

师:鸟儿和树是一对(　　　　)的好朋友?

生:形影不离。

生:相亲相爱。

生:亲密无间。

……

给予学生时间和空间,在看似简单的句子之间读出了新的、丰富的滋味,超越了自己的先见。

(3) 感性的交往话语。

教学的本质是倾听和对话,语言是不可缺少的媒介。儿童的话语方式具有生动活泼、诗性热情、富于想象、感性呈现的特质。语文课堂中,教师要拥有儿童的心地、品质,懂得尊重儿童的文化、理解儿童的需要,对学生拥有全面而亲

教育絮语

◎学校文化设计要基于时代特征，基于区域特点，基于校本特色。

◎课题选择要排除思维定势的障碍，要消除从众心理的影响，要破除对权威的迷信。

密的观察与认识，学习用开放性的、让人感觉温暖的接受性的方式耐心聆听学生的声音，用学生最容易接受的话语方式，用学生最喜欢的话语方式，用儿童属性的话语方式，用直白、清浅、好玩、有趣的教学语言，与学生展开交流、交往，走向视界融合。

语文课堂话语要改变告诉、说教、灌输的话语形式，要着力体现平等性、情感性、启发性、激励性，要努力实现四个转变：由指令式的话语向商讨式话语转变，由评判式话语向建议式话语转变，由灌输式话语向引导式话语转变，由单一式话语向开放式话语转变，从而启导学生自悟、自得、自我建构。

语文课堂当中还要有日常会话的品质。一是师生都能放心地打开自己的心扉；二是要有自然的口语化表达，只要言语中包含自己的心情、想法，用很自然的声音说出来，也是很有力量的；三是要形成“用心相互倾听”的关系，善于体味对方的感情，理解对方的意思，彼此敞开、相互悦纳。

《滴水穿石的启示》一课，论点与论据的匹配是理解的难点，教学中预设了这样一个问题：“文中写到了李时珍、爱迪生、齐白石三个名人的故事。默读第3自然段。想一想他们什么地方像小水滴呢？”这是一个“孩子气”的问题。用儿童化的、感性的语言轻巧一问，学生既理解了课文内容，又悟出了如何围绕论点寻找事例，如何进行恰当的表达使自己的观点表达得更有说服力的道理。可以说是超越已有的认识水平和阅读水准，实现了言语生命的成长。

2. 把握真实的生长原点。

同样的文本，学生的体会是不可能达到成年人的深度的。因为自己理解得深，不考虑学生实际阅读心理与阅读能力，教学内容高深生涩，脱离孩子学习的

“最近发展区”,学生将失去学习兴趣。反之,如果教学内容过于浅显,仅是学生个体阅读的重复,学习就会失去应有的意义。“以学定教”是生长性课堂的基本原则,这意味着从尊重教材文本逻辑转向尊重学生经验与认知发展逻辑。教师要把握学生生长的原点,即学生已有的个人知识、直接经验和生活实践。教师在教学设计时要能够回答:“在教学之前,学习者能够做什么(起点)?在教学之后,他应该能做到什么(终点)?学习者在教学之后到底应该有什么不同(潜能变化)?”这样去触摸到学生生长的脉搏,去明朗学生生长的方向,组织起有生长意义和价值的学习。值得注意的是,这种把握不仅是去获得关于学生作为儿童群体的一般属性、所有学生的大体程度和状态、理解他们的认知规律、理解他们的学习方式,还要去关注课堂上每一个具体的活生生的儿童个体,理解他们的已有经验、理解他们的心理感受、理解他们的思想情感、理解他们的前期理解,使课堂生活真正从学生的生长原点出发。

(1)“我是读者”——以文学的视角品读。

语文教师首先是个读者,以文学的视角品读文本。文学阅读是一个由符号到意象再到意蕴逐层深入的过程。教师要入文本境界,深入感受,理解思想内容;要走进作者心灵,缘文探情,获取人生哲理的感悟和精神意义的启迪;要沉潜文本之中,虚心涵咏,如切如磋、如琢如磨,剖析语言风格;要联想拓展,鉴赏评判,得到艺术享受,由此最大限度地逼近作者的本义,读出自己的新意。品读不可拘泥于文本,读读作者的其他作品,读读相关题材、体裁的作品,节选的文章,读读原著。阅读的背景越是宽厚,课堂教学的流程生长展开越是得心应手、从容自如。

(2)“我是儿童”——以学生的视角阅读。

语文教师要始终保持一颗纯朴的童心,不受习惯与成见之囿。教学前要“蹲下去看”,以“我是儿童”的姿态来阅读文本,用儿童的眼睛看教材,用儿童的方式来思考,尽量地考虑学生的前理解,寻找、预测学生阅读的原初体验。学生知道了什么?学生的学习困惑在哪里?学生的学习兴趣点是什么?学生的情感生长点在哪里?哪里是学生似乎不会产生疑问却需要好好品味的地方?学生喜欢用怎样的方式学习?……这种充分的“儿童本位”的考量,这种紧贴儿童生长的面的追问,为寻找到既与学生心智水平相吻合,又能吸引学生主动探究的教学问题奠定基础。

教育絮语

◎深化“课改”三部曲：上挂，争取高层智慧支持；中和，他山之石可以攻玉；下联，和教师一起研讨。

◎教育是“培根”的事业，根深才能叶茂。

（3）“我是教师”——以教学的视角解读。

一名语文教师需要拥有“双重视角”，一方面，以儿童般天真的、陌生的、非理性的眼光来阅读文本；另一方面，还得要“站起来引”，以“长大儿童”的身份，以成熟的、深刻的、理性的眼光来解读文本，不忘记自己已经“长大”，肩负着“平等中的引领”的责任。首先，语文教师该用“尖锐的敏感”和“谨严的思考”去做语文教师该做的事。教师面对的不是普通的一般意义上的文本而是教材，是促进学生语文素养发展的范例。教师要慎思学生应该理解到何种程度，找准情感生长点、技能训练点、言意融合的切入点，斟酌如何设计能使学生深深沉入的问题，以此为凭借促进学生语言习得与精神的发展。其次，教学立意要高远，要“见树木”更要“见森林”，跳出拘泥于理解内容“教课文”的窠臼，以“教阅读”的课程视野从整体上去审视，真正把握课文范例的教学价值，找到教学问题的着力点，引领学生进入言语的内部、意蕴的内核。第三，在以主问题架构教学流程的过程中，教师要充分预想学生可能产生的肤浅与片面，可能遇到的障碍与瓶颈，当学生精神不振时，怎样使他们振作；当学生困惑无绪时，怎样给以启迪……或启发点拨，或追问评价，或精彩深刻地讲授，促进学生加深或反思自己对文本的感悟，帮助学生超越自己。

以《伊索寓言》(《狐狸和葡萄》《狼来了》《蝉和狐狸》)为例。以读者的视角品读，就能厘清《伊索寓言》的特点，如故事短小，结构简单，形象鲜明、生动，寓意自然、深刻等；以儿童的视角阅读，就会发现这三个故事一读就懂，而且大部分学生已听过读过，这就是学生生长的原点，亦是教学的起点；以教学的视角解读，就能确定教学的走向，教学不能停留在内容的领悟上，可把重点放在引导学生复述故事，发现伊索寓言的特点，拓展阅读《伊索寓言》的其他故事上。

3. 遵循儿童的生长方式。

儿童天生是自由者和探索者，正如苏霍姆林斯基所说："在人的心灵深处，总有一种根深蒂固的需要，就是希望自己是一个发现者、研究者、探索者"。而在儿童的精神世界中这种需要特别强烈；儿童是自己的主人，儿童的生长必须通过自我建构完成，没有人能代替儿童生长，我们都只是含情脉脉的守望者；儿童具有生长的可能性和不确定性，等待发现与发掘。语文生长性课堂应该立足儿童本位，遵循儿童身心发展的规律和语文学习的规律，以语文的方式，在语文实践中求得每个学生充分的、自由的、和谐的生长。

(1) 以开放、自由、富有探索性的问题为生长支点。

富有探索性的问题从文本文字中生发，可以使学生始终保持着阅读的新鲜感，思维始终处于兴奋的状态；吸引他们好奇地回到具体的语言文字之间，不断有新的发现，不断有精彩的表达；使他们对文本的理解从粗浅单薄走向深刻丰满。富有探索性的问题应该具有以下一些特点：

其一，问题的呈现具有诱惑力，能唤起学生的阅读期待。

富有探索性的问题应该是有趣的、有意思的，即使表象质朴，也是耐人寻味的，"看似寻常最奇崛"，细细琢磨，内里有浓浓的语文味和思考的张力，能够唤起学生思维的惊异感和想象力，能够唤起学生的阅读敏感和期待视野。它关注学生的学习需要，指向学生的学习兴趣，基于学生的学习基础，对于学生而言，感觉似曾相识又有几分新奇陌生，既触动了学生的已知和经验，又隐含着这样一种思考的意向：文本中藏有学生"还不知道"又"可以知道"的很有价值的内容，激起学生试图突破自己"前理解"的意愿和动力，引发学生与文本之间真正的、全面的、丰富的接触、反应、交流与融合。《成长的快乐》读书交流会(《亲近母语》第 7 册的第十单元)设问："老师读这三个故事的时候，故事中的人物让我觉得似曾相识，好像就是你，就是他，我想起了我的很多淘气而又可爱的学生的故事，你想起了谁的什么故事呢？"从书中找到自己生活的影子，完全不在学生的意料之中，很特别，很有意思，极具思维的冲击力，不知不觉让学生"沉"了进来，有了再次细读的兴致与崭新的阅读体悟，于是课堂也就有了流动与生长的气息，学习真正成了学生的自我发现之旅。

其二，问题的切入具有穿透力；能牵一发而动全身。

富有探索性的问题立足文本，又体现出居高临下俯瞰全文的视野，触及文

教育絮语

◎课改深化应有的视野：综合的课程；应有的视点：儿童的立场；应有的视角：校本的力量；应有的视线：儿童的发展。

◎现代教育要讲究道术统一、知行合一、表里如一。

本的核心地带、紧扣文眼，寻找文本中最具语文教学价值的东西，关键字词、重点语段、人物形象、理趣哲思、技能训练点、情感生发点，抓住可以“撬动”课堂的“支点”，以此架构整个教学流程，牵一发而动全身，让文本“立”起来，让学生“走”进去，紧紧围绕文本文字形成理解的波澜，走向言语与精神的共同成长。

教学《孔子游春》时，首先出示1988年75位世界诺贝尔奖获得者聚首巴黎时发表的宣言中的一句话：“人类要继续生存下去，必须要从2500年前的孔子那里去寻找智慧。”然后设问：“孔子深受世人的赞誉，他到底有怎样的智慧？让我们跟随孔子去泗水河边游玩，去寻找智慧。”学生静静地读书批注，站在更高的地方理解了孔子“论水”“言志”等重点语段的内涵，理解了孔子的善施教化。“孔子究竟有怎样的智慧”成为学生学习整篇文章的支撑点，“一着好棋，满盘皆活”，寻求答案的过程，也成为学生品味文字内涵、感悟细节魅力、感受人物性格的触类旁通、融会贯通的过程。

其三，问题的答案具有丰富性，能产生多种不同的思想。

富有探索性的问题是动态开放的而不是封闭逼仄的，蕴含着多重的分析视野、多样的解决路径、异彩纷呈的答案。学生总能根据各自的经验背景、思考方式和价值取向，对问题形成个性的理解。所以答案不是唯一的，即使相同意思的答案也可以有不同的表达方式。问题的丰富性才能带给学生心灵的自由飞翔，才能唤起学生创造的冲动，才能激发学生分享的内在需要，才有真正的学习发生。

《去打开大自然绿色的课本》教学片段——

师：其实我们都有打开大自然绿色课本的经历。说一说你的经历与收获。

（学生交流。）

师：你觉得大自然是一本什么书呢？

生1：美术书。大自然处处是风景，像一幅幅色彩斑斓的画。

生2：科学书。大自然里蕴藏着无穷无尽的知识。

生3：语文书。大自然里有标点符号，有汉字、有成语、有古诗……

生4：音乐书。小溪叮咚，是钢琴曲；百鸟齐鸣，是大合唱……到处可以听到美妙的音乐。

生5：品德书。一分耕耘一分收获，无限风光在险峰，我们从自然中可以得到启示。

生6：体育书。爬山、远足可以锻炼我们的意志。

……

师：稍加整理，写下来，又是一首诗，题目是"大自然是本什么书"。

"你觉得大自然是一本什么书？"学生凭借自己的经验走了进去，于是有了各种不同的、鲜活的、贴切的阅读收获和个性化的表达。这一问题如一点火光，点亮了学生的思维，自由开放的空间催生了个性化的表达，文本的意义贴切地、亲和地、有魅力地传递给了学生。

其四，问题的效果具有推进性，能将学生的思考引向深处。

限于学生的思维特点和生活经验，学生个体阅读对文本的理解往往粗浅、笼统，停留在对语言的直觉感受之上。如果仅在学生已经达到的认识平面上飘移，没有语言发展、思想深度、情感震撼，这样的阅读活动毫无意义。富有探索性的问题具有内在生长的力量，指向更有厚度与深度的体验，它犹如打开了一扇窗，激活学生先前经验，吸引学生深度参与，在教师合理机智的追问之下，突破先见的狭隘，让学生看到了文本深处更加美丽的风景，迈向了一个他们从未到达、从未领略过的视域。

《我和祖父的园子》教学片段——

师：在园子里漫步，你们看到了吗？当我做这些事的时候，祖父是怎样的态度呢？请同学们再默读第3～12自然段，画出有关的句子。

生：我拿不动锄头杆，祖父就把锄头杆拔下来，让我单拿着那个锄头的头来铲，祖父很宠爱我。

生：祖父慢慢地把我叫过去，讲给我听，很耐心，很形象。

教育絮语

◎求学的时候就知道，堪为人师的两大要求是“学高”与“身正”。后来又慢慢觉得，师之“范”似乎还不仅在于“学高”和“身正”的自我修为，更在于如何使我们的服务对象——学生发展得更好。

生：祖父笑了。

师：祖父大笑起来，笑得够了，还在笑，笑声中，他仿佛在说什么呢？请你看看图上祖父的笑容，联系上下文，联系自己的生活体验，说一说。

生：我这个小孙女，狗尾草和谷穗都分不清，真是傻得可爱。

生：我的孙女儿真是天真可爱。

生：孩子总是淘气的，让她痛痛快快地玩吧。

……

师：你们理解了祖父的笑，祖父的笑是疼爱、是呵护、是宽容，当我把狗尾草当谷穗留着时，祖父是慈爱的笑；当我把水扬向天空，祖父还是那样慈爱的笑，祖父的笑永远留在我的心底。

许多年以后，萧红这样深情地回忆“祖父的眼睛笑盈盈的，祖父的笑，常常笑得跟孩子似的”。

祖父的“笑”是耐人寻味的，祖父“笑”的含义在文中是一处空白，引导学生想象，唤起学生的生活体验，使祖父的爱鲜活、具体起来，使学生真正体会到“因为有祖父的爱，才有我的自由”。

(2) 以体验性言语活动为生长场域。

曾有学者以孩子们心目中的好课堂图景为主题，对小学生进行了深度访谈。在询问学生“最喜欢什么样的学习”时，出现频率最高的是“体验式学习”。可见，学生喜欢自己参与的、可以亲身体验的学习过程。语文是实践性很强的课程，应该让学生更多地直接接触语文材料，在大量的语文实践中掌握运用语文的规律。学生言语能力是在言语实践的过程中得以生长的。华东师范大学张华教授认为：一切都在体验之中。正是体验，让教学成为生活，使教学充满情趣、充满乐趣。体验是一个物我不分的过程，美好的体验是把自己和环境融为一体。儿童真正的成长与发展来自于学习体验。语文生长性课堂重视儿童学习方式的保留与发展，通过创设儿童生态的学习情境，让学习者"身临其境"地体验学习，以组织学生"出乎其外"的言语活动为基本载体，以追求学生学习"入乎其内"的深刻体验为教学目标，采用多样的形式充分激发学生的学习积极性，实现学生的有意义学习、个性化学习、创造性学习，让体验性言语活动成为言语生命生长的链条。

儿童是用感性的方式来知觉、体验外部世界，与外部世界建立联系的。积极的体验性言语活动应该本着儿童文化的精神，按照儿童游戏的规则建构而成。富有内涵与冲击力的情境是体验性言语活动不可或缺的辅助行为。语文教师要以语言描述、画面呈现、问题导引等方式来创设生动活泼、具体感性的情境，以典型的场景激起学生热烈的情绪，使学生"会被吸引"，"这对他们而言是真实的"，日益深入地"投入现象"，即与所要学习的内容直接接触，不知不觉置身其中、心理转换、物我两忘，冥思、体认、联想、移情、拓展、表达。尤为重要的是，情境不应只是课堂瞬间的即兴而为，而应是契合文本的立体之境，是催生学生思维、情感、语言的动力场域，应随着文本语言情思的跌宕起伏与课堂对话的层层深入而不断延展、推进，逐步走向丰满、厚重、完整。这样的言语活动贯通着儿童的个人经验、当下的生活、周围的世界，儿童的生长建立在此时此刻的体验当中。

《古诗两首》(《池上》《小儿垂钓》)教学片段——

在引导学生抓住关键字词想象画面，感悟小儿形象时设计了这样的体验情境：

1. 请两名学生与教师一同表演"遥招手"。

师：(远远地，把手拢在嘴边)喂，小儿，请问大刘村在何处?

生：(表演)侧坐莓苔垂钓，急急忙忙地招手。

2. 师：刚才你一听到我问路，就急急忙忙地招手，你想对我说什么呀?

生：我想对你说：嘘，别出声！走近些，我来轻轻地告诉你。

师：可是你为什么不说呢?

生：鱼儿要上钩了，我怕大声回答把鱼儿吓跑。

师：请你读这句诗，轻轻地，别把鱼儿吓跑。

师：看来，你不是对路人的问话漠不关心，而是想让他过来轻声耳语，真是一个纯朴有礼貌的小儿。

教师将理解诗歌的过程与生活情境、游戏情境融为一体，既引发学生的感性活动，又引导学生的深刻思维，师生都融入文本，心灵一起跳动，产生言说的激情，彼此提问与回答、交流与探讨，心理转换、物我两忘、主客不分，学生凭借自己的经验与文中的语句，自然而然地想象，富有创意地表达。生动的语言、会心的微笑，课堂上真正出现了心领神会的交谈。

(3) 以智慧点化为生长助力。

儿童是一个正在生长过程中的人，还没有成熟，还没有确定，还没有完成，有巨大的潜能，也有很多不完善。儿童正处于语言生长的最佳时期，他们的语言理解与表达充满童趣、充满想象，但也存在缺点和错误。正如成尚荣先生所言：教师对儿童的引领任何时候都不能有丝毫的松懈。儿童是一块璞玉，如果放任他们按照自己无指导的自发性去发展，那么"从粗糙的东西发展出来的东西，只会是粗糙的东西。"尊重儿童的生长规律，遵循儿童的生长方式，绝不是对儿童的迁就和放任。课堂中教师要和儿童"一道生活"，在流动的教学现场中充满智慧地机智行动，细致耐心地倾听学生，尤其要倾听和捕捉"异向交往"的话语，要善于使用连接性的询问与追问，巧妙引导学生的思考，让教学中的交往丰富而深刻地展开。不愤不启、不悱不发，实施生动的点化，使学生生命的触角不断伸向文本语言的深层，伸向人物心灵和情感深处，为学生生长助力，使生长由可能成为现实。

教师要珍视学生富有个性的声音，不把自己的观点、思想及意见强加给学生，而要倾听学生的表白，真心赞赏孩子标新立异的大胆创见，言语中真挚地肯定谬误中蕴含的奇特想象、荒诞中包裹的合理因素。学生说"小河里的水很活泼"，多么富有童趣；阅读《小抄写员》，学生认为"叙利奥没有与父亲沟通，才导致彼此之间误解，父亲应该让儿子分担一些生活的负担"那是对"父子之爱"赋予现代意识的解读。

教师也不能失去自己的独立性，不能对学生的理解放任自流。教师存在的全部价值，在于知道在什么时候引导，往哪里引导和怎样去引导。面对学生的肤浅与片面，教师不仅要作为一个交换意见的参加者，还要成为一个顾问，进行语言与思想的引领，促进学生由肤浅走向深刻、由片面走向全面，旧我不断失落，新我不断再生。当学生的理解肤浅时，要引导学生向深处长。二年级《识字一》说说词语的意思，学生说“金秋”就是秋天。显然学生没有体会到词语的意境。教师追问：为什么人们常把“秋天”说成“金秋”呢？学生就有了新的发现：秋天是金色的，田野里，稻子金灿灿；果园里，水果黄澄澄；道路旁，树叶也黄了，金色是丰收的颜色，带着成熟的气息。当学生的理解有偏差时，需要扶正其生长。学完童话故事《蜗牛的奖杯》交流“你想对蜗牛说什么”这一话题，一个学生说：“蜗牛，你整天背着重重的奖杯，真可怜呀！”这样的话语固然反映出儿童天真善良的心地，但离教学内容的价值取向“别让奖杯成为前进的包袱”还有距离，这就需要教师引导深化。

“就像一棵树，阳光会洒下，雨水也会落到，有这些滋润，树就用不着想：我们的叶子怎么才能绿呢？花怎么盛开？不知不觉间，叶子翠绿了，新的叶子不断从枝上窜出来了，花儿也盛开了……这都是不经意的，渐渐的。你不用去想，它们会来。”

——儿童文学作家梅子涵

语文课堂中，以“生长”为导向，教师的“教”变得更有价值，学生的“学”变得更有意义。在学生兴致勃勃地阅读，喜出望外地发现，乐此不疲地探索，卓有成效地吸收，富有个性地表达过程中，语言在发展、思维在拔节、精神在成长。这不仅是课堂当下的美好体验，其因子亦会悄然内化在学生的素质结构里，为未来的持续生长奠基，为幸福的人生奠基。我坚信，只要我们在学生的生命里种下一棵树，这棵树终究会茁壮成长……

课程与教师

基础教育课程改革是全面实施素质教育的有效举措，是当今社会对教育期望的聚焦式反射。教师作为教育的第一资源，是课程改革的主体，也是决定改革成败的关键因素，因此，面对整个社会对教师所寄予的厚望，教师必须从传统角色定位的束缚中走出来，在新课程的环境下重新理解职业角色、更新教育观念、拓展专业领地、完善专业行为。

上篇：教师的课程执行力

关键词一：上行与下行

课改初期，我们对教师的培训采用自上而下推进的方式，先集中培训骨干教师，然后由骨干教师对基层学校教师实行二级培训；培训内容也采用自上而下的方式，先让教师接受新课程理论，然后在实践中指导自己的教学行为。

在新课程实施几年后的调研中，我们发现许多教师已经患上了新课程理论学习的“麻木症”，教师普遍没有了当初的新奇，缺乏把理论“下放”到实际操作中的自觉性，也缺乏运用理论解决实际问题的灵活性，呈现出“高位理念”与“低位行动”的怪异现象。一些教师可以把新课程理念说得头头是道，但碰到实际问题却常常束手无策。于是，我们把原来“由上而下”的教师培训模式调整为“由下而上”的教师培训模式，植根课堂发现问题，透过问题求索理论，让教师在实实在在的案例分析中触摸到理论，在理论的指导下有效解决问题。这种“基于案例谈理论”的培训新模式，使教师对新课程理论感觉不再那么高高在上，不再那么高深莫测。

困惑：

我们在“上情下达”与“下情上传”中，还发现由于存在着一些体制上的不协调现象，往往使课程实施质量大打折扣。例如综合实践活动课程，属于国家课程，在开始实施时“红红火火”；但多年来，一直缺少必要的保障机制，如教师的学术荣誉、职务评定等缺位明显，影响了课程的常态化实施。

关键词二:骨干与主体

我们一直把新课程改革视作打一场整体战、持久战,上至政府、下到家长都热情参与,也使教师感到自己在新课程改革中责任重大、意义深远。

此中,我们采用"先让一部分教师强起来"的策略重点抓好骨干教师,并以此带动并辐射到普通教师。在这10年中,我们的骨干教师培养工作得到了空前的重视,制定了骨干教师的培养机制和考核机制,如品牌教师培训班、名师工作室、教书育人政府奖等,也获得了巨大的成绩,骨干教师的地位和魅力也确实在普通教师中造成了一定的"学、赶、超"的喜人局面,能够胜任新课程教学的骨干教师的队伍日趋壮大。

但是,我们在调研中也发现,随着一批骨干教师的崛起,面广量大的普通教师成了"新课程"推进、深化的制约瓶颈,一批年龄较大、安于现状的教师的发展动力明显不足,影响着课程改革的全面实施,也影响着教育的优质均衡发展。于是,我们又把教师培养的重点由一些骨干教师转移到更多的普通教师身上,通过常态调研关注常态课的教学质量,使得普通教师也能积极"运动"起来,也使骨干教师意识到课程改变的根本在于常态、常人、常效的课堂。

困惑:

我们重视了骨干教师的培养,骨干教师的素质得到了很大的提高。但我们发现,骨干教师的培养也出现了"高原现象"。而面广量大的普通教师在外力的作用下也有了一定的起色,但他们本身的素质制约了他们的进一步发展。

关键词三:领导与引导

教师的课程行为需要带动,一是教育理论的引力,二是骨干教师的魅力,三是领导的影响力。我们认为,一个好的学校领导的领导力应该是来自于领导者本身影响别人、群体、组织的综合能力,例如感召力、组织力、沟通协调力、凝聚力等等,核心是课程领导力。教育的领导首先是思想的领导,到教育一线才能真正认识教育。于是,我们着力改变领导的教育形象,校长必须兼课,新提拔校长必须具有学术荣誉。例如局长亲自上课改研究课,接着就出现了良好的连锁反应——教研员上下水课、学校校长上实验课……我们努力真正体现对课程改革的"引领"和"指导",较好地推动了全体教师积极投身课程改革。

困惑:

领导的责任是管理还是上课?是"上好一节课",还是把握"所有的课"?不

教育絮语

◎一个合格的语文教师，必须目中有“人”。既教学生读有字之书(教材与书本)，又教学生读无字之书(社会与人生)；既教学生学作文，又教学生学做人。

少领导由于行政工作的繁忙已经弱化了对课堂教学的第一感觉。怎样让领导真正拥有课堂教学的话语权，成为课程改革的领导者和引导人，是对新时期领导工作的一种挑战。

关键词四：区本与校本

我们始终认为，课程改革区域推进的一大功能是有利于基层学校各个点上课改经验的汇集与交流，在区级层面我们着力做两件事：一是为基层教师提供信息渠道，例如为教师传达教育的理论、为教师搜集外面的信息；二是为基层教师提供交流平台，例如开展各种区级新课程教学研讨会、展示会，让教师思想碰撞、博采众长。

课堂是教师耕耘的责任田，为了能让教师顺利播下由外面引进的或者由自己改良的课改种子，我们还要求基层学校树立以校为本的思想，实施“校本行动”。做好校本课程、校本学习、校本培训、校本研究，促进教师的专业成长。我们还要求教研员“重心下移、位子前置”，积极倡导和教师一起备课、上课、评课的“三和”研讨方式，全程跟踪教学的过程、环节、细节，打开了教评相长的渠道。为了能让教研员真正沉下去，并能对研究样本有较长时间的观察，我们要求教研员去所选择的学校蹲点，以求能全身心地投入实践、指导与总结。

我们想通过区本与校本的合力促使教师的行为自觉，包括学习的自觉、实践的自觉、研究的自觉，最终实现教师队伍建设的最高境界——“师本”。

困惑：

教研员应该成为一线教师最亲密的伙伴，成为新课程理念的解读者、教师专业建构的对话者、教师教育智慧的催生者。实现教研人员的角色转变和教研方式的历史性创新，需要重构教研文化，这对新时期教研员的全面发展提出了新的课题。

下篇:教师的课程研发力

关键词一:问题与课题

课程改革的深入推进是在问题的不断发现与问题的不断解决中展开的,如果教师在实践过程中发现不了问题,那只能说明他只会僵硬地生搬硬套别人实施新课程的一些做法,这样的课堂或许会出现一种似是而非、形似神离的不良局面。于是,我们在强化教师课程执行力的基础上,尽力提升教师课程研发力,从而使新课程理念在不同的课堂教学中开出五彩缤纷的花朵。

首先,我们要提高教师发现问题的能力,对典型问题、普遍问题进而形成研究专题,对有难度、能挖掘的专题进而形成研究课题,由个人研究发展为专人研究。这样的课题研究不再空洞,而是始于问题、基于问题、归于问题的好课题,是能让教师“看得见,摸得着”“想得出,用得着”的真课题。这样的课题研究,教师不再望而生畏、望洋兴叹;这样的课题研究,在课堂中进行“开题”,在课堂中进行“评估”,在课堂中进行“结题”,没有形式上的繁琐,没有时间上的限制,有的是合作上的快乐和结果上的实用。

困惑:

课题研究应该重在过程,我们应该给教师的课题研究创造一定的自主空间,从重看资料转向重看课堂,从看级别转向重价值。怎样让课题研究真正成为教师“自己”的课题研究,这是指导教师开展草根化研究需要研究的课题。

关键词二:意见与建议

实施新课程以来,我区召开了一系列的“课程改革推进会”,也制定了《关于深入推进基础教育课程改革的意见》和《关于深入推进中小学课堂教学改革的意见》。指导性意见的出台,是一种要求、一种规范、一种提醒,需要教师能够坚定不移、不折不扣地做到并做好。

与此同时,为了不束缚教师的手脚,给教师创造性实施课程改革的空间,我们对一些具有灵活性、延展性、思辨性的做法以《关于课堂教学改革的72条建议》提供教师讨论。这是一种建议,这些以一句话呈现出来的“建议”语言简练、富有哲理,给人遐想的空间,教师既可以选用,也可以调整,还可以变通,更可以创造。

困惑:

在课程改革实施过程中,我们感觉教师的创造能力需要进一步加强,例如

教育絮语

◎课堂应是师生互动、心灵对话的舞台，是在学生与知识的每一次“相遇”中创造出更多“期遇”的场域，是师生共同创造奇迹、唤醒各自沉睡的潜能的时空。

教师对课程理念的领悟能力，例如教师对教材的二度开发能力，例如教师对教学生成的应变能力，这需要我们以怎样的课堂教学评价来引导。

关键词三：协调与协作

教育的公平体现在教育的均衡化发展，新课程教育应该在一种公平化的教育环境中健康运行。学校的发展制约着教师的发展，教师的发展又制约着学生的发展。我们调研发现，在强者如云的学校，教师的发展会相互促进、强者更强，而身处薄弱学校的薄弱教师只会越来越“薄弱”，这是教师发展的不公平。由此，我们实施了“骨干教师区内支教”的活动，让骨干教师给薄弱学校传经送宝，也让薄弱学校的教师到援助学校进行挂职学习。通过这种“手拉手”活动，来实现课程改革在全区的协调发展。

另外，我们还发现，基础教育阶段明显暴露出中小学不衔接的问题，这种不衔接不仅体现在知识学习的任务驱动上，更体现在基于“课程标准”在能力培养上的不一致。于是，我们又多次开展了中小学教学衔接的研讨活动，让中学教师与小学教师同台上课、同时评课、甚至同课异构，让他们清楚明白彼此在新课程改革中所处的地位和作用以及彼此存在的利益关切，从而实现义务教育阶段基础教育改革在实践层面的相互协作。

困惑：

在基础教育课程改革中，尽管把义务教育阶段的课程标准通盘考虑写在了一起，但中小学校的分设、教材编写的分段、学习内容的分割、教师任教的分离，使中小学衔接尚存在着难以沟通的鸿沟。

关键词四：生活与生命

教育是一种生活。既然是生活，我们的教育就应该充满生机和活力。然而,我们在调研中发现,我们的许多学校还缺乏这样一种生活的教育。假如我们真正意识到教育就是生活,我们就会思考"学生在生活中是什么样子的""学生在生活中是怎样获取知识的"等问题,于是我们就会在尊重教育规律的同时尊重学生的天性,让我们的课堂教学充满生活的情调、充满生活的气息,这样的课堂教学才有可能焕发生命的活力。

为此,我们确立了"课程改革的核心是课堂教学改革,课程文化建设的核心是课堂教学文化建设,课堂教学改革的核心是课堂教学方式和学习方式的转变"的"三核心"理念和"让课堂焕发生命活力,让课堂产生学生思想,让课堂展示教学个性"的课堂教学改革"三让"研究思路,以及"品位课堂、品质课堂、品牌课堂"的"三品"课堂策略。这些思想无疑是从学生立场来看我们到底需要什么样的教育而进行的非常有意义的教学探索。或许,学生心中所向往的课堂才是新课程的课堂。或许这样的课堂,教学方式才会获得解放,学生也才会从教育桎梏中解放出来。

困惑:

在课堂教学方式的转变上,我们始终感觉教师由于受教学评价的捆绑,难以真正实现"学生立场"和学生的主体作用。教师在教学中存在着哪些"不敢",这需要我们进行深度思考和忍痛革新。

转变教学方式是课程改革的核心目标,我们认为,教学方式转变的核心是学生学习方式的转变。而要能够使学生学习方式得到真正意义上的转变,我们的教学坐标就必须以"学生"为原点来描画教学的走向,来决定和设计教师教学的方式。这样的教学方式才是学生真心需要并且愿意真情拥有的,研究此也才能真正提升教师的课程研发、实施水平。

十年课改，我们在路上

新课程改革已经十年了。中国人是很看重“十年”的，“三十而立，四十而不惑……”常常把“十年”看作一个标志性的时间，看作一个人成长的阶段，是需要回顾、检视、盘点、总结的。笔者所在的无锡市锡山区是国家级课程改革实验区，十年来笔者伴随着“课改”一路同行，既是见证者，又是践行者；既做“教练员”，又做“运动员”。十年课改，风风雨雨、磕磕碰碰，也潇潇洒洒、无怨无悔。

柏拉图在《理想国》中借助山洞隐喻：亮光在我们的背后。所以，我们常常要向后看，才能发现真实，朝向明亮。回想课改起步的 2001 年，仿佛就在昨天……

起步：在“风暴式”的推进中走进新课程

《国家基础教育课程改革纲要(试行)》指出：“改革开放以来，我国基础教育取得了辉煌成就，基础教育课程建设也取得了显著成绩。但是，我国基础教育总体水平还不高，原有的基础教育课程已不能完全适应时代发展的需要。为贯彻《中共中央国务院关于深化教育改革全面推进素质教育的决定》(中发[1999]9 号)和《国务院关于基础教育改革与发展的决定》(国发[2001]21 号)，教育部决定，大力推进基础教育课程改革，调整和改革基础教育的课程体系、结构、内容，构建符合素质教育要求的新的基础教育课程体系。”这段话明确地阐释了政府选择与推动课程改革的原因、前提和基础，尤其是道明了课改的外部驱动和内在要求。

在《基础教育课程改革纲要解读》中有这样一段话：“2001 年 6 月 8 日《基础教育课程改革纲要(试行)》的颁布，标志着我国基础教育将进入一个崭新的时代——课程改革的时代。因为，我们拥有一个学习型的课程改革共同体，一种共同的课程愿景——建立具有中国特色的现代化的基础教育课程体系。我们需要建构一种对话、合作与探究的课程文化，努力把一种开放的、民主的、科学的课程奉献给新世纪的中国儿童。”于是，新中国成立以来第八次基础教育课程改革在“为了中华民族的复兴”“为了每一个孩子的发展”的宏伟理念下于新千年肇始拉开了序幕。

1. 新课程“自上而下”强力推进。

这轮以构建符合素质教育所要求的“新的基础教育课程体系”为根本目的的课程改革，成为新世纪中国基础教育领域备受关注的重大事件。新课程的决策者们置于国际视野中进行规划和设计，超越了把教材改编作为课程改革标志的局限性，超越了单纯以时间作为划分依据的阶段性，它把课程改革作为一种持续不断的系统工程，注重时间上的全程性与空间上的无限性，并通过这种新课程，营造一种合作、对话与探究的课程文化。应该承认，新课程是在大量的调查研究、经验研究与比较研究的基础上产生的，是在众多的学者、专家、行政人员、教科研人员、校长与教师代表以及部分社会人士持续对话的过程中产生的，也是在处理国际化与本土化、继承与创新的关系中产生的。

作为一项伟大的事业和系统的工程，新课程改革涉及优化课程结构、调整课程门类、更新课程内容、改革课程管理体制和考试评价制度等方方面面，是一场教育观念的更新，人才培养模式的变革。所以，为了更好地落实课改精神，明确改革的目标、任务和实施要求，此次新课程的改革与推进采取的是一种“自上而下”的行政模式。这种自上而下的行政模式在启动统一的大规模改革时期是非常必要的，它适合中国人口众多、基础单薄、地域广泛、机构重重的国情；也是有效的，它的优势是速度快、效率高、力度大，可以解决带有普遍性的“面”上的问题。

在“行政”“课程中心”“部分高校”这“三驾马车”的强力拉动下，从国家到地方，都举行了以新理念、新课标、新教材为主题的“三级培训”。这种“国家推进、专家推动，自上而下”的“风暴式”模式，为实验区广大教师观念的转变、思维的转换、方法的转化起到了极大的推波助澜的作用。

2. 实验区“轰轰烈烈”积极响应。

新课程伊始，教育部成立了38个国家级基础教育课程改革实验区，实验区以前所未有的热情投入到了这场“轰轰烈烈”的课程改革大潮中。因为我们深知，这轮基础教育课程改革有着无可比拟的重要性——不仅关乎国家的前途与命运，而且关乎每一位学生的发展与未来；因为我们诉求通过“新课改”来冲破长期以来教育的樊篱，摆脱教育的困境，改变教育的现状，换来教育的新生。

教育絮语

◎“课改”是学校重新洗牌的过程。

◎课题实施要寻找理论的支撑，寻找课程的平台，寻找研究的方法，寻找属于自己的句子。

以笔者所在的无锡市锡山区为例，我们不仅制订了详尽的实验方案，还于2001年6月召开了隆重的启动仪式，明确了该实验的研究目的和任务：(1) 通过实验验证国家新课程标准的合理性。(2) 试用并检验新教材的科学性与适用性。(3) 开发课程产品，创造教学经验，构建新的教学和评价体系，并通过推广产生更大效应。(4) 通过实验，期望为其他实验区及使用新教材的地方实施课程改革提供借鉴。同时确立了实验的主要内容：(1) 新课程标准的验证性实验。(2) 使用新教材的实验。(3) 课程产品及实施效果的评价。此外，还就实验的范围与规模、步骤与措施、组织与保障、实验的社会支持系统等进行了明晰。并提出了“培训引路、制度保障、科研带动、课堂为本、研讨深化、评价反馈”的具体做法，锡山区政府还将“课改”作为2001年度为民办的十件实事之一。

实验区坚持着“先破后立”的实验思想，坚守着“先培训后上岗，不培训不上岗”的实验原则。实验区行政、教研人员、骨干教师直接受国家“新课程培训体系”核心组的培训，人数达到实验教师总数的10%左右。其他教师及有关人员在实验区当地接受新课程培训。培训内容包括通识培训和学科培训两大类。

很多教师第一次走进了“国家高级教育行政学院”，第一次参与了“头脑风暴式”培训，第一次了解了“综合实践活动”和“校本课程”，第一次知道了“档案袋”评价……在实验最初的几年，教师们在一轮又一轮的培训中，在与专家面对面的对话中，在新课程的具体实践中，感受着全新的理念，践行着先进的思想，期待着未来的收获与成功。在我区于2002年4月编著的由江苏教育出版社出版的《走进新课程》一书中，收录着一线教师的“课改絮语”，现摘录几条，分享当初教师们投入新课改的热忱与感受：

有意义的课改实践是移植思想，而不是复制形式。

挑战与机遇并存,忙碌与喜悦同在。

教师的挑战,学生的福音。

课堂与生活链接。

课改必须刷新头脑,为新的想法留下空间。

换一行,你就是第一。

课改中的课堂,教师不再为学生的"意外"而意外,不再视学生的"出格"为出格;教师却可在学生的"意外"中体会学生多彩之心,可在学生的"出格"中寻找学生出彩之处。

……

3. 实验中"一些问题"浮出水面。

随着课程改革的进一步深入,特别是初中大面积进入新课程以后,实验区面临的方方面面的困难在增多,接受的挑战难度在增强,种种与新课程理念不相吻合的现象和行为也浮出水面。尽管实验区积极创造条件,努力克服障碍,但许多观念、体制、制度等层面的旧传统仍极大地影响和制约着课程改革的进程。以下是笔者在2004年3月22日《中国教师报》发表的题为"锡山课改:成效与困惑同在"的一文中关于"课改问题"的叙述:

(1) 社会支持系统亟待健全。

课程改革作为发展社会事业的一项系统工程,尽管主战场在教育系统,主阵地在校园课堂,但其涉及社会的方方面面,需引起各级领导的进一步关注和重视。政府各部门、各系统的支持和配合工作还需进一步加强,改革的责任分担机制也亟须建立和健全,以避免教育行政部门和学校孤军奋战的局面。

(2) 各操作层面对课改工作的长期性、曲折性和艰巨性缺乏足够的心理准备。

急功近利和等待观望的行为普遍存在,敷衍了事的工作态度和盆景点缀式的工作方式可能会扼杀新课程这棵幼苗。学校教师对课程改革深化的"度"难以把握,缺乏有效机制维持教师对课改的长效热情。

(3) 评价制度和招生政策的改革滞后已使学校教师呈现焦虑心态。

新课程提倡的档案袋、记录册、综合素质评定等主观性评价的结果如何在升学选拔中发挥应有作用尚无有效办法。实验区在高利害性考试的组织实施及结果运用方面的权力趋向缩小、难有作为,用同一张考卷检测不同课程学习者的现象还在一定范围内存在。

(4) 教师群体素质的普遍提高仍然缺乏有效的制度和方法。

新课程的理念还未从根本上被广大的一线教师,特别是村小教师、初中教师所认同、接受和践行,全体教师的素质和知识结构还不能完全适应课程改革的要求,部分教师的师德修养自主提高和教学专业自主发展的意识仍较淡漠,对新课标和新教材的验证工作缺乏理性思考,实施新课程的责任心和使命感仍需增强。

(5) 课程实验各层面的差异性依然较大。

学校、教师、学科、学段以及学生之间发展的不平衡性问题仍较突出。面向全体和全面发展的素质教育理念要想通过课改落实到位仍须实验组织机构、实施部门作较大努力。

(6) 经费投入特别是义务教育阶段学校经费投入普遍不足,内部管理机制的激活难度很大。

新课程实验教师的工作量普遍增加,工作压力普遍增强,工作节奏普遍增快,学校难以用经济手段加以激励和体现,长期强调和依赖教师的奉献精神难以维持长久。

(7) 课堂教学行为的变革依然任重道远。

在平时的课堂教学中,以教师为中心、以知识为中心的状况还没有得到根本性的改观,对学生自主、合作、探究学习方式的研究和探索还需进一步深入。

(8) 大家对校本课程、综合实践活动在促进学生发展方面作用的认识仍然不很一致。

综合课程的实施依然曲高和寡,使推广工作难见成效,大家对综合课程的形式普遍疑虑,对综合课程的内容缺乏信任,对综合课程的效果缺乏认可。尽管有升学政策的倾斜,家长和教师依然对升入高中后学生的适应性普遍担忧,教育行政部门也拿不出让人信服的依据。

途中:聚光灯下的课改与静悄悄的革命

由于本次课改的功能定位和价值取向承担着太多的国家意志和教育期盼,所以备受关注,也颇受争议。新课改一路走来,一直置身于聚光灯下,那么鲜亮,那么夺目。然而课程改革是一项专业而持久的静悄悄的革命。聚光灯下的课改虽万众瞩目,但总有精心编排、舞台表演的成分,各种演绎、阐释,甚至净谏、博弈总与平平常常的课堂、真真切切的行为存在一定的距离。内中必然经历的艰难、突围、变革与前行却总是在静悄悄地进行着。

1. 在反思中前行。

“课改”的过程，也是一个不同思想汇聚、对话和交锋的过程。对“课改”的反思，不管是专业人士，还是一线教师从未停止过脚步。

反思之一：由于“新课改”采取自上而下的管理模式，学校和教师处于课程权力结构的底层，扮演着一种制度性的课程执行者角色。尽管有“三级课程”的课程形态，但“顶层设计”并未真正“落地”，学校和教师参与课程开发的权利与机会削弱，使之不能建构性地促进课程与教学的发展。再加上前期进入的实验区还未有充裕的准备，徒有一腔热情而鲜有专业能力和水平的支撑，因此日益“去专业化”。

反思之二：“新课改”在文本解读和宣传的过程中，人本主义、建构主义、多元智能、后现代主义等理论和思想一直被奉为“理论基础”和“支撑理论”，“概念重建”一度成为“课改”的主旋律。尽管后来有“国际视野，本土行动”的原则，但新课程改革如何“重在用西方的真理来改造中国的国情”，而不是“充当西方教育理论的试验田”的认识并未在理论层面，尤其是操作层面加以贯彻和落实。“继承、借鉴、发展”的哲学观也未很好利用。“新课改”中“本土化的缺失”和“情绪化倾向”严重存在。

反思之三：“新课改”单有“基础教育”领域的行政领导和从事“基础教育”研究的专业人士积极主动地参与，其他诸如“师范”“人事”“装备”“招考”等部门紧跟不够、缺少合力，造成“师资准备不足”“资源配套滞后”“考试瓶颈制约”等问题，造成了“剃头挑子一头热”的现象。

反思之四：“高位理念”和“低位行动”。由课程理念到课程实践，最终只能由广大教师来承担，教师的专业水平是决定改革得失的关键。现实中，由于教师的知识、观念、态度、能力等方面与“新课改”要求相距太远，尽管广大教师嘴上“不乏理念”，但如何使新课程理念化虚为实、付诸行动，还缺少专业自觉和个性化的创造。

也许该反思的内容还有很多，如对课程标准的反思，对文本教材的反思，对评价制度的反思……但对于实验区的广大教师来说，反思不是抱怨，不是迷乱，反思是为了更好地前行。

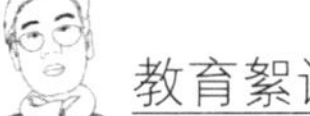

教育絮语

◎寻找教育的DNA，就要厘清什么才是教育真正的“遗传微粒”，什么才是教育分子中的核心基因。在社会的转型期和教育的变革期，我们期待变化的是教育朝着DNA这一生命蓝本的不断优化，不变的是我们对于教育本质追寻的决心和信念！

2. 从区本到校本。

“课改”为学校的发展提供了机会与“可能性”，是学校重新“洗牌”的过程，这印证了圣经里那句著名的话，“原来走在最后的人走在了最前面”。“课改”也为广大教师提供了培训、学习的广阔空间。在经历了专家引领、区本培训等多重培训之后，如何引领教师“同伴互助”、岗位发展、自我反思，“校本”这个概念便呼之欲出。

在本文中，“校本”主要涵盖两个方面的内容：一是“校本课程”，校本课程和学校课程不是相同的概念，学校课程是理想的标准的国家课程在学校一级的体现，是理想课程到现实课程的转变。而校本课程是“为了学校，基于学校，在学校中”的课程，是与国家课程、地方课程紧密结合的一种具有多样性和可选择性的课程。于是在锡山区，我们提出了“国家课程校本化，校本课程规范化”的行动要求。二是“校本培训”，我们理解的“校本培训”，就是源于学校发展，由学校设计，旨在使学校教师适应工作要求的培训活动。我们觉得“新课改”的成败取决于学校层面的“执行力”。因而，校本培训应该是以校长为主导、以教师为主体、以学校为主阵地的一种行为。

新课程推进的程度不能仅仅依靠新课程“认同者”中为数不多的骨干教师，而应依赖于在第一线工作的每一位教职员工。新课程推进的总体质量更不能仅仅依靠针对骨干的、集中的短期强化培训的效益，而是要建立在所有新课程参与者长期的学习、反思并不断成长的基础上。所以校本培训便成了教师专业发展的主要途径。

笔者认为，校本培训必须切合学校与教师的实际，有利于促进学校的发展和促进教师的专业成长；校本培训必须突出教师的主体地位，使他们把积极的心理外化为积极的行动；校本培训要以教师的需要为出发点，力图在培训者的设计与教师的需求之间寻找最佳的结合点，由“自上而下”变为“上下互动”；校本培训应该着力于问题的发现与解决，提高培训的针对性、实效性。

在锡山区，校本培训形成了三个基本的策略：(1) 校本学习：校本培训的基础和关键。(2) 校本教研：校本培训的核心和重点。(3) 校本科研：校本培训的提高和升华。于是，教师互动式教研——同伴互助，学科单元式教研——课例研究，校内合作教学设计研究，校际合作式教研等形式应运而生，“说课——上课——评课”“好课——好课型——好课例”等活动层出不穷。教研员“重心下移，位子前置”“和老师一起备课、一起上课、一起研讨”，局长“公开课”，校长“研究课”等活动有力地催生和深化了校本培训的针对性和有效度，使“校本”成了“赋权”和“增值”的主阵地。

3. 从陌生到创生。

面对新课程的推行，很多地区和教师普遍存在一种不适应的陌生感，有一种“不识庐山真面目”的畏惧感、距离感，从而产生抵触情绪。也有一些地方和学校盲目地赶潮流、求轰动，在追求形式上做文章，与新课程“貌合神离”。笔者认为，走出“新课程”的陌生感，就要求我们吃透新课程的精神，领会其精髓，需要从“文化、制度、方式”等方面改造和创生。

营造一种课程文化。新课程改革使课程由文化的工具成为文化的主体，旨在营造“合作、对话与探究”的课程文化。合作文化，强调的是课程的开放性。即不仅要视专家、教师、学生及其家长、社会人士都是合作的共同体，而且主要体现在师生之间合作意义的建构，从而创生一种共建共享的课程文化。所谓对话文化，强调的是课程的民主性。课程本身就是一种对话，主要体现在把“课程标准”作为文本，要求专家、教师、学生及其他相关人士不断地解读，并与之“对话”。所谓探究文化，强调的是课程的科学性，旨在不同层面的课程创新。在国家层面，尝试课程管理体制的创新，制定国家课程标准与课程计划；在地方与学校层面，既要严肃实施国家课程，又要因地制宜创新地方课程和校本课程；在课堂或实施层面，要求教师依据课程标准，创造性地进行教学，反对经验主义和本本主义，确保课程对学生、学校、地方的适应性。

创生一种管理制度。任何一种制度都是一定价值观念的物化，不同的管理制度体现着不同的教育价值观和学生观。首先，“课改”应有组织制度的保障，“课改”的领导力量源自行政、专业和思想的各个方面。课程改革是一项全面而系统的工作，需要各个部门和机构的强大合力，统筹规划、制定策略、调整思路、同步推进；其次，要加强制度的建设，必须重新审视管理制度在对实施和推进课程改革中的作用与功能，提炼和提升现有的好的制度，舍去和摒弃阻碍新课程推进的制度，如创新校本培训制度、改革考试评价制度；再次，为教师课程管理“赋权”。这种“赋权”主要体现在政治上与教师分享决策权，在社会上提升教师地位和影响力，在心理上增强自我效能感。让校长和教师在课程改革中有来自社会和教育内部的理解和支持，赋予他们课程设计者而非执行者的必要权力。改变行政主控模式为以人为本的“扁平化”的管理模式，倡导“合作与分享”。重建教师评价制度，改变“以考评教”“以考评学”的非理性、非科学的做法。建立常态管理机制，抵制非常态的“作秀”“头痛医头脚痛医脚”的功利、短期行为。为教师课程管理赋权的内在价值是实现了教育权力的真正回归，继而必将转化为学生主动学习的能力。

转变一种教学方式。新课程实施的成败就在于教学方式尤其是学生学习方式的转变。这种转变主要体现在：由传授知识向引导发展转变。尊重学生的主体性，调动学生的学习积极性，创设学生主动参与的教育环境，引导学生积极主动地学习，使学习过程成为学生在教师引导下主动而富有个性的发展过程；由组织教学向探究教学转变。教学过程是师生互动的过程，教学过程中教师的主要作用是“倾听”与“对话”，并引导学生不断提出问题、分析问题、解决问题，让学生经历探究过程获得知识与能力，掌握解决问题的方法，获得情感体验；由“居高临下”向“平等中的首席”转变。教学中师生之间应“彼此敞亮”“相互悦纳”，要改变教学中教师“主宰”“控制”的意识，改变学生“服从”“依从”的地位，要摒弃自己内心的居高临下，使自己沉静、慈爱和智慧。同时作为“首席”，教学中主要体现在思维的引领、情感的带动和行为的表率上。

前途：教室里的变革将决定中国的未来

“新课程改革”已经走过了整整十个年头，第二个十年是实施现代化建设“三步走”战略的关键时期。《国家中长期教育改革和发展规划纲要（2010～2020年）》已经描绘了未来10年中国教育的蓝图。在微观层面上，教育部即将

"发布义务教育学科课程标准并修订教材",同时明确指出"当前基础教育课程改革进入到了总结经验、完善制度、突破难点、深入推进的新阶段"。这一切,不仅意味着2001年颁布的"新课程标准"即将停用,现行的中小学教材即将改版、更新,更意味着"十年课改"即将依照新的框架优化重组,调整步伐和节奏,开始未来的征程。

"十年课改"在传承中创新,在争议中坚定,在求索中积淀,在反思中执著前行,成效与收获是巨大的。正如教育部基础教育二司巡视员、基础教育课程教材发展中心主任朱慕菊所说:"十年课改使中国的基础教育发生了本质而深刻的变化。基础教育的进步正与时代发展同步,正在呼应建设教育强国和人力资源强国的历史任务。十年课改道路曲折、挑战严峻,但改革的进程催生了一大批研究成果,它们又极大地推动着改革进程。"

纵观"新课改"十年的历程,不管是"国家意志的体现",还是"如何使理念转变为信念",或者"顶层设计如何为教育实践所检验",一切矛盾和问题总要反映在日常的、具体的"课堂"中,总要落在平常的、广大的教师所实施的"课堂"上。因为课程是课堂的引领和规约,课堂是课程的意义,是抽象的课程土壤开出的一朵具体的花。所以,集中一点讲,课堂教学将决定着学生的发展,教室里的变革将决定中国的未来。

1. 从课程到课堂。

课堂教学是课程改革的主渠道,也是教育改革的原点。先进的课程理念如果仅仅停留在理念的层面,而没有落实到教学行动之中,这样的理念是没有任何价值的。笔者自新课程以来,听了超过一千节的课,也参加了无数次的评课、沙龙活动,总体感觉是喜忧参半,有时难免忧心忡忡,总感觉很多教师没有很好领会新课程改革的精神实质,表现为教学目标虚化、教学内容泛化、教学过程形式化等不良倾向,体现在理解肤浅、盲目跟从,追求形式的热闹而非实质的功效。

新课程的课堂改革不是对传统课堂的彻底否定,也不是一切从"零"开始。新课程所倡导的"自主",不是"自流","合作"不是"合并",新课程提出的"三维目标",并不是"三位目标"各自割裂,而是"三位一体"的目标。

笔者认为,新课程的理想课堂教学应该包蕴三大特性:生活性、生成性和生命性。

教育絮语

◎一个好校长，带出一个好班子，形成一套好机制，培养一批好老师，也就创出了一所好学校。

◎学校发展，必然走“规范—示范—模范”之路。

“教育是生活的过程，而不是未来生活的准备。”课堂教学就是学生在教师的帮助下通过新知识与原有的旧知识和生活经验相互作用、改造、充实，来建构新的理解的过程。不通过各种生活形式来实现的教学，对于真正的现实而言，总是贫乏的代替物，结果变得呆板而死气沉沉。

“生成性”是对“接受性”的一种批判和超越，是对“预设性”的补充和修正。生成虽是“无法预约的美丽”，但“生成却青睐有准备的大脑”。课堂应是向未知方向挺进的旅程，随时都有可能发现意外的通道和美丽的图景，而不是一切都必须遵循固定线路而没有激情的行程。

课堂应该追求对人的生命存在及其发展的整体关怀。“人脑不是一个要被填满的容器，而是一个要被点燃的火把。”课堂应是师生互动、心灵对话的舞台，是学生与知识的每一次“相遇”中创造出更多的“期遇”的场域，是师生共同创造奇迹、唤醒各自沉睡的潜能的时空。

2. 从专家到教师。

课程改革史告诉我们，任何“防教师”（teacher-proof）的课程都不可能实现改革的预期目标。在所有影响、制约课程与课堂改革的因素中，教师的素质与能力是第一位的，它具有决定性意义和作用。

新课程改革能否摆脱困境而顺利地进行，关键在于解决好教师在对新课程认识、态度、行动、方法、素质结构上所存在的问题。为此，笔者认为，需要在转变教师的角色定位、改变教师培养的模式、改革教育人事制度等方面下功夫。

转变教师的角色定位。要转变教师只是解释、美化、传输固定知识与特定意识形态的“代言人”“传声筒”的职业角色，以及“百科全书”“资料库”的职业作用。教师要由传统意义上的知识的传授者转变为学生发展的促进者和帮助者；由教育管理的“裁决者”转变为学生成长的“诊断者”和引领者；由简单的教书匠转变为实践的研究者或研究的实践者；由教学活动的“表演者”转变为学生学习的指导者和参谋者。教师还应该成为学生潜能的唤醒者，学生发展的合作者，教育艺术的探索者，校本课程的开发者……总之，教师要努力成为负有组织创造性、自主性和实践性学习使命的教育家和研究者。

改变教师培养的模式。教师是因为他们懂“教育”而不是因为他们只有专业知识才被聘用的，那种以为精通某些知识并能传授给他人就可以做教师的观念已经过时。因此，新课程改革不仅需要建立一种基于专业化逻辑与标准的教师培养与培训哲学，而且需要改变传统的封闭性、“终结性”的教师教育体制，建立一种开放性、发展性的教师教育与培训体制。应该从转变教育思想观念，确立培养培训规格，探索教育的多样化、有效性等方面入手，并基于新课程综合课的特点，进行师范教育中综合课教师培养试验的探讨，构建起兼顾职前与职后的多元培养模式，包括主辅式、整合式、校本培训等模式，从而培养符合“新课程”需要的具有创新型、复合型、应用型、竞争型素质的骨干教师。

改革教育人事制度。新课程路线确定以后，人的因素就成了决定因素。要改变教师“非不能而不为也”的状况，除了引导、激励、培训等基本办法外，“制度”是更具导向、监督、制约和发展功能的重要措施。当前，科学核定教职工编制是优化中小学人力资源配置、深化人事制度改革的重要前提和工作基础，实施教师资格制度、“评聘分离”是教师队伍建设的重大举措和制度创新。但学校的人事制度改革还没有进入实质性的层面，人事制度的改革主要体现在“进口考录”“岗位提升”“出口分流”三个环节上，尤其在“出口分流”这一环节上，目前既无合理的制度、又无有效的措施，很大程度上削弱了教师的危机意识和责任意识，制约了教师队伍的整体素质。

3. 从“选拔”到“发展”。

新课程改革十年来受到的来自于“考试评价”的批评和责难最多。其实，这对“十年课改”是不公正的，也是不客观的。“应试教育”的怪圈与“幽灵”，绝不仅仅是教育制度、教育政策、教育形式与教材的问题，甚至不是“考试”自身的问题，而是来自于根深蒂固的文化传统根源和极度功利主义的价值心理定势。所以，未来新课程改革将如何摆脱“应试教育”的桎梏与束缚，以体现其真正的“教育性”和“神圣化”，就必须回归到教育的本质意义上，即教育是为了“发展”，而不仅仅是为了“选拔”。

新课程关于评价改革的目的不是为了“选择适合教育的儿童”，而是为了“创造适合儿童的教育”。要正确厘清“评价”和“考试”的关系，改变“考试＝评价”，把复杂的评价简单化的错误做法；也要正面回应，改革现行的考试制度并不是意味着取消考试，而只能改进选拔性考试，以促进学生全面、健康地成长。

要积极倡导发展性评价。发挥评价的“诊断”“矫正”“激励”功能。评价既要关注学生的学习结果，更要关注学生的学习过程，把形成性评价与终结性评价有机地结合，从而唤起学生的自我意识，进行自我调节、自我完善，提高学生对自我的认可度，在学习目标上的达成度，使评价成为促进学生不断发展的过程。

要强调评价指标的多元化。评价不仅要反映学生的学业成绩，而且要反映学生的学习变化和学习态度，尤其是要关注学生的创新精神和实践能力的发展；对学生的评价既要有最基本的要求，也要关注学生个体的差异，以提高学生的综合素质。

要强化运用多种方法综合评价。改变考试大多限于“笔试”的单一模式，代之以多种方式的考试，即笔试、口试、特定情境与行为评价、日常观察评价、档案袋评价等多重并行；应灵活运用除考试或测验外的多样化的评价方式，使评价成为教师、学生、家长及教育行政管理者共同参与的活动；应采用多种评价手段和评价工具，为学生的评价多提供几把“尺子”，改变“一卷试天下”“一卷定高低”的局面。

十年课改，收获在过程。“新课改”是一个长期的渐进的过程，任何一蹴而就、一成不变的想法都是肤浅和幼稚的。在未来“新课改”的路上，肯定还会有更多的矛盾和问题出现，但任何事物的发展总是矛盾运动的结果。今天，做一个“新课程”的行动者，力所能及地改变不理想的教育现实，总比做一个批判者和评论家重要得多。“十年课改”，我们在路上，这既是“课改”赋予个人的责任，也是作为“课改实验区”的使命。最后套用一句歌词来结束本文：因为牵了“新课程”的手，十年路途不好走，由于牵了“新课程”的手，未来还要一起走……

“苏派教学”探微

由江苏教育报刊总社和江苏省中小学教研室联合举办的2010年江苏省“杏坛杯·苏派教学”展评活动三月底至四月初在历史名城淮安、泰州等地举行，共设立三个赛区四个赛点，分语文、数学、技能科（音乐、体育、美术）三大学科，推出了115节各具特色、纷呈别致的课，令人感到春意盎然、美不胜收。尤其冠以“苏派教学”的概念性打造，无疑是极具创意和张力的。

本次展评活动，汇聚了《江苏教育》名校俱乐部会员单位的优秀选手，在三尺讲台上展现课堂之精彩。本人连续担任了好几届“杏坛杯”的赛课评委工作，感觉到与前几届活动相比，这次课堂展评无论是课堂品质还是教师素质抑或学生发展，都发生了较大的变化，有了长足的进步。主要体现在：

课堂——学堂：教育的根本目的是育人，对象是学生。因此要以学生为本，一切为了学生，为了学生的一切创造适合学生的教育，而不是选拔适合教育的学生。教学过程是师生交往、共同发展的互动过程。确立和落实学生为主体的地位，就是要使学生成为学习活动的主人，使学生学习成为在教师指导下主动的、富于个性的发展过程。教师应尊重学生的人格，关注个体差异，满足不同需要，创设能引导学生主动参与的教育环境，激发学生的学习积极性，培养学生掌握和运用知识的态度和能力，促进学生思维和智力的开发，使每个学生都得到充分的发展，把课堂还给学生。

课堂成为学堂，要求我们的教学过程自始至终要以学生为主体，要留给学生充分思考的余地，要给足学生活动的机会，让他们动脑、动手、动口。在“动”的过程中，他们的认知水平、辨析能力、知识素养才能得到全面提高。在明确教学目标的前提下，尽量精讲，多给学生自主学习的时间，鼓励他们说，引导他们探究，课堂中便会多一些自学能力强、思维创新、谈吐不凡的孩子。这样，我们的教学才会因此迈上新的台阶。

提问——对话：提问是一种经常使用的教学手段和形式，一堂课中一个巧

教育絮语

◎课堂教学是"建构"的过程。不通过各种生活形式来实现的教学,对于真正的现实而言,总是贫乏的代替物,结果变得呆板而死气沉沉。

妙的提问,常常能收到"点击关键,一问传神"的效果。但要达到这样的效果,就要改变传统教学中"我问你答""我发你收"的单向传递,就要求教师平等地对待和理解学生,就需要教师科学地营造"对话场"。这样的课堂提问,从本质上来说也就演绎成了双向的,甚至多向的"对话"了。"对话"是优秀教学的本质性标识,它体现了"关注每一位学生发展"的新课程核心理念。任何知识和能力、情感、态度和价值观,必须在一定的交往情境中、在学生的真实体验中孕育、生成、发展,这是教师无法包办代替的。"对话"创设了生动、真切的交往情境,构建了学生具体、真实的体验平台。"一个人有了浓厚的对话兴趣,有了众多的对话关系,有了广阔的对话领域,有了高雅的对话主题,那么在长期的对话场景中会变得乐观、合群、机智、深沉、成熟……"没有对话,也就没有人的发展。

在对话教学理念下,教学过程在本质上已经发生了重大变化,教学过程追求的是一种沟通、理解和创新,体现的是对话主体间视界的融合、精神的相遇、理性的碰撞和情感的交流,是对话主体各自向对方的"精神敞开"和"彼此接纳"。课堂教学的目的不仅限于知识的获得,更在于了解和掌握知识获得的过程,形成与他人合作的意识,最终实现"学会学习""学会生存""学会认知""学会做人"。在这个过程中,教师不再满足于把知识装进学习者的头脑中,更重要的是让学习者学会学习、学会思考、学会研究、学会创造。

预设——生成:预设是教学的内在要求,生成是教学的必然结果;没有生成,课堂教学就是封闭僵死的操练;没有预设,课堂教学就是杂乱无章的盲动。预设应以生成为目标追求,应为生成留下广阔的空间。"生成"应该是有机的,但不是随意的;"生成"应该是开放的,但不是放任的;"生成"应该是对教学的超越,但不是丢弃教学目标去任意拓展;预设与生成和谐统一,预设与生成同构共融，我们的课堂教学才是高效的，我们的课堂才是有血有肉的，才是丰满鲜活的，才具有生命活力。

实现课堂教学的精彩生成，需要富有教育智慧的教师。教师既是学生学习的支持者、合作者，还是学生学习活动的指导者、促进者，教师的教学智慧是预设与生成有效性的根本保证。让我们静下心来，好好反思一下我们的课堂，是否以生成为价值追求，是否实现了教与学的的有机统一。我们的教学预设，只有与课堂生成有机整合，才能真正促进学生的发展。

在回味这一节节精彩课堂的同时，我们似乎可以触摸到教学的一些本质特征，可以感受到“苏派教学”的一种传承与发展。于是，我们便可以追问，苏派教学应该是怎样的。比如，苏派教学的产生需要怎样的条件？这种教学流派的结构是怎样的？内部是怎样运作的？苏派教学的影响力大小怎样定位？苏派教学的成果主要体现在哪些方面？苏派教学这个概念是否具有一定的束缚意义？一种超过江苏地域影响力的教学流派，是否还适合于用这个名称？……问题的焦点，集中到苏派教学的特点上来。

江苏作为教育大省，出现了一批卓有建树的教育大家和名家，既有斯霞、李吉林、于永正、邱学华、孙丽谷、张兴华等一大批成就卓著的教育元老，也有孙双金、薛法根、阎勤、华应龙等一大批中坚力量。在教学思想方面，也出现了“情景教学”“尝试教学”“情智教学”“组块教学”等多种广泛传播的教学理念。但江苏的这些教育名家，生活在不同的时代和地区，有着各自的思想、理论支持和风格追求，很难像京剧的梅派、尚派，越剧的袁派、尹派等做到一脉相承，代代相传。

不过，所谓“派”不仅在于师承，更在于传播；不仅在于独特的系统，更在于集百家之大成，取长补短、兼容并蓄、融合于一身；它不应是封闭的，更应是开放的、创新的。从江苏这个特定的区域，很多教师或得益于大家亲授，或聆听于名师课堂，身临其境、耳濡目染。“近朱者赤”，并结合于自身实际，共同追寻了“苏派教学”的本质之源，自觉守望了“苏派教学”的固有特征。比如语文教学，情景为先，爱生为本，读写为重，教得扎实，学得踏实；比如数学教学，注重情感，注重尝试，注重思维，注重文化。可以这样说，苏派教学以“真实、扎实、朴实”为内在价值追求，以“精细、精炼、精致”为外在艺术特征，课堂设计精致、方法精巧、教师精干、学生精神、课堂精彩。具体来说：

1. 关照文本：“文本”是教学的凭借，关注文本，就是在把握教材编写的意

教育絮语

◎非洲草原有种毛尖草，最初的半年它几乎不长，是草原上最矮的草，但在雨水到来之际却像是被施了魔法一样向上疯长，被称为“草地之王”。其实毛尖草一直在生长，但它不是在长身体，而是在长根部。儿童的“生长”，也要从“根部”开始，在特定的时期，才会有爆发式的生长。

图，在准确解读文本的基础上，合理确立一节课的教学目标，并通过教学设计和课堂教学体现出来。关注文本，就要把握学科的性质，就需要把文本置于单元、学段、甚至整个学科中来观照、考察，从而确定一篇课文学生所必须学到的“知识与能力”，并采用合理的方法，达成学习过程的最优化，使教学目标“增值”。这其实是在正确定位课堂教学，也唯有此，教学才会扎实，结构才会精炼，学生学得也就踏实。

2. 关爱生本：爱是师生沟通的基础，是师生理解的纽带。关爱生本，其核心就是理解学生、尊重学生，赞赏学生的每一点进步。课堂中，教师发自内心的爱是一双有力的大手，可以托起学生的自信，发掘学生的潜能，帮助学生自主建构。也只有学生意识到自己的被尊重、被爱护时，才能心悦诚服地接受教育，个性才能健康发展。关爱生本，意味着课堂中学生的主体地位真正确立，学生的思绪可以自由驰骋，学生的体验可以真情挥洒。关爱生本、解放学生，体现了教学的真实与真情。

3. 关乎情景：根据学生的身心特点、认知规律，帮助他们建立一个利于学习的心理环境和认知环境，使他们在良好的情境中产生对学习的需要，激发起学习探究的热情，调动起参与学习的兴趣。课堂中的学习情境就像一个“磁场”，吸引着学生进入一个个充满问题、充满思考和研究的世界。创设学习情境，从教学的细微处更有效地引导学生学习、探究。“情景为学生而创，为学习而设”，彰显了教学的精细与精致，生成了教学的美感。

4. 关切思维：思维是智力的核心，也是非智力因素发展的基础。在教学中，关切思维是素质教育的本质要求，也是学生学习的价值所在。教师深入挖掘教材中的潜在价值，突破教学中的重点难点，鼓励学生不断尝试，从而开启学生思维的闸门，培养学生科学思维的习惯，提高思维的能动性、独创性。这些远比仅仅掌握学科知识体系本身更重要、更有意义。语言和思维是不可分割的，课堂上重视发展学生的思维，把发展学生的语言和思维统一起来，这样才能生成精彩，学生才会倍感精神。

5. 关注发展：教学的目的是帮助每一个学生进行有效的学习，使每一个学生得到充分的发展。怎样的教育才是成功的教育？那种只关注几个尖子生的所谓“精品式教育”已越来越被大家所唾弃，越来越多的教育界有识之士正在呼唤并实践着“让每一个学生都获得发展”。在课堂上，为每一位学生提供发展的平台，让学生在学习实践中积累经验、打开思路、获得收益，实现为学生今后的成长和幸福的人生奠基、服务。

当然，苏派教学只能言其梗概，难以尽述其详；只能动态把握，难以静态琢磨；只能弥散表现，难以聚焦拾掇。如果一味追求后者，可能这种流派特征将成为“束缚”，流于简单、失之僵化，而缺少一种生生不息、钻之弥坚的美。更何况，在信息化时代的背景下，在新课程理念的观照下，课堂教学正在走向价值的存同、求同、大同。在我们欣喜地看到江苏大地上，苏派教学已经透露出一丝春色的同时，不可否认的是，其在教学原理的探索上还没有形成体系，在推广实践方面还缺少影响力。因此，苏派教学还需要在实践和理论上作进一步的发展。

江苏正由教育大省迈向教育强省，在此进程中，我们呼唤教育大家的涌现，呼唤多种教学主张、教学风格、教学团体的组合与交往，希冀在这一过程中形成成熟的教学思想、稳定的教学流派、多变的教学风格，实现教师、教育思想的共同成长。或许，这就是打造“苏派教学”的现实意义和历史意义吧。

让教育融入生活

——局长和校长的教育对白

孟晓东(无锡市锡山区人民政府教育督导室主任、锡山区教育局副局长、江苏省语文特级教师。以下简称"孟"):校长是一所学校的灵魂,一个校长的领导力应该是来自于领导者本身影响别人、群体、组织的综合能力,例如感召力、组织力、沟通协调力、凝聚力等等,其核心是课程领导力。教育的领导首先是思想的领导,到教育一线才能真正认识教育。应着力改变领导的教育形象,校长必须兼课,新提拔校长必须具有学术荣誉。例如局长亲自上课改研究课,接着就出现了良好的连锁反应——教研员上下水课、学校校长上实验课……我们努力真正体现对课程改革的"引领"和"指导",较好地推动了全体教师积极投身课程改革。但是,困惑也随之而来,领导的责任是管理还是上课?是"上好一节课",还是把握"所有的课"?不少领导由于行政工作的繁忙已经弱化了对课堂教学的第一感觉。怎样让领导真正拥有对课堂教学的话语权,成为课程改革的领导者和引导人,是对新时期领导工作的一种挑战。

侍作兵(连云港市人民政府督学、江苏省灌云实验小学校长、江苏省语文特级教师。以下简称"侍"):对,其实一个好校长,他的领导力更应该包括他的价值领导力。校长价值领导力的具体呈现,是一种有教师、学生在场的理解、认同与行动的回应,这是形成真正的价值领导力的基础。现实中我们常以为自己有很强的价值领导力,可是工作中远不是如此,原因很多,其中最主要可能有以下两方面因素:一是对价值领导力的认识存在误区。认为某一方面具备较强能力就是价值领导力,这就完全片面地理解了价值领导力构成,校长价值领导力是一种综合能力。另外一种原因可能是校长确确实实具备了较强的"价值领导力",但是在某个关键"节点"上出了问题。当我们的成就与学识为我们发挥价值领导力提供了有力的基础时,我们是否有基于教师视角的看待与表达,有没有基于教师立场、发自内心的尊重，我们是否能用积极的方式和方法去增进教师群体对我们的“价值”进行深入的理解，如果实施主体的价值认同感很低，校长价值领导力当然要被大打折扣。我们只有从教师立场出发，尊重教师感受，与教师进行思想对话，增强愿景认同感，提升课程治理热情，才能为校长价值领导力的实现创造可能。

孟：课程作为领导力实现的最重要的载体，需要我们在吃透新课程精神的基础上，创生一种新的管理制度。任何一种制度都是一定价值观念的物化，不同的管理制度体现着不同的教育价值观和学生观。首先，“课改”应有组织制度的保障，“课改”的领导力量缘自行政、专业和思想的各个方面。课程改革是一项全面而系统的工作，需要各个部门和机构的强大合力，统筹规划、制定策略、调整思路、同步推进；其次，要加强制度的建设，必须重新审视管理制度在对实施和推进课程改革中的作用与功能，提炼和提升现有的好的制度，舍去和摒弃阻碍新课程推进的制度，如创新校本培训制度，改革考试评价制度；再次，为教师课程管理“赋权”。这种“赋权”主要体现在政治上与教师分享决策权，在社会上提升教师地位和影响力，在心理上增强自我效能感。让校长和教师在课程改革中有来自社会和教育内部的理解和支持，赋予他们课程设计者，而非执行者的必要权力。改变行政主控模式为以人为本的“扁平化”的管理模式，倡导“合作与分享”。重建教师评价制度，改变“以考评教”“以考评学”的非理性、非科学的做法。建立常态管理机制，抵制非常态的“作秀”“头痛医头脚痛医脚”的功利、短期行为。为教师课程管理赋权的内在价值是实现了教育权力的真正回归，继而必将转化为学生主动学习的能力。

侍：作为教育的核心，课程是校长领导力尤其是价值领导力实现的重要途径。校长对课程有什么样的理解，就会对课程的治理有什么样的价值透视。对课程的认识高度，决定对课程的治理水平，课程的治理要求校长对其实施前景要有深刻了解。我认为课程的本质就是一种“成人”教育，是成为人的教育，成为课程治理者心中“理想的人”的教育，是教化，也是一种同化，它是作为一种以文化人的手段、过程与目标而存在的，它就是要把课程的实施对象同化为与自己或是自己理想中一样的“人”。

基于以上关于课程主旨核心的认识，每个教育工作者、课程治理者都有自己心中课程的终极意图，有的是显性的，有的是隐性的。在从国家课程到个人课程的实施中，要充分相信每一位教师的课程治理智慧。课程本身的丰富多彩，使每位教师都可能成为课程治理一面鲜明的旗帜。

课程是自由的，只要自由存在，它就有多元，这就要求校长必须承认差异的存在，如何处理课程治理过程的差异，反映出校长的领导胸襟与气量，它会影响校长课程治理的效度，影响校长的价值领导力的水平。承认差异，就是承认每个个体“精神发展的不确定性和可能性”，是对人类生活经验与背景的复杂性与多元的深刻理解，这是对世界与人类社会理解的基础，校长以包容与宽广胸怀直面差别，实行有差别对待与有差别治理，这都会为校长价值领导力的彰显与发挥开拓更为广阔、多元的路径。

孟：教师是课程实施者，教师专业发展的进程在新课程蹒跚行进的背景下愈发显得重要。现实在不断地提醒我们，新课程推进的程度不能仅仅依靠新课程“认同者”中为数不多的骨干教师，“为了每一个孩子的发展”理念的落实依赖于在第一线工作的每一位教职员工；同时，新课程推进的总体质量更不能仅仅依靠针对骨干的、集中的短期强化培训的效益，而是要建立在所有新课程参与者长期的学习、反思并不断成长的基础上。

在新课程实践过程中，教师仍呈现了两类阵营：一类是少量的骨干教师，在主动参与、积极实践、努力示范的同时，他们面临的最大困惑是理念形成后的行为无奈，常常遭遇“非不为而不能也”的尴尬；另一类即面广量大的“非骨干”教师，自身内省意识不强，专业能力不足，特别是得不到足够的专业关注。他们都面对着期待得到全面发展的每一个学生。他们更亟待得到管理层面的支持和专家层面的引领，而这种支持和引领的最长效、最主要途径应该是校本培训。

侍：校本培训主要靠外力的推动，更重要的是内力的驱动。作为一名教师，在专业成长的道路上，反思是内力之源，是每个人都可以拥有的资源，但是并不是每次反思都有效。反思自己、反思别人的教学之路，是非常有必要的，对提升理念、实现自我价值至关重要。

很多人对自身忙忙碌碌的专业工作不屑一顾，其实有许多事，开始置身其中时，并不像有的人后来说的那么清晰，大都是在稀里糊涂、在忙忙碌碌中走过，当然不排除有的人目标很明确，掌控自己实现目标过程的能力很强，但是大多数都是成功者后来造出的神话，或是一种对以往目标的夸大，其实失败者的目标也可能在他的脑海里闪现过，只不过是他们没有机会加以渲染。在教师的专业成长过程中，善于反思，你会从自己和别人的忙忙碌碌中体验到教育的酸甜苦辣、积攒厚积薄发的能量、培养专业认同的底气、孕育专业成长的自信。

孟：有了教师的成长，才有孩子更好的发展。师生这一对矛盾体在课堂中的相遇最能彰显教育品质。纵观“新课改”十年的历程，不管是“国家意志的体现”，还是“如何使理念转变为信念”，或者“顶层设计如何为教育实践所检验”，一切矛盾和问题总要反应在日常的、具体的“课堂”中，总要落在平常的、广大的教师所实施的“课堂”上。因为课程是课堂的引领和规约，课堂是课程的意义，是抽象的课程土壤开出的一朵具体的花。所以，集中一点讲，课堂教学将决定着学生的发展，教室里的变革将决定中国的未来。

课堂教学是课程改革的主渠道，也是教育改革的原点。先进的课程理念如果仅仅停留在理念的层面，而没有落实到课堂教学行动之中，这样的理念是没有任何价值的。

侍：是的。然而，将新课程理念落实到课堂教学之中并非易事。拿语文阅读教学来说，文本集中体现的是课程要求，这些文本的选取大多数反映了人们现在对课程的理解水平，因此文本在现在教师水平下，无疑承载着非同寻常的重要角色，在许多教师眼里成为实施课程的重要依据。

过度解读与阐释等“非语文”现象时有出现，这是人们在冲破了长期思维束缚，矫枉过正后的产物，人们刚从思维与精神的桎梏中解放出来后，那种激情与喜悦化作了胜利者的暴发户心理，挥手与过去的“旧我”作别，在迎接未来时急于与过去划清界限，他们有的完全把刻意地追求文本的多元解读、求异思维等作为接受新理念的标志，“标榜”的惯性思维方式使他们做出了一些错误选择。这种“失语”究其根本原因还是教学思想的“失语”。从循规蹈矩到冲破束缚，人们获得了个性舒展，这表面上是对文本的开放性回归，是理念的胜利，也是课堂文本教学的进步，是对文本内涵张力的复兴，然而人们忽视了这种胜利与解放背后隐含的更深层次的束缚与轮回。

孟：因此，新课程下的课堂教学应该把“真实、扎实、朴实”作为内在价值追求，不妨让我们的课堂教学从以下五个方面努力：(1) 关注文本。在把握教材编写的意图、在准确解读文本的基础上，合理确立一节课的教学目标，并通过教学设计和课堂教学体现出来。关注文本，就要把握学科的性质，把文本置于单元、学段、甚至整个学科中来观照、考察，从而确定一篇课文学生所必须学到的

教育絮语

◎语文生长性课堂既关注学生当下的生长状态——课堂的深处充盈蓬蓬勃勃的生命律动，学生的语言、思维、精神在活泼泼地生长；又“指向远方”——课堂为未来的语文学习和生活积蓄了生长的力量，学生萌发了生长的向往，拥有了良好的生长态势和持续生长的能力。

“知识与能力”，并采用合理的方法达成学习过程的最优化，使教学目标“增值”。(2) 关爱生本。核心就是理解学生、尊重学生、赞赏学生的每一点进步。发掘学生的潜能，帮助学生自主建构。(3) 关乎情景。根据学生的身心特点、认知规律，帮助他们建立一个利于学习的心理环境和认知环境，使他们在良好的情境中产生对学习的需要，激发起学习探究的热情，调动起参与学习的兴趣。(4) 关切思维。这是学生学习的重要价值所在。教师深入挖掘教材中的潜在价值，突破教学中的重点难点，鼓励学生不断尝试，开启学生思维的闸门，培养学生科学思维的习惯，提高思维的能动性、独创性。这些远比仅仅掌握学科知识体系本身更重要。(5) 关照发展。教学的目的是帮助每一个学生进行有效的学习，使每一个学生得到充分的发展。在课堂上，为每一位学生提供发展的平台，让学生在学习实践中积累经验、打开思路、获得收益，实现为学生今后的成长和幸福的人生奠基、服务的目标。

侍：说得好，我认为关切思维尤其重要。一个人思维的发展就是他精神的突围和成长。比如在阅读教学中，也许学生在许多外置的表达上缺乏完整性与系统性，存在一定的局限性，但那些充满灵性的语言却有无与伦比的跳跃之美，具有无限的包容力与扩张力，它们是精神生命的发育方式，是儿童心灵的自我解放，是民族创新的源头活水，它们是未来的影子、希望的影子，映射并凝聚学生对世界独特而深刻的感受，蕴含着改造世界的强大力量，这时教师的责任就是运用理性的语言和语言这个系统内一切积极因素去轰击它们，让学生思维的火花产生无穷裂变，产生“核效应”释放巨能。呵护课堂瞬间的灵光吧，扼杀永远不能让人们心灵归顺。一个民族的创新意识的强弱，其实早就植根于每一个公民自降生以后的每一次精神突围之中。每一次思维的自由表达都是对民族固有奴性基因的消解。

孟：聊到这，我们不禁追问，学生是什么？我想学生首先是作为“学生”的个体。《百科全书》上解释道：学生是在学校学习的人。那在学校学习什么呢？当然是学习知识。但学习知识又是为了什么呢？窃以为，其目的是为了更好地生活。所以，杜威强调“教育即生活”；所以，联合国教科文组织权威书籍指出：学生最基本的涵义是学会生活；所以，《学记》指出：“欲化民成俗，其必由学乎。”

那作为个体的学生如何学会生活呢？生活，本身是“活生生”的。它不是围墙内的微言大义，也不是象牙塔中的伦理教化。生活不该是“赋予”，而应让学生“参与”。所以，联合国《儿童权利公约》强调了儿童享有四大基本权利之一的参与权——参与家庭、文化和社会生活的权利，儿童有权对影响他们的一切事项发表自己的意见（自由表达权）。

尊重学生的参与权，就应该呵护学生的个体生命，满足学生的知晓权，提供真实的生活现场，还原生活的本来面目，建构生活的积极意义，让学生在真实的世界里自然地生长。

侍：这也使我萌发了对“小学教育”的追问。小学教育是什么？它不折不扣地姓“小”，说它小是因为它最显著的特性是“基础”，但是这种基础又不是“幼稚”，因为这个“小”是人生命成长中非常重要的初始阶段，它是人对未来的创造与“生发”的重要过程，因为这种“过程性”才使这种“小”被赋予了不可忽视的生命意义，这种“过程性”是每一个生命赖以延续、发展的基础。

人类不能凭空地长大与发展，也不会凭空走向成熟，成人与成人世界常常有“悖”于童年，遗忘童年也成为成人的重要特征，在成人长大的过程中，理性常常被水解，人们由于逐渐丧失了童年的耐心而丧失了对童年的敬畏，因而在人们远离童年之时，这种不管是有意或是无意的选择性遗忘，都是对生命的不恭。

以上种种引发了人们群体性的对小学教育的错误理解，认为小学教育是一望便知的，认为小学教育是浅薄的，这恰恰反映了认识者的浅薄。真正的深谙小学教育的人应该知道，小学教育对人生的影响是深刻的，只有对小学教育的深广内涵有深入的理解，才会知道小学教育的深度。

孟：其实，教育是一种生活。既然是生活，我们的教育就应该充满生机和活力。然而,我们在调研中发现,我们的许多学校还缺乏这样一种生活的教育。假如我们真正意识到教育就是生活,我们就会思考"学生在生活中是什么样子的""学生在生活中是怎样获取知识的"等问题,于是我们就会在尊重教育规律的同时尊重学生的天性,让我们的课堂教学充满生活的情调、充满生活的气息,这样的课堂教学才有可能焕发生命的活力。

侍:是的,捍卫儿童,让孩子获得成长的帮助是教育、是课堂永恒的主题。捍卫儿童要从儿童发展的本质考量,为儿童提供成长本身的需要并且合适的帮助,这种帮助有时是一种显性的关爱,有时是点拨与暗示,有时也是惩罚!相对而言,许多学生之所以优秀就是因为他们具有了良好的习惯与学习自觉,这时教师存在的真正意义就是帮助那些真正需要帮助的孩子,而不是装腔作势去帮助那些各方面都很优秀、并不要我们付出太多努力的人。锦上添花容易,而雪中送炭更显珍贵!

总之,对儿童的捍卫不是一句空话与套话,也不应让它变成一句口号,而是要为他们提供一种适合的、适时的、真正需要的帮助,让功利、虚伪、做作、表演、卖弄、作秀远离儿童,远离教育,"欲正其心者,先诚其意!"让"为孩子提供真正需要的帮助"成为捍卫儿童价值的自觉行动。让教育的存在回归到真正"为人"的逻辑基点上来。

中小学教科研的价值趋向

新课程呼唤广大中小学教师的专业化发展，而教师专业化的核心是“教科研素养”。这种具有“内隐性”的素养是进行教科研的潜在能量，是一个教师“成熟程度”高低的重要标志。但是，在教科研发生深刻嬗变和飞跃的今天，中小学教科研自身的价值及广大教师在教科研活动的价值趋向都出现了明显的“偏差”，必须引起广大教育工作者的正视和反思。

一、在教科研的动机上，要克服“功利”，注重“内需”

当前学校教科研中的问题所在便是功利色彩太浓，学校的教科研成了相当多的学校生存和发展中的点缀，成了教师在评定职称中的砝码。中小学教育科学研究从一度的“不敢涉足”“浅尝辄止”到“校校有课题”“人人搞研究”，教师们为“职称”“晋级”所左右而匆忙写作，华而不实、徒有虚名的“课题成果”随处可见。这种“装点门面”“金玉其外”的教科研动机实际上是追求名校、名师效应的“功利思想”在作怪，是对教科研的本质观缺乏全面、正确的认识所造成的。学校教科研的根本目的是为了提高教育教学质量，课题研究必须从教育教学面临的突出问题中选题，从日常的教育教学中选题，从成功的教育教学经验中选题，从教师自身课堂实践的矛盾冲突中选题。只有这样，才能生成先进的教育思想、精湛的教学艺术，才是教科研真正的“科学性”与“方法论”。

二、在教科研的选题上，要避免“跟从”，注重“创新”

教科研的选题反映整个研究的价值，引导着研究的方向，也制约着研究工作的程序和方法。中小学教科研的基本任务是解决中小学教育实际工作中的具体问题。“教育实践”是中小学教科研课题的主要源泉，也是一线教师研究的重点。尤其在“走进新课程”以后，教育理念的巨大变革，课程资源的开发挖掘，教学模式的重新构建，教学内容的优化组合，教学方法的择善而从，师生关系的重新确立，教学评价的多元化趋势等无不是课题选择的“源头活水”。但是目前学校和教师在教科研选题上“跟从”别人的多加以创新的少，课题选择缺乏创

教育絮语

◎教育品牌是什么？品牌就是影响力，品牌就是美誉度，品牌就是学校的核心竞争力。

◎教研员要重心下移，位子前置。

新意识和时代特征。众多课题并无太多差异，有特征、有个性的少，重复研究、低层次研究的多。如“研究性学习”“自主性学习模式”等课题遍地开花、大同小异。或者“穿新鞋走老路”，或者“穿别人的鞋，走别人的路”，唯独失却了自己的个性。其实，具有“创新意义”的课题研究，是具有“校本”“师本”倾向的，必须就学校及教师本身教育实践中的问题进行调查、归类，找出共同特点，再结合先进的教育理念对其进行修正、提炼，去伪存真。问题筛选→经验提炼→资料寻疑→现状分析→意向转化是教科研选题的一般方法，“创新”也伴随其间。

三、在教科研的实施上，要减少“形式”，注重“过程”

教科研的实施，是一个从假设到验证、再到推广，或者是调查研究、经验概括、实施推广的过程。它追求的是实践中的探索，注重的是过程中的实效。目前，教科研活动中追求“形式主义”的太多，主要表现在：(1) 重视了“方案”和“报告”的撰写，而忽视了实施过程的历练，方案和报告写得尽善尽美，“理论”“原则”叙述详之又详，而具体操作过程避重就轻、蜻蜓点水，整个实施成了“哑铃”状(重两头轻中间)的畸形怪胎。(2) 重视开题及结题时的“轰动场面”，而无视实施进程的厚积薄发。开题及结题时，专家云集、嘉宾满座，而具体的操作过程却寡汤淡水，平时大量的研究工作往往被搁置一边。(3) 即使是关注“过程实施”，很多学校也喜欢大规模、大动作，通过大型公开展示，不惜花费大量的财力和精力，聘请导师来校“指点迷津”，希望能让教师茅塞顿开，快速成长。诚然，以上做法的出发点也许是好的，专家指点确实能保证课题实施的规范性，名师引路又能确保少走弯路。但一个课题的实施乃至于一个教师的成长，更需要自身大量的实践活动，需要经历一个艰苦磨炼的过程，哪怕是实施中的失误与偏差也是很宝贵的研究成果。因此，在专家论证、名师指导后的“操作过程”“自我练兵”是万万不能忽视的。只有扣住“研究内容”,层层推进、步步深化、由表及里、去伪存真才能使教科研方案的假设及成果的呈现珠联璧合、浑然一体。

四、在教科研的评价上,要力戒“浮华”,注重“实效”

这里的教科研的评价,主要包括两个方面:一是对课题研究本身的评价,二是学校对教科研评价机制的确立。

在对课题研究本身的评价上,目前出现的“浮华”之风,主要表现在重视物化成果,忽视“推广辐射”。对于广大中小学教师来说,从事的主要是“应用性研究”,研究的主要方法是“行动研究”,研究的目的在于应用,并在应用中再进行研究、改进和发展,这样的研究才是最有价值和意义的。课题研究并非主要为了结集论文、展示成果、获得奖项,而是为了积淀经验、形成反思、提升理念、形成规律,并加以总结、推广。

在形成教科研评价机制上,学校更应力戒教育假转轨、真应试的弊端,要在提高教师主体意识的基础上,引导教师志愿参与,倡导教师及教研组间的合作竞争,形成浓郁学术氛围上下功夫,通过机制创新以激励教师在“新”字上做文章,在“实”上求真效,这样才是中小学教科研的真正价值所在。只有这样,才能真正实现“科研兴校”的宏伟目标。

艺术教育为学生的幸福人生奠基

《国家艺术课程标准》指出：艺术课程作为学生的必修课程，对学生的人格成长、情感陶冶以及智能的提高等具有重要价值。由此可见，没有经历艺术教育的人生是不完整的人生。艺术教育对于学生当下的发展及未来的人生走向都有着无可替代的作用。

无锡市锡山区是首批国家级“基础教育课程改革实验区”，我们始终把艺术教育纳入课程改革的范畴，把“以学生发展为本”理念贯彻落实于艺术教育。

一、确立“三大意义”，回望艺术教育的出发点

学校艺术教育在新课程实验的征程中，在全面推进素质教育的号角中，日益显示出在学生全面发展、生动发展和可持续发展中的重要地位和不可或缺的作用。深入挖掘、解读艺术教育的功能与价值，我们的认识是：

1. 丰厚课程价值。即要进一步搭建艺术与文化的桥梁。艺术教育是感性学科，又是人文学科。艺术教育与着眼于知、关乎着真的科学教育及着眼于意、关乎着善的伦理教育共同构成了以发展人的知情意实现人类真善美理想的教育。现当代社会中的人，必须具有较高的文化修养与艺术修养，才能适应社会的发展与时代的需要。

2. 丰满校园生活。即要进一步搭建艺术与生活的桥梁。艺术源于生活而高于生活，艺术教育以现实生活与自然事物为客观基础，它着眼于情、关乎着美，直抵人的五官感觉。社会即学校，生活即教育，以丰富多彩的校园艺术活动满足学生的需要和体验，能更生动有效地引领孩子们走向“快乐生活”。

3. 丰泽学生生命。即要进一步搭建艺术与情感的桥梁。艺术教育之所以在整个教育中有着特殊地位与作用，是它可以培育和健全人的审美心理结构，培养人们敏锐的感知力、丰富的想象力和无限的创造力。因此，学校要给予每一位学生平等的艺术教育机会，创设多元化的“以美启真、以美储善”的参与式平台，让学生在生动形象、鲜明直观的艺术呈现中展现善良美好的情感，最终实

现对完美人格的建构。

二、建立“三种机制”，找准艺术教育的关键点

艺术教育是学校的窗口，是素质教育的标杆。我区十分重视艺术教育工作在舆论、宣传、引导上的全方位和一致性，通过激活机制不断提升全区艺术教育工作的氛围与影响力。

1. 课程、课堂、课题“共抓”。新课改以来，我区以“实施课程”为目标，着力强化课程意识；以“课堂”为阵地，着力改革教学方式；以“课题”为抓手，着力提高研究含金量；始终以务实的姿态积极实践、把握、诠释国家艺术课程的功能与意义，有效提高了学校艺术课程的实施质量。以教育部制定的《艺术教育工作规程》为指导，出台《中小学音乐教学指导意见》《中小学美术教学指导意见》和《艺术教育课题研究指南》用来引领、指导学校艺术教育的有效展开，切实提升了教学质量。

一点一滴的努力蓄势，锡山区艺术教师在各级各类教学评比中，收获喜人成绩。近年来，有13人次在省级各项课堂教学、基本功评比中获奖，其中一等奖11人，二等奖2人。300多篇艺术教育方面的论文在省级以上刊物发表或获奖。

2. 活动、社团、少年宫“共建”。我区积极创造条件，通过丰富活动内容，拓展活动空间，让全区的艺术工作“实、强、亮、火”。坚持每年举行“百灵鸟演唱会”，至今已有34届，每两年开展一次全区艺术节，比赛项目多达几十种，几乎涵盖所有艺术形式，形成了“校校参与，项项参与”的良好局面。确立特色强校的发展理念，引导各校在教学内容整合、教学资源开发、学生特长培养等方面进行广泛的探索，形成了“一校一特色，一校多特色”的局面。在此基础上，大力扶持更具灵活性、自主性、创造性的“学校少年宫”，有效发掘并培养了学生的兴趣特长，提高了学生的综合素质。

近年来，锡山区艺术教育工作知名度及影响力日益提升：各学校都成立了学生的艺术社团，且在全国、省的各类艺术比赛中表现不俗。“小红豆打击乐团”进驻维也纳音乐大厅，“天籁合唱团”获全国第四届中小学生艺术展演金奖；“吴歌”“锡剧”“拉丁舞”“篆刻”“书画”等特色项目，先后亮相央视三套、戏曲频道、少儿频道，央视“快乐大巴”节目组开进了锡山校园……

3. 管理、师资、环境“共营”。为保障艺术教育的开展，我区一着不让抓管理，营造良好的艺术教育氛围，加大艺术教育的投入，使各校的硬件配置均达江苏省教育技术装备Ⅰ类标准。对学校的各项督查考核条例中都包含艺术教育

工作的相关条款，并专门制订出台《锡山区艺术教育督查评估细则》，督导结果将艺术教学、社团活动与执行课程法规、艺术资源和师资配置紧密捆绑在一起；我们一心一意谋发展，重视艺术师资的培养和培训，青年教师“三年达标”和“教学新秀、能手、带头人评选”形成系列，“三品(品位、品质、品牌)课堂”的建设持续展开，并成立了“艺术名师工作室”“艺术学科中心组”，采用“教研员蹲点”“骨干带教”等方式，推进艺术教师共同体发展，通过艺术教育特色学校的创建授牌，进一步提升全区艺术教育水平的整体水平。

三、处理“三个关系”，放大艺术教育的发展点

纵观锡山区艺术教育的发展和取得的成绩，我们再次清楚地认识到艺术教育在实施素质教育过程中的特殊效能。为进一步丰富、发展、充实艺术教育工作内涵，我们努力处理好三组关系：

1. 处理好“建设与使用”的关系。在实现教育现代化的进程中，锡山区艺术教育的装备条件已达到甚至超过省标，各校已基本实现优质均衡发展。今后将坚持建用并举的策略，放大设备效应，强化设备利用。通过督查、考核、宣传、评比等方式，进一步健全完善各项制度，创新运行机制，使艺术教育设备真正沿着“有—优—用—用好”的路径前行，有效促进全区艺术教育工作的规范、优质和特色发展。

2. 处理好“个体与群体”关系。在坚持抓好艺术教师梯队建设的基础上，将加大名特优教师的培养力度，进一步完善人才储备、骨干遴选的有效机制，采用“结对子、架梯子、搭台子、压担子、摘果子”等方式，不断加强艺术教育师资培育，为艺术教育的可持续发展提供强劲动力。

3. 处理好“普及与提高”关系。深化艺术教育工作，将着眼促进学生的全面发展和个性充分发展，着力全体学生的发展。要进一步优化艺术教学和活动的功能，强化学校艺术教育陶冶、养成、生长的特质。督促各校建设完备的社团文化，实现人人参与两个以上社团组织的要求，并从中选拔、培养顶尖艺术苗子，让学生个性张扬。通过建设卓越的校园文化，进一步调动全体师生参与艺术活动的积极性。

诚然，教育工作不但要看到理性、智能、科学、技术在人和社会发展中的作用，更应重视对人的精神力量的培养和人格发展的健全。锡山区将持之以恒地抓好艺术教育工作，为学生的幸福人生奠基，为未来奠基。

教育督导的意义探寻

“督导”的英文表述为“supervision”，意思是考察一项事情的执行或操作情况，一个人的行动或工作情况。

现代意义上的教育督导制度发轫于西方国家，迄今已有200年左右的历史。教育督导制度的产生从根本上说是社会经济发展对人类教育活动提出的必然要求，是随着国家普及义务教育的实施而建立起来的，是教育国家化的产物。它是现代教育科学管理体系的重要组成部分，是国家对教育实施监督与指导的有效机制和有力手段，是教育行政管理的重大支柱之一。本文试就教育督导的历史沿革、功能定位、未来走向等方面作一探微，以追寻其肩负的意义。

一、教育督导的历史定义

什么是教育督导？不同的研究者给予了不同的回答。美国在18、19世纪的时候把教育督导看作是一种“监督”，20世纪以来把督导理解为“视导”。

美国等英语国家对教育督导的认识大致可分为以下六种定义：

从行政的角度理解教育督导，认为教育督导是学校行政管理的一个环节，教育督导属于教育行政管理的范畴；从课程的角度来理解教育督导，把督导看作是对课程的编制和改进，为教学提供依据，并对教学进行评价；也有人从教学的角度来理解教育督导，认为教育督导就是教育视导人员通过与学生、教师、校长一道工作，以改进教学、发展课程、提高教学质量的过程；从人际关系的角度来理解教育督导，教育督导是教育督导人员帮助学校成员建立良好人际交流关系，为他们充当联系人，激励人们分享教育观念和教育资源并创造新的事物，把评价等工作变得易于为人们所接受，听取教师或学生个人的意见并向他们提出良好的建议和解决办法，给个体教师带来自信、合适的建议和资料，体验教师们对教育制度、政策的感受，并向行政部门提出建议以解决教职工对学校的不满；从具体管理来看，“督导存在于各种复杂的组织中，督导与组织的联系是明确而直接的。组织资源的使用必须经过效率和效益的分析，对生产组织系统中存在的督导的解释对运用于教育中的督导具有重要的意义。学校就是一种生产系统。”如果把教育督导理解为领导职能，“督导的任务是教会教师如何教”，在使公共教育程式化方面，更确切地说是在课程、教学以及教学形式等方面合理化的过程中发挥其专业领导作用。

在我国，教育督导伴随着学校教育而产生。我国教育督导的发展历史，可以上溯到周代的“天子视学”制度。《礼记·文王世子》篇中就有“天子视学，大昕鼓征，所以警众也。众至然后天子至，乃命有司行事，兴秩节，祭先师、先圣焉”之句。此后的封建社会历代都设教育官，对教育的监督和检查是他们工作的一部分。如汉代中央太学祭酒、地方郡学官，隋唐中央国子监祭酒、地方长史吏官等。

1906 年清政府在学部设“视学官”，被视为我国现代意义的教育督导制度的最早建立。而“督导”一词在我国的正式使用，则始于 1926 年。1926 年在广州成立的国民政府教育行政委员会原拟设督学处，后因故未能设立，但“督学”一词从此广为应用。

国内有学者对督导作过考察，指出“督导”一词，原意是指上级行政主管对下级部门工作的视察、监督和考核。教育督导就是上级教育主管对下级教育行政机关和学校设施进行的行政视察、监督和考核的公务活动。英、美等国最初的教育督导就是这样一种居高临下的行政视察(Autocratic Inspection)，目的在于检查、考核学校和教师工作的优劣。

罗廷光在《教育行政》一书中对现代教育督导的定义表述为：“教育视导乃依据视导的原则和标准，运用科学方法对于教育事业和教学活动，由精密的视察、调查和考核，进而作审慎的考量，明确的评判，更给予妥善的指示，同情的辅导，并计划积极建设改进的方法，使教学效能增加，教育日在改进、扩充、伸长和进展的历程中，得以有效地达到美满完善的境地”(商务印书馆，1943 年版)。

孙邦正在《教育视导大纲》中称：“教育视导是根据一定的标准，对于教育事业的实施情形作精密的观察；将教育事业的实况认识清楚，再根据视察的结果加以正确的判断，然后予以被视导者以积极的指示和辅导，使教育事业得以进步”(台湾商务印书馆，1966 年版)。

雷国鼎在《教育行政》一书中说：“教育视导一词原系视察和辅导的简称。所谓视察，系根据予定之标准对教育事业作精密之观察，藉以明了实施之状况或程度。所谓辅导，系根据视察之结果加以详密之诊断，予被辅导者以积极之指导及同情之辅助，以期改进教育之设施或效能。辅导必须根据视察，视察之后必须继以辅导。二者相辅为用，不容偏废”(台湾正中书局，1971 年版)。

林文达在《教育行政学》一书中则指出：“视导一词有指导(Direting)及评鉴(Evaluating And Appraising)双层意义。指导是领导者推动被领导者，指定其行动内容及方向。评鉴则是对行政活动达成目的的情况作一评价(Evaluating)及计量(Appraisal)”(台湾三民书局印行，1984 年版)。

谢文全在《教育行政》一书中写道：“教育视导是教育行政的一环，系视导人员基于服务的观点并有计划的运用团体合作的历程，藉视察与辅导来协助被视导者改进其行为，以提高其工作效能，进而增进受教育者(即学生)的学习效果，达成国家的教育目标与理想”(台湾文景出版社，1985 年版)。

综合所查阅文献，我们对教育督导作如下定义：教育督导是指县以上各级人民政府授权给所属的教育督导机构和人员，代表本级政府及教育行政部门对下级人民政府的教育工作、下级教育行政部门的工作和学校的工作，依据国家的有关方针、政策、法规，按照督导的原则和要求，运用科学的方法进行监督、检查、评估、指导，并向本级和上级人民政府及其教育行政部门报告教育工作情况，提出评价与建议，为政府的教育决策提供依据，以引导相关部门更好地发展教育。具体说来，教育督导就是教育督导部门根据党和国家的教育方针、政策和法规，对下级政府、下级教育行政机关和所属各级各类学校的教育、教学、管理工作，通过精密的观察、调查和考核，做出审慎的分析和评定，指出优劣，给予明确的评价和指导，使教育、教学、管理工作达到遵循教育规律、提高教育质量的目的。

二、教育督导的现代含义

建立和加强教育督导制度是世界各国教育发展共同的历史经验，也是我国近百年来建立和发展近现代教育制度的历史经验。教育督导是促进教育法律法规和方针政策贯彻落实的重要手段，是保障教育目标实现的有效机制，是转变政府职能，加强教育宏观管理的重要环节。

1. 管、办、评分离。现代教育管理是“三驾马车”，即决策、执行和监督。长期以来，我国教育行政管理普遍存在“重决策、轻落实，重执行、轻监督”的倾向，存在着管办评不分的现象。其根本原因是管理集权，监督环节薄弱，监督能力不强。教育领域“管办评分离”的核心是要推动政府职能的转变，将政府管理教育的模式由“行政控制模式”转向“监督与服务模式”，革除政府政事不分、既管又办的体制弊端，激发学校依法自主办学的活力。教育督导作为专门进行监督、检查、评估、指导的机构，既是监督系统之一，又是反馈系统之一，它可以监督、控制和保证有关教育方针、政策、法规等准确执行，还可经常获得执行过程中的反馈信息，并以此为据督促、指导、改进、服务教育工作。这正是教育督导的意义和职能所在。

2. 督政与督学并重。“督政”与“督学”是教育督导的两个重要职能，“督政”是我国教育督导制度的显著特征，“督学”是自古以来，也是世界各国一贯认同的教育督导工作的本质任务。教育是政府行为，作为国家的公益性和普惠性事业，各级政府依法承担着相应的责任。教育发展过程中存在的一些实际问题，往往是由于政府行为不到位而造成的。因此，“督政”是教育督导的一项重要的任务。学校是教育的主要载体，随着外部条件的改善，学校的综合办学水平成为提高教育质量的决定因素，受到千家万户的关注。如果只抓督政而忽视督学，学校内部的问题没解决好，人民群众就会有意见；如果只抓督学而忽视督政，政府的教育行为不到位，教育发展中的许多问题就难以解决，教育事业就会滞后。因此，督政、督学必须并重，两者不可偏废。通过强化“督政”，促进政府依法履行教育职责，全面落实政府行为；通过深化“督学”，促进学校依法贯彻落实党和国家的教育方针、政策，推进素质教育全面实施，提高教育教学质量。需要指出的是，随着依法治国、依法治教理念和措施的不断落实，政府依律、合规行事的能力将大大提高，督政和督学的天平慢慢会倾向于督学，这是教育督导本质的回归。

3. “督”与“导”并举。“督”与“导”是督导工作中密切相关的两个方面或两项任务。“督”指的是监督检查，目的是使国家的教育法规政策得到执行和贯彻，杜绝有法不依、有令不行、执法不严等现象，保障教育事业健康发展。“督”的任务主要是发现问题、找出差距；“导”指的是指导引导，目的是帮助被督导单位找出问题的原因和解决问题的方法。“导”的任务主要是解决问题、引向正确，重在“导”思想、思路、方向和方法。只督不导，督就会缺少方向感；只导不督，导就少了力度。随着教育行政体制改革深化，教育督导也逐步完成了具有现代意义的职能转换，不断改善监督、检查、评估职能，强化和扩大指导、咨询、服务职能。督与导并举,既是对督导机构组织和机制的考验,也是对督导队伍素质和能力的挑战。

4. 专兼督学并存。督学队伍建设是教育督导工作开展的基础性保障。自1986年以来,国家、省、地、县均建立了教育督导机构。先后出台《国家教育委员会督学聘任暂行办法》《国家督学聘任管理办法(暂行)》,重视和加强督学队伍建设。《教育督导条例》规定,国家实行督学制度,县级以上人民政府根据教育督导工作需要,为教育督导机构配备专职督学。教育督导机构可以根据教育督导工作需要聘任兼职督学。经过多年的探索和实践,已逐步建立了一支年龄结构较为合理、专业特长兼顾、素质能力过硬、专兼数量协调的督学队伍。在聘任专职督学的同时,注重选拔“懂法”“知政”“通学”的优秀校长、教育行政管理人员、教研人员、特级教师、人大代表、政协委员等作为兼职督学、特约督学、特约教育督导员、教育督导专家,不断充实完善督学队伍。但在督学队伍建设中,很多现实的制约还客观存在,从专职督学队伍情况看,由于受机构编制限制,行政编人数很少,且在未来相当长时间内仍然会非常紧张,很大程度上影响了督学队伍的专业发展。从兼职督学队伍看,由于人员的“一岗多职”,并受待遇、精力等影响,其工作的主动性、时间的分配性、素质的专业性都会受到一定的束缚。因此,启动督学的资格认定制度、建立登记注册制度、落实专业培训制度、推行督学职级制度就很有必要。把以上两类督学的力量整合起来,按照专业要求加强队伍建设,以不断提高教育管理系统的监督效能。

三、教育督导的未来意义

教育督导、教育立法和教育投入被认为是现代教育发展的三大支柱,尽管我国当代教育督导制度的建立和健全经历了建立、沉寂、重建、发展的曲折过程。但展望未来,其重要意义是显而易见并值得期待的。

1. 法理性更明。

教育督导是《教育法》规定的教育基本制度之一。自恢复重建以来,我国关于教育督导的专门性法规仅仅限于1991年原国家教委颁布实施的《教育督导暂行规定》,其后国家教委又相继颁发了《关于加强教育督导队伍的几点意见》《督导行为准则》《关于加强教育督导与评估工作的意见》等政策文件。但是从法理上分析,国家教委制定的《暂行规定》作为一个部门规章,只能在教育部门的职权范围内,规范管理教育内部事务,其法律效力及效力范围有限。因此,依

教育絮语

◎教学的根本问题是“教”没有转变成“学”，教师的信息输出和学生的信息吸收完全不对等，学习没有真正发生。

照《暂行规定》开展的教育“督政”工作，严格意义上是缺乏法律效力的，也是缺乏权威的。

2012年，国务院发布《教育督导条例》，以法规的形式确立了教育督导的法律地位、法定职能和工作要求，表明国家将教育督导的部门政策升格定位为国家教育行政法规，明确了教育督导的法律地位，体现了国家意志，实现了教育督导国家层面立法的重大突破，标志着教育督导真正走上了法治化轨道。《条例》具有法律法规的强制性，赋予了教育督导部门行使督导权力的法理性权威，为教育督导工作推进依法治教、依法行政、依法治校，促进教育科学管理和教育改革发展提供了强有力的保障。随着教育逐步走上全面依法治教的轨道，迫切要求加快教育督导法制化建设进程。国家和地方要继续推进教育督导立法进程，逐步制定出台配套实施意见，促进地方督导法规和行政规章建设。

2. 功能性更全。

教育督导是作为保障普及义务教育实施的手段而产生的。时至今日，发达国家早已完成了义务教育，但是仍十分重视教育督导制度，将之看成发展教育、优化教育管理、促进教育民主和提高教育质量所不可或缺的机制，重要的一个原因就在于明确了督导制度的职责，赋予了督导更全的功能。

一是督导价值取向注重多元，传统的教育督导往往是用一个统一性的标准去衡量千差万别且又不同层次和类型的学校，缺少对学校发展的不同阶段、办学特色和个性特征的多元督导和多主体评价。注重多元就是要改鉴定为诊断，改干预为指导，改控制为帮助，改检查为咨询，因校而异，从纵向观察学校发展，从横向帮助寻找差距，以助力校长和教师的专业发展为归宿；二是督导主体定位更加明晰，不仅发挥督导人员的主体作用，同时发挥被督导者作为督导活动主体的积极参与作用，强化学校自评本身就是督导一部分的意识，将督导与学校自我评价相结合，逐步走向“要我督导”到“我要督导”；三是督导内容形式不断完善，除了不断健全综合督导、专项督导和随机督导等基本形式，教育督导内容将不断整合，评价工具将更加丰富，督导力量的协同化，督导队伍的专业化，督导手段的科学化，督导标准的公开化，督导过程的社会化，督导结果的新闻化等，必将成为教育督导的功能选择。

3. 权威性更强。

督导和教育行政部门是政府抓教育的“两个轮子”，是“两个翼”。教育部门是在制定方针、政策，督导部门就是监督这些方针、政策的落实。作为重要的行政监督部门，督导部门依法开展贯彻执行教育法律、法规和方针、政策的行政监督，赋予了它特有的权威。而这一权威必须建立在督导评估结果的运用上。

国务院教育督导委员会办公室印发《深化教育督导改革转变教育管理方式的意见》(国教督办〔2014〕3 号)指出，提高教育督导的权威性和实效性，必须完善教育督导和评估监测结果使用机制。一是完善教育督导和评估监测报告发布制度，规范流程，丰富载体，提高实效。建立分级发布教育督导和评估监测报告制度，由县、市、省和国家按年度发布督导和评估监测报告，向社会公布督导和评估监测结果，接受公众监督。二是建立健全教育督导和评估监测的公示、公告、约谈、奖惩、限期整改和复查制度，及时发现问题，切实做好整改，推动改进工作。三是建立教育督导和评估监测问责机制。强化教育督导和评估监测结果使用，健全考核奖惩机制，明确督导和评估监测结果是资源配置、干部任免和表彰奖励等的重要依据。

可以预见，随着我国教育立法工作的持续深入，教育体制、机制“瓶颈”的不断突破，教育督导必将会扫除前进路上的一些障碍，真正发挥其应有的功能，教育督导的意义也将会更有“意义”。

新加坡教育给我们的启示

2007年的4月8日至15日，我和全区的中小学校长一起来到了新加坡。去新加坡之前，上网查了一下资料：新加坡位于东南亚，是马来半岛最南端的一个热带城市岛国。面积为682.7平方千米，人口约450万。这么一个小国，短短的一周，就让我们感受到了她无穷的能量和魅力。

新加坡共和国1965年分治，建国短短几十年，从一个资源匮乏、政治动荡、种族分杀、满目疮痍的岛国，一跃成为政治稳定、经济发达，仅次于瑞士、日本、德国的"商业乐国"，教育也一跃成了亚洲重要的教育中心。一周来，通过培训学习、现场考察、专题讨论，我们对新加坡的教育虽属走马观花、浮光掠影，但却真切地感受到了新加坡教育跃动的脉搏，留下了许多感叹、回味和启迪。

启示一：教育缔造社会和谐

在新加坡大街上，华人、马来人、印度人，从着装和外貌上一眼就能分辨出来，但是多元的种族和文化在这里和谐共存，没有出现矛盾。在新加坡我们亲身感受到了该国政府利用教育缔造社会和谐的努力。

作为一个岛国，新加坡自然资源很贫乏。在这种情况下，新加坡将人才作为国家的第一资源，将国内生产总值约4%投入教育，人均教育经费每年高达1800新元。从小学到大学，各级教育都享受政府补贴。正是这样的投入，提高了公民的素质，也培养了公民深厚的爱国精神。

在教育中，新加坡政府重视诚信，使政府政策得到国民的广泛理解和认同。在新加坡，诚信是和谐之本，融合则是和谐之道。在新加坡谈教育，听到最多的是"东西合璧"。新加坡强调双语教学，对英语和汉语都非常重视。新加坡人所说的"东"，不仅包括中国文化，还包括印度和马来文化。

新加坡政府推行以英语为主导语言的双语教育制度，教育以服务国家的发展为目的。新加坡的双语教育有两个特点，一是新加坡实行的是非平行的双语教育制度，英语重在实用，华语重在传递文化。二是以培养学生的语言能力为教学重点，注重语言训练，放弃那些与培养学生语言能力无关的语文知识。国家的工业化、现代化和团结国民，需要发展英语教育，但为了保留民族文化和民族语言，又必须在学校里推行母语。

推行双语的结果，西方文化借主导语言之便，深入年轻人的心中。不同种族相处，交谈的语言固然是英语，一起唱的歌当然也是英文歌。推行双语教育的结果使新加坡社会西化，但根深蒂固的华人血统，和对民族文化传统的深厚感情，又使国人必须学好自己的语言。中西文化完美的合璧，使新加坡国人很有双语社会的自豪感。语言能力的优势，使新加坡新一代人才在全球化的经济领域得心应手、游刃有余、决胜千里。

“东西合璧”体现在新加坡的各级教育中。在著名的华侨中学，我们感受到“东西合璧”的集中表现就是整个学校以“修身、齐家、治国、平天下”为理念，以“自强不息”为校训，教育学生“己欲立而立人，己欲达而达人”。“东西合璧”不仅是兼通母语和英语，更是在学习西方科学技术的同时，用东方传统的道德伦理来培养学生。

教育充分体现平等，是新加坡的和谐之源。新加坡教育实行分流制度，即通过考核，将一部分学生从普通教育转入职业教育。学生在小学和中学阶段都面临分流。只有新加坡国立大学、南洋理工大学等为数不多的大学可以授予本科及以上学位，因此只有少数学生能够一路升入大学。正因为如此，很多人将新加坡的教育体制称为“精英教育”。

新加坡人认为，“精英教育”的含义是因材施教，通过多种渠道帮助学生开发潜能、找到平衡点。“精英”不能以多少人读大学来定义，而是行行出状元，即创造机遇，让每个人发挥自己的才干。因此，很多人对职业教育感到非常满意。人们将教育理解为让每个人发挥自身才能，而不是制造学历歧视。他们所理解的平等并非结果的平等，而是机会上的平等。此外，政府还推出《重新改造职业计划》，努力帮助国民物色新的工作机会。因此，很多新加坡人肯定地说，只要自己肯努力，能正视自己，就一定能在社会中找到自己的位置。

学会与自然和谐相处。作为资源贫乏的岛国，人与自然的和谐相处是新加坡的和谐之基。新加坡人深刻认识到这一点，并教育学生身体力行。

“我们没有资源”似乎是新加坡人的口头禅，他们形象地把水源称作“水喉”，强调其咽喉命脉的地位。“新生水”是各种污水经高科技处理后，净化提取出来的可直接饮用的水。虽然“新生水”的名字与普通商标没什么不同，却是新加坡人的骄傲。国家还专门设立展览馆，通过免费互动游戏等方式，让学生不仅学到了节约能源和合理利用资源的观念，还能学到与自然和谐相处的理念。

通过多种形式的教育，新加坡国民在潜移默化中接受了诚信、融合、平等、与自然和谐相处的理念，新加坡也因此成为活力四射、文化缤纷、族群与宗教和谐相处的现代化城市国家。

启示二：教育强化国家意识

爱国主义是一个国家、民族生存与发展的重要思想基础，是经千百年形成的对自己祖国的强烈而稳定的感情。世界上几乎所有的国家都强调爱国主义教育，对于有着悠久历史文化、单一民族的国家来讲，从培养国民对民族的认同，进而培养爱国主义则比较容易。但对于一个建国不久的小国，历史较短，又是移民组成的多元文化社会，则是一个难题。新加坡恰恰属于后者，但新加坡人一般都能热爱自己的祖国，对新加坡怀有深厚的感情，并为新加坡的独立、繁荣、富强而贡献力量。这些与新加坡坚持不懈地培育国民的爱国主义精神和国家意识是密不可分的。

新加坡政府十分强调社会准则、道德责任、各族和谐和对国家效忠的教育。我们参观的每一所学校，几乎都有新加坡历史墙和校史墙，图文并茂、庄严醒目。校长解释说：我们希望学生能饮水思源，并从祖国历史、校史中受到历经艰苦百折不挠的先辈精神感召，向上向善。正如《新加坡信约》中所写：“我们是新加坡公民，誓愿不分种族、言语、宗教，团结一致，建立公正平等的民主社会，并为实现国家之幸福，繁荣与进步共同努力。”

新加坡政府和学者通常把爱国主义叫作“国家意识”，所谓“国家意识”就是人们对自己的国家的归属感和认同感，即一个人不仅在形式上，而且在心理上认为国家是自己的国家，是自己生活所依持的国家，同时明确地意识到自己是该国的一分子，在自我内部，国家也被内摄而成为自我的一部分。国家意识的灌输就是要让全体国民团结在“一个民族、一个国家、一个新加坡”的旗帜下，为新加坡而奋斗。所谓“新加坡的国家意识”即“一种新加坡国民独特的气质和精神，是一种与其他国家不同的核心价值观，它是一种巩固社会和政治制度的信念”。在新加坡，培养国家意识，进行国家意识教育，实质上就是塑造什么样的“新加坡人”的问题。正如新加坡前总理李光耀讲的，由于新加坡是一个多民族组成的新兴国家，重视对新加坡人国家意识的培养，便是建设好国家的关键，"新加坡人是一个出身、成长或居住在新加坡的人，他愿意维持现在这样一个多种族的、宽宏大量、乐于助人、向前看的社会，并时刻准备为之献身。"新加坡政府和领导人重视国人国民意识的培养和教育，在学校德育中始终坚持国家意识主导性，把它作为新加坡的建国之本和立国之本，看作是新加坡现代化取得成功的一个重要保证，从而采取许多行之有效的措施，取得了显著成就。

同时，新加坡是近年来世界上最大力推行传统文化教育的国家，把传统道德价值作为抵御西方消极影响的支柱。新加坡各级学校十分重视传统道德教育，特别是注重向学生灌输儒家伦理道德价值观，使儒家伦理与新加坡的公民道德教育紧密结合在一起，大大促进了新加坡的精神文明建设和国民素质的提高。

公民与道德教育课是新加坡学校道德教育的重要内容。开设这门课程，对学生进行公民基本知识及文化与道德价值基本知识的讲授，使学生初步明确作为新加坡国民应享有的权利有哪些，又必须为国家尽什么义务。从而通过公民与道德教育，把政府提倡的为国尽忠的价值观念灌输给受教育者，使他们能够成为一个对国家发展做出有益贡献的人。

在参观启化小学时，我们发现他们的课程设置与我国基本上相同，每个年级都开设了"道德教育"。翻阅教材，我们可以看到新加坡的道德教育的目的是要配合政府的政策和现实的要求，协助政府建立一个具有道德意识和凝聚力的优雅社会。

新加坡德育课程的教学目标主要是：向学生灌输适合国家的东方道德价值观，训练学生的道德判断能力，教导学生处世待人须为他人设想的道理，使学生明白身为年轻公民的责任。在内容上，强调东方价值观，新加坡政府依据国情提出了各种族都能接受的五大共同价值观，即：国家至上，社会为先；家庭为根，社会为本；关怀扶持，尊重个人；求同存异，协商共识；种族和谐，宗教宽容。政府要求所有中小学都要以五大价值观为纲，进一步改进和加强道德建设，以培养具有良好道德素质的一代新人。三十五个德育细目分五个范畴发展，即：个人修养、个人与家庭、个人与学校、个人与社会、个人与国家、世界。低年级着重个人修养，强调个人与家庭，个人与学校的关系，高年级则扩展到个人与社会，个人与国家、世界的关系。仔细体会新加坡的这种德育教育思想，不难发现，其间渗透着许多中国儒家思想的精髓，诸如“修身、治国、平天下”的思想。在这里，儒圣孔子的“己所不欲，勿施于人”“仁者安仁，知者利仁”等思想有了很好的诠释。应该说，这种把儒家思想贯穿在道德教育始终的教育思想，对新加坡中小学生养成良好的道德素养起到了非常重要的作用。

值得称道的是，新加坡在国民教育中对传统价值观，一方面扬弃它消极的一面。例如提到儒家文化中的“三纲五常”时，扬弃不合时宜的“三纲”，传扬“五常”。另一方面不断地对传统价值观作解释，不断创新传统的价值观。

新加坡传统教育最成功之处就在于：一是儒家思想新加坡化。任何外来文化在他国被接受，都必须经过本土文化的“过滤”。新加坡根据现代化的需要，对各种文化作了比较、鉴别、分析、综合后，决定从东方文化中做出取舍，奉行保持传统文化精华“并使之新加坡化”的观念。儒家思想本土化主要体现在儒家伦理课程的开设，《儒家伦理》整个教学结构以东方价值观为内容，以西方教育原理和方法为形式和手段，把浩如烟海的深奥哲理且难懂的古文儒家经典，编成通俗易懂的教材。并对儒家伦理中符合现代社会需要的精华加以采用，并在此基础上提出了新加坡的“共同价值观”。二是儒家思想现代化。就是按照“为我所用”的原则，选择儒家思想中有利于现代社会发展的内容，并通过现代语言的阐释，使其“精神实质”不露斧凿地融入新加坡文化之中。新加坡政府认为，儒家思想产生于古代中国乡村的农业社会，而现在的新加坡是个城市化的工商社会，故儒学必须现代化才能与新加坡的现实相协调。新加坡的儒家思想现代化运动的内容，是对儒家思想进行“取其精华、去其糟粕”，使其现代化、新加坡化。新加坡领导人及当代新儒家将“八德”的内容具体化，并赋予现代化和新加坡化的阐释。

启示三：教育注重全面发展

“重视教育就是重视国家的未来”，新加坡人是这样说的也是这样做的。

新加坡的教育质量举世闻名。美国著名的《洛杉矶时报》曾刊登长篇特稿《教育是新加坡生存之道》，文中说：“在新加坡，被认为是最低的两种源流的学生，仍然高过世界水平，比一般的美国学生，仍然遥遥领先。”根据路透社的一则电讯，第三届国际数理能力调查显示，新加坡学生的成绩排名世界第一。

前文已经说过，新加坡实行的是精英教育模式，中小学均实行分流制度，学生根据考试成绩依次进入普通双语班、延长双语班和单语班。进入中学，根据小学毕业考试成绩的高低，把学生编入特别课程班、快捷课程班和普通课程班。

这样的“应试教育”，学生为何还能得到全面的发展？这完全得益于新加坡智慧的育人理念和务实的育人策略。

新加坡教育以“育人为本”为理念，认为每一个学生都是独立个体，致力于让他们充分展现自己的才华，发挥各自的潜能，并培养他们终身学习的兴趣。实施分流制度是为了因材施教，更积极、更有针对性地帮助学习能力较差的学生，最终目的是把每一个学生的智力或潜能充分开发出来。

新加坡的教育同行认为，无论是给不同的学生设置不同的课程，还是运用多种多样的教学方法与手段，从本质上来讲都应在考虑学生个性的基础上实施。学生是学习的主体，不以学生的需求为本的课程与教学是无效的，因此真正的课程与教学是以学生为主体，发展是学生的发展，进步是学生的进步。只有学生发展、进步了，社会才有可能发展与进步。军港中学的校长告诉我们，他们学校的培养目标不在于让学生通过升学考试，而在于使他们全面发展。“进入我校的学生，如果 4 年后(新加坡中学学制 4 年)拥有自我发展的能力，充满自信地走出校门，这就达到了我的办学理念。”学生分流后，仍可根据自己成绩的变化进行转流。因此在新加坡，每一个学生都可以有不同的学习进度，在普通班学得好可以进快捷班，在快捷班学不好也可以回普通班。这种灵活的制度便于学生根据自己的能力发挥所长。

新加坡教育还有一个发展趋势是认同学生在课外活动中的发展，并把它作为日后升学的重要考核指标之一。“培养一技之长，有时比学习本身更为重要。”所以新加坡的每一个学生都必须至少参加一项课外活动团体，可以是篮球、足球、橄榄球、管乐队、弦乐队等等，每周有固定的训练时间。学生从中学进高一级学校，课外分有 2 分优待分。如果某方面有特长，还可优先进入名校。

为了给学生有更多层面发展他们的思考能力，新加坡中小学实行了项目作业。项目作业鼓励学生探索不同知识领域的相连性，鼓励学生测试他们的理论，以及鼓励学生彼此之间的合作。

非学业课程在培养学生如何在商业社会成功扮演重要角色，如团队精神、冒险精神和解决问题的能力具有重要作用。

从资料上看到南京市教科所刘永和所长举了一个例子：有一个新加坡学生来到南京的中学借读，上了半个月的课之后，数学教师仍然搞不清楚他以前学了什么、以后怎么教他。对此，新加坡女皇镇中学的吴世伟主任认为，这里面不但有课程体系的差别，更多的可能是教学方法的不同。中国学校多以传授知识为主要内容，而在新加坡更注重实践教学，强调培养创意思维，提高实际运用能力。以数学为例，新加坡教师不是介绍名词和训练学生做题目，而是在情境中教给他们解决问题的方法，使其懂得学以致用。

比较东西方教育确有许多不同之处，最明显之处在于，东方教育注重知识的系统传授，以考试成绩论成败，学生死记硬背的成分多。西方教育注重知识的点拨和研究，培养学生的动手动脑能力，给学生留有思考、发挥和创造的空间。新加坡教育将东西方的两种教育方法进行结合，吸取各自的一些东西，试图建立一种东西方融合的教育制度，从而较好地实现了新加坡前总理吴作栋在1997年提出的建设“重思考的学校、爱学习的民族”这一蓝图。

短短的一周，我和校长们感受着新加坡的教育，也感动着新加坡的教育，由此也产生了无尽的感慨。新加坡，这个弹丸之地，这个花园之国确有很多东西值得我们学习，先进的教育理念，高效的管理工具，卓越的办学模式都值得我们借鉴；但是，站在国门之外，我们更应该清晰地看到自身的特点和优点，所谓“只在此山中，云深不知处”。我们学习新加坡的长处，但是千万不要丢掉了自己的长处。我们应该扬长避短，有选择性地学习新加坡；我们不能妄自尊大，也不能妄自菲薄；我们不能“邯郸学步”，更不能“东施效颦”。所谓的“橘生于淮南则为橘，生于淮北则为枳”。总之，学习新加坡，应该结合我们的国情、区情和校情，应该在比较中学，在反思中学，在借鉴中学。我们不仅需要感动和激动，我们更需要理性和智慧的行动。

钱穆在荡小

江苏,人文荟萃之地,素是教育发达的省份。其独树一帜的苏派教育悠久深厚,像一条长长的河流,蜿蜒绵长、从容流淌,一路接纳着支流的汇聚,奔腾向着远方。而民国时期,江苏在全国的学术与教育成就尤为突出,堪称中国第一文教圣地。据梁启超先生“近代学风之地理的分布”统计,清华大学从 1927 年到 1948 年总共毕业的 2264 名本科生中,生源来自江苏的竟高达 425 人。这无可厚非的“全国第一”让人不得不深思:在这群莘莘学子的背后究竟站着怎样一批文化教育精英,他们实施着怎样的教育,从而支撑起那个时期江苏教育别样的天?

追寻着那个年代“名师”的足迹,我们走进了诸多历史名校,几乎无一例外地发现:陈列在校史室内能够真正称得上名人并为学校撑足台面的,居然大多是民国时期培养的文化教育精英!难道是冥冥之中的机缘巧合?还是偶然中的必然?

荡口小学老校门

一个阳光灿烂的日子,我们来到江苏历史名镇荡口古镇。这里也是江南小学堂的发源地之一。曾经的小学堂就在古镇的老街边。虽已改建,但原果育两等学堂的旧址还在(现为无锡市荡口实验小学)。站在校门口望进去,正对大门的教学楼显得有些陈旧,但中央大道两旁郁郁葱葱的香樟树却散发着古镇老校的生机。在常人眼里,这不过是一所普通的不能再普通的乡村小学。然而翻开学校的办学篇章,你却不能不惊异:这所创办于 1905 年的果育小学,学校虽小,却云集了一批名儒硕师。当时任职的老师不少曾游学于海外,当属“高大上”的海归；更令人难以置信的是，国学大师钱穆、音乐大家刘天华都曾在这里开启民智、传承文化，在艰难时局中坚守自己孜孜以求的办学理想。

怀着几分肃然、好奇，带着几分虔诚、景仰，我们在校史陈列室的资料中寻找、膜拜国学大师钱穆的课堂，一时间恍若穿越时空，聆听先师的教诲：

钱穆先生

晚餐后，只要天气好，常常到院外散步，诸生也各提手杖，鱼贯追随先生，在乡野间到处乱跑。……星期天，诸生到附近场集玩，先生有时也参加。若星期天气候不好，就另择风和日丽的天气放假一天，率诸生投身于大自然中。有时在乡村茶馆，喝茶吃花生、闲谈；有时席地藉草，或坐或卧，看青天飞鸟，望白云幻变。诸生可随意提出问题请教，先生即海阔天空的随意漫谈。

携弟子尽情行于天地之间，“各言其志”“浴乎沂，风乎舞雩，咏而归”，学生喜欢这样的教学场景，教师更是喜欢。因为钱穆一向觉得，真正的教育首先得以师生间的亲密相处为基础，然后教师在此亲密相处中，毫无保留地用自己的“为学”与“为人”——即自己的人生行状来熏陶、感染学生，而不是一味地让学生学习各种与教师行状无关的专门知识。

而浸润国学大师的作文课堂，更如沐春风——

一日遇雨，则令诸生排坐楼上廊下看雨。问：“今日何种雨？”诸生竞答：“黄梅雨。”问：“黄梅雨与其他雨有何不同？”诸生各以所知对。令互相讨论，又为评其是非得失。遂命下笔，再互作观摩。

时而命诸生带石板石笔及毛边纸出校门，至郊外古墓择坐树下，静观四周形势景色，各自写下。再围坐，命诸生各自陈述。何处有人忽略，何处有人遗忘，何处有人轻重倒置，何处先后失次，即据实景互作讨论。诸生多未注意，则友情提醒：“今有一景，诸生闻头上风声否，与平日所闻风声有何不同？”让诸生静听有顷，才告诸生：“此风因穿松针而过，松针细，又多隙，风过其间，其声飒然，与他处不同，此谓松风。试再下笔，能写其仿佛否？”

如是每作一文，必经讨论观摩、各出心裁，必令语语皆从心中吐出，而又如在目前。难怪诸生皆踊跃，乃以作文课为一大乐事，而竞问：“今日是否又要作文?”如此作文指导,想必学生若要不会写也难。而作文课亦生活化,不从国文课本来,乃从国语课及作文课来,又怎么不是语文教学一大经验呢? 大师之于国学,果然让人叹服。于我们今日之作文教学也不无裨益,给人深思启迪。

追忆往昔,还令人叹绝的是先生训育方面的“拿人”之法。先生所教初级小学,皆自六七岁起,最长不过十三四岁,童稚无知、事态百出,自然有时非加体罚不可。先生意欲废止体罚,“勿使学生视学校章则入法律,误以为一切规矩皆是外面加上之束缚”。先生以为:“若使规矩能生活化,岂不是教育上一大目标乎?”然若泰、英章(先生两位同事)对此不表赞同。先生则谓曰:“纵童稚,亦得对之有理想,仅有理想不顾经验,此属空想。但只仗经验,不追求理想,到底亦仅是一习惯,将无意义可言。”于是,为了“理想”,为了“有意义”,先生一人任之,开始了试验——

孰料,出布告即日,便遇上了“问题学生”杨锡麟。就此,一场斗智斗勇的“攻心持久战”拉开了帷幕。

第一回正面交锋:课毕,余巡视。有一生兀坐教室中课椅上。余问:“何不赴操场?”彼兀坐不动如故,亦不语。问其姓名,亦不答。乃召班长来问之。班长告余:“此人乃杨锡麟,曾犯校规,前校长命其到校后非大小便即坐课室中不许离去。”余曰:“此乃前校长所命,今前校长已离学校,此命令亦不存在。汝当带领其同去操场。”两人遂去。

第二回侧面对阵:不久,一群学生围拥杨锡麟来余办公室,告余:“杨锡麟在操场旁水沟中捕一青蛙,将之撕成两半。”一人并带来此青蛙之尸体。余曰:“杨锡麟因久坐课室中,汝等所知,彼皆不知。今获与汝辈童游散,汝等所知,彼亦可渐渐学而知之。汝等当随时随地好为劝告,勿得大惊小怪,彼犯一小错误,即群来告发。以后再如此,当罚汝等,不罚杨锡麟。”诸生乃默默无言而去。

第三回迂回引导:余上堂,好用两种测验:在黑板上写一段文字,令诸生凝视三数遍,撤去黑板,令诸生默写;又口诵一段文字,诸生默听三数遍,令其默写。如是数次,觉杨锡麟于默听后所记常无误,意其听觉较佳。一日傍晚散学,独留锡麟。余弹琴,令锡麟随而唱。音节声调果皆祥和,文雅有致。余再弹,令其再唱。余忽停弹。而锡麟出不意,歌声仍续,意态镇定,有佳趣,便大加赞赏。问:“明日唱歌班上汝能一人独唱否?”锡麟点首。是日,果如预料。诸生皆惊,鼓掌声久不息。自此后,诸生再不歧视锡麟,锡麟意态亦渐发舒,视其前若两人。

第四回乘胜追击：时学校将开一游艺会，余告英章，好好教锡麟唱一老渔翁歌。英章遂常独留锡麟在校教唱，务期尽善尽美。又特备蓑笠，令锡麟披戴演习。临开会，锡麟一人独扮一老渔翁，登台演唱，琴声歌声，悠扬满堂，众皆默坐神往。老渔翁一剧毕，最得满座之掌声。而杨锡麟乃迥出他人之上。

“精诚所至，金石为开”，如此良苦用心，不怕顽石不开花！若当事人杨锡麟在世，真的好想当面寻访一番，不知这“持久攻心”在其心中激起过何样涟漪？大师的教育魅力也一切在这不言中。诚如龙应台教子经：“孩子慢慢来，慢慢来。”而我们，更须“坐在斜阳浅照的台阶上，望着这个眼睛清亮的小孩专心的做一件事，愿意等上一辈子的时间。”

而搜索大师乡村小学的故事，最让人眼前挥之不去的是那个读书静坐的身影。钱穆自承，在走向大学的前 18 年自学生涯中“未尝敢一日废学”，即使夏夜蚊虫甚多，他也不放弃，甚至想出了把双脚纳入瓮中防叮咬的办法。对于读书，更有自成一体的“钱穆读书法”：必从头到尾通读全书，不抽读，不翻阅，重要之处加以笔录。这正是他在乡村小学教书读书中的顿悟。

“某日下午，遇学校假期，余移一躺椅置大门东侧向北廊下读范晔《后汉书》，不记是何卷。忽念余读书皆遵曾文正家书教训，然文正教人，必自首至尾通读全书。而余今则多随意翻阅，当痛戒。即从此书起，以下逐篇读毕，即补读以上者。全书毕，再诵他书。余之立意凡遇一书必从头到尾读，自此日始。”

读书当如此！钱穆正是用“读书”，在生命中的 18 年，漂亮地完成人生中的三级跳：18 岁中学未毕业执教于乡村小学，到跻身当时最优秀的大学之[illegible]，站在燕京大学的讲坛上。这不得不让我们今日的许多教师汗颜，更感念：要让读书成为教师生活的常态。

“高山仰止，景行行止”，品味着国学大师在小学教师期间的一个个小故事，感受着大师国学研究与教学事业的赤子情怀，或许已无须再去追问。我们更需要加倍珍惜努力，如何以更加优秀的教学行动与课程创造将先辈的办学理想、办学精神发扬光大，成就今天的孩子与今天的苏派教育。

第四章　评论

理性的思考，敏锐的触角，鞭辟入里的剖析。

用眼睛阅读，用智慧点评。读到教与学的现象，更捕捉到教育的本质。是融入文中的一次体察，也是站在某个高度的审视。

也许，我们永远都无法触摸到真理，但黑夜给了我们黑色的眼睛，请让我们用它——寻找光明。

《让语文“敞亮”起来》评点

语文教学的本质是什么？作为一门母语教育课程，既传承民族文化，又引领学生亲近母语，习得言语能力，并获得整个心灵的成长。从这个意思上说，语文教学就是在教师引导下，学生通过语文实践，获得语文能力，逐渐养成良好的语文学习习惯，并在其中实现人文素养提高的实践活动；就是为学生提供一个广阔自由的心灵高飞远举的精神空间，促进学生情感世界的开拓、精神空间的建构，成为一种“有文化的教学”，诗意的回归、生活的感悟、生命的体验。

进入新课程后，广大基层实践者在经受了一次次教育思想、理念的洗礼后，教学视野拓展了，教研氛围浓厚了，教学方式也在悄悄地发生变化。与此同时，课堂中的“浮”“虚”“闹”“杂”等诸多问题也来了，语文教学的本质也被遮蔽了。究竟“什么把语文遮蔽了？”魏星老师通过真实的案例、冷静的思考，剖析了是哪些因素把语文给遮蔽起来的，同时提出了“让语文敞亮起来”的立意。“敞亮”是一个富有哲学意味的用语，指那种不受干扰和遮蔽的、自由的境界。语文的“敞亮”意味着“把儿童自身的内在言语热情引导出来，把语文学习内在的规律揭示出来，把学生内在的生命、美好的情思发掘出来，提升出来，从而给学生带来意味深远的快乐和幸福的生活方式。”文章抓住了语文的本质，立意是高远的。

当然，文章最有价值，最精彩的部分，还是魏星对“敞亮”语文的理解与实践：敞亮的语文教学要“直面语言”，关键是找到“教学眼睛”，“教学眼睛”是课堂的灵魂，是文本的情感密码，是文本的关键词句，是文本的核心知识，是那些最具有刺激性、新奇性、发展性的问题，是那些最能引起学生注意、激发学生探究的兴趣，吸引学生投入激情和才智去完成的学习任务；敞亮的语文教学要“直指心灵”，关键是融入“文本语境”，引导学生揣摩作者的言语动机，揣摩词句的意味，揣摩创作状态，学生的智慧不仅指向了眼睛看得见的地方，更指向心灵看得见的地方；敞亮的语文教学要“直通生活”，关键是创造“习得环境”，让自我和文本、阅读与写作、语文和生活连接在一起。

这是多么精彩的论述！它来自于魏星对语文新课程的自身认同，来自于对教学实践的深切体悟。他以自己的视角、自己的语言方式表达对语文的理解，他以为过上“敞亮”的教育生活，需要三点：以“陌生化”的眼光打量文本；以“多样化”的方式解读文本；以“课程化”眼光钻研文本。这种实践着的认识是美丽的，认识着的实践是可贵的。

真正推动教育变化的是日常教学行为。魏星以鲜活的案例说话，展示了他的“草根化”研究之路，生动诠释了自己对语文教学的理解和追求。这篇文章是在教学的田野中“做”出来的，是用“心”悟出来的，是理念与实践的融合，是理想与现实的统一，散发着浓郁的行动研究的气息。

链接：论文概要

让语文“敞亮”起来

“敞亮”“澄明”是富有文化精神和哲学意味的用语，指不受任何干扰和遮蔽的、自由的境界。

语文的“敞亮”意味着走出功利主义、形式主义、习惯性思维、伪科学等迷雾带来的晦暗，卸掉一切有形和无形的精神枷锁，不再把自己扣留在遮蔽之中、受遮蔽的支配，在本该纯真洁净的语文世界里求得自我身心的自由、内心的豁朗。把儿童自身的内在言语热情引导出来，把语文学习内在的规律揭示出来，把学生内在的生命、美好的情思发掘出来、提升出来，从而给学生带来意味深远的快乐和幸福的生活方式。

敞亮的语文教学“直面语言”。语文教学应从“人”出发，从人的需要出发，装着人的跳动的生命与真切的感受，装着对语言的优越感与由衷热爱，引导学生最大限度地接触语言，既指向对语言的实用吸收，掌握一些常用词语、常用句式、常用语体等基础知识和技能，获得语言形式运用规律、技巧，更指向语言所表现的“意义”“情意”。

敞亮的语文教学“直指心灵”。语文给了学生“彼岸意识”，即：站在语言这一岸，照亮心灵视界！在所有学科中，语文是与人的心灵联系最紧密的学科。

教育絮语

◎语文课堂中，教师要拥有儿童的心地、品质，懂得尊重儿童的文化，理解儿童的需要，用儿童属性的话语方式，与学生展开交流、交往，走向视界融合。

语文教学应以语言作为载体，通过“文本语言”指向“文本语境中的心灵”，进而洞察作者的心灵，并进入到自己的心灵——发现、深化、表达“我”的感觉，强化悲悯、宽容和自省的人文精神。这就要求教师发挥“我”的主体性，凭借文本的语料以及文本承载的“文化背景”，引领学生在文本的“词典语义”和“情景语义”之间、“自然经验”和“人文思维”之间、“文字语言”和“文化心理”之间、“文本经验”和“学生经验”之间激活、打通，也就是在“言”与“意”之间发生实质意义的转换，看清活在文本里的“我”，进而照亮学生的“自我”，进入一层又一层的精神佳境，感受和体验平时极少可能直接感受和体验到的事物，掌握表达这样一些新的感受和体验的语言与语言形式。忽略、遮蔽了“人”，没有丰富心灵世界的培植，没有兴趣、热情和个性的教与学，无异于对语文的亵渎与谋杀。

敞亮的语文教学“直通生活”。敞亮的语文教学应该不教人疏离生活，而应该教人使用美好文字、浸润高级文化、养成雅致情调，争取过着那种不受干扰和遮蔽的、有诗意和美感的生活。鲜明的实践特征和感性过程是语文教学的客观规律。语文教学就是一个动态的过程，一个感悟、体验的过程，一个生活的过程。语文教学就是要将语文还原到一个具体的语文生活情境中，激活学生本原的语感和语用，在感性的实践过程中发展和形成语文素养。

（无锡市崇安区教研室　魏　星）

《和学生一起“享受语文”》评点

构建“原生态”教学方式，和学生一起享受语文——在 2003 年课程改革向深处推进的背景之下，是一个真切关怀生命与富有理想色彩的命题，既脚踏实地，立足于教学方式之转变，又立意高远，追求人的真实、自由精神，享受生命快乐，呈现了作者对语文教学独特的理解与主张。

我以为，构建语文“原生态”教学方式，是小学语文教学返本归原之旅，是有意义、有价值的探索，主要表现在：

一是对语文学习本义的回归与超越。语文是最重要的交际工具，是人类文化的重要组成部分，它负载着丰富的情感、深邃的思想和绵延不绝的人类文明。语文教学正逐步由肤浅、浮躁、功利转向对“语文本色和本色语文”的叩问与追寻。诚如成尚荣先生所言：追求生活的意义与人自身解放是语文本色之魂，是语文本色的深刻意蕴与核心价值之所在。本文作者以师生共同享受语文为核心，提出使语文回归学科本位，成为学习语言、沟通心灵的工具；使语文课堂返璞归真，成为释放生命活力、放飞自由心灵的空间；把语文学习当作内在需要，成为认识生活，服务生活的过程，并列举了相应的策略，如建设文本教材和改革传统“问答式”教学模式，让语文课本成为对话的文本，构建“生活化”的语文学习和开展“语文化”的生活实践等。这体现了作者语文课程本体意识的觉醒以及对语文课程性质、特点的深刻认识和把握，同时让学生“享受语文”，是对学生当下生活的重视和协调，也突出了语文学习对学生全面发展和终身发展的意义，是对学生未来生活的深情观照，所以更体现了对师生作为完整人的关怀，是对师生生活意义的关怀，而非仅仅是对学生和对知识、智力的关注。这样的观点超越了“技术层面”，无疑是一种语文学习本义的超越性回归。

二是对儿童学习方式的探寻与尊重。小学语文必须建立在对儿童的理解基础上。儿童主要是用感性的活动来知觉、体验外部世界，与外部世界建立联系的，因此从儿童文化的视角看，语文学习是学生真实体验、对话交流、主动建构的过程。作者悉心研究儿童现实的生活状态，触摸儿童语文学习的兴奋点，寻觅儿童乐于接受的方式，倡导激发学生学习的内在需要，语文课堂呈现“快乐动感”，师生与文本平等真诚的对话，语文学习与生活的紧密相连，融入活动、游戏、探究、想象等符合儿童学习本性的元素，营造鲜活、丰富的学习场域，从而使语文学习成为儿童实践、体验、理解、创造的过程，构建出其乐融融、兴味盎然、充满生命活力的语文教学。这样的思考与实践还学生以语文素养发展的自主权，为学生提供了更活跃、更广阔的语文实践平台，尊崇儿童的天性，舒展儿童的灵性，关注儿童的真正发展，彰显了“儿童语文”的理念。

丰富生动的教学细节胜于枯燥乏味的理论表白。作者笔下流淌的是用心体悟到的真实感受，文章字里行间可见实践留下的深深印记，这使文章拥有了踏实、质朴的魅力。可见好文章总是根植于实践的土壤，总是与个性化的实践与独到的发现相伴相随。

可以这样说，让语文教学焕发生命的活力，让师生从中获得发展的力量及精神的超越，让师生一起“享受语文”，是语文教学“明亮的那一方”。

链接：论文概要

和学生一起“享受语文”

——试谈语文“原生态”教学方式的构建

要让学生享受语文，享受语文学习，教师必须爱语文，把语文教学当成一种生命的享受；语文教学就应是教师与学生追求人的真实、自由精神，享受生命快乐的过程。这就是笔者一直尝试和追求的语文“原生态教学”。

一、共同打开一本“开心辞典”——让语文课成为师生的节日

要让学生开开心心学语文，首先要让语文课堂教学成为一本“开心辞典”，以不断地召唤着、激励着、探究着，从而使语文课堂变成巨大的“磁力场”。

• 建设：让文本内容“丰厚肥沃”

明确话题。教者在学生感悟的交汇点上选中一个观点鲜明的话题，作为文本建设的切入口。

推荐选文。选文主要来自这样几个方面：可以是名家名篇，可以是报纸杂

志上贴近生活、文字浅显、具有较强的阅读价值的时尚短文，可以是学生的优秀习作。

设置语境。教师以文本内容为基础，通过多媒体技术创设出图文并茂的音像画面，使学生身临“文境”，如闻其声、如感其味。

开展活动。这里的“活动”指的是语文实践活动，活动的形式有：调查访问、新闻发布会、做主持人、当小导游、当小记者、演课本剧、举行辩论会、资料展评会等。

• 回归：让训练目标“瞄准内需”

要构建出其乐融融、兴味盎然的语文课堂教学，必须把目光“锁定”在学生学习的内在需要上。

我想读——满足学生好奇的需要。

常用的策略是：(1) 以奇异的现象引起惊奇。(2) 以意外的结果引发疑问。(3) 以特别的情境激发参与。这些策略运用的关键在于“出奇制胜”，抓住学生好奇求新的心理需要。

我想问——满足学生质疑的需要。

通常从这样几方面着手：(1) 留给学生产生疑问的空间。(2) 设计让学生大胆质疑的环节。

我想改——满足学生创造的需要。

(1) 改文题。(2) 改称呼。

二、携手会见一位“知心朋友”——让语文课本成为对话的文本

教师指导学生学习语文，其实质就是以文本为载体，教者与作者、学生与教师、学生与作者、学生与学生进行互动“对话”的过程，他们沟通、互动，构成了语文教学充满人文情怀和人文关注的“对话”过程。

• 走进：把作者的情“品”出来

真正意义的阅读活动是由“作者、读者、作品”构成的“三边”活动整体，学生必须拥有自己的阅读流程，真正地走进文章中，入情入境，才能做到与作者心灵的交汇和碰撞。

• 贴近：把文本的味“读”出来

常用的方式是：在矛盾处激活，在偏侧处激活，在概括处激活，在细微处激活。

教育絮语

◎语境，是语言学习的场域：要使学生在演讲会、朗诵会、辩论会中提升语感；而语用，是通向语感的桥梁，教学要有机切入表达。

三、联手搭建一个“广阔舞台”——让语文学习成为生活的需要

教师在带领学生学习语文的过程中，要有意识地联系生活，同时要引导学生自觉地树立“语文是生活的组成部分，生活须臾离不开语文”的观念。

用语文沟通心灵。

用语文改善生活。

用语文指点社会。

（江苏省海门实验学校　吴　勇）

《捕捉精神突围的灵光》评点

恩格斯说过，思维是人类最美丽的花朵。思维何其乎美丽？恐怕是因为人总是以“美”的尺度来创造的吧。人总是以“美”的尺度来创造，前提必须是“自由”，即马克思所说的：“人的自由和谐的发展”。然而，至少在今天，人还不够“自由”，因为人的精神生命在当下发展的路途中，还存在着如海格尔所说的“遮蔽”。侍作兵老师在教学实践中，敏锐地捕捉到了掩盖在新课程理念之下的阅读教学中话语霸权、文本霸权、思维霸权等造成的教育“本真”的迷失，清晰地认识到人们每一次对自身已有认识的提高与拓展，都是生命成长过程中寻求的精神突围，是思维自由的胜利，写下了力作——《捕捉精神突围的灵光》。

该文首先对课程标准、联合国《儿童权利公约》关于“发展学生思维”的论述进行了解读，并剖析了阅读教学中呈现的学生的精神世界被套上枷锁，思维自由被不同程度禁锢的现状，提出核心命题：教育的本质就是改造和提升人的精神世界，让人在意识、思维、情感等领域有所发展，使人的生命质量得到优化，各种生命要素之间的关系更趋和谐，其中思维是人精神发展及生命的灵性之源。接着，文章从“精神突围闪耀着思维自由的生命灵光，它是精神生命的发育方式”；“精神突围承载着思维自由的无限向往，它是儿童心灵的自我解放”；“精神突围彰显着思维自由的勃勃生机，它是民族创新的源头活水”三个基本观点展开阐述，以鲜活、生动的案例说话，在对案例作深入、细致和贴切的分析中探求规律，灵动地阐述了自己对精神突围、思维自由的理解和追求：在阅读教学中要重视学生的生命存在与精神发育，让思维在去除束缚遮蔽之后自由驰骋，让知识去除僵化遮蔽之后智慧生长。

该文不但有灵动的命题设想，优美的框架与构思，丰满的论据与素材，而且文字特别，融散文的笔法、哲学的思辨于一体，对文章主旨思想的表达明晰、通畅，使得全文形成统一的、文气贯通的话语系统，既具可读性，更引发读者对自身教育实践的反思。

一篇论文的写作历程其实就是修炼课堂、修炼思想、修炼人格的过程。侍作兵老师从课堂上一部分教师仅仅关注学生答问的“标准”答案，引发了对阅读教学中学生思维问题的关注，经过十几年思考、实践，把思维问题确定为阅读教学的研究方向，在此基础上对大量的案例进行提炼与概括，最终完成本文。在这个过程中，能真真切切地看到侍老师的教学思想和教育情怀。

链接：论文概要

《捕捉精神突围的灵光》

——对阅读教学中思维自由之美的心灵独白

【背景扫描】对思维自由的理性映衬

一、在阅读教学中没有思维的自由就没有“科学素养”的核心——科学精神，没有思维的开放与自由就没有理解的“多元”、个性的“尊重”、智慧的“对话”、诗意的“表达”、科学的“判断”、生命的“独特体验”、自由的“思维发展”与精神领域的和谐。

二、联合国《儿童权利公约》指出：“确保有主见能力的儿童有权对影响到其本人的一切事项发表自己的意见。对儿童的意见应按照其年龄和成熟度给以适当的看待”。“尊重儿童的观点和意见”作为该公约的原则之一被提出来，“任何事情如果涉及儿童本人，必须认真听取儿童自己的观点和意见”。因此，儿童在课堂中理应成为文本正确处的阐释者，错误处的发现者，疑问处的争鸣者，空白处的补充者，矛盾处的质疑者，余兴处的回味者……

三、掩盖在新课程理念之下的话语霸权、文本霸权、思维霸权、信息霸权、评价霸权、角色霸权，使富有浓郁人文色彩的教育从头到脚都流淌着工业化的黑色血液，学生的肢体被带上了镣铐，他们的精神世界也被套上了枷锁，思维自由被不同程度地禁锢起来，教育的“本真”遭到了前所未有的迷失，教育的主体成了被“教育之爱”遗忘的角落。

【精神突围的追问】基于思维自由的课堂对话呈现

【核心命题】对教育本质内核旨归的阐释

教育的本质就是改造和提升人的精神世界，让人在意识、思维、情感等领域有所发展，使人的生命质量得到优化，各种生命要素之间的关系更趋和谐，其中思维是人精神发展及生命的灵性之源，是教育本质内核的旨归，教育对客观世界的影响不是其最直接的成果（这是笔者对教育内核做出的最基本的价值判断）。

【基本观点之一】 精神突围闪耀着思维自由的生命灵光，它是精神生命的发育方式

【基本观点之二】 精神突围承载着思维自由的无限向往，它是儿童心灵的自我解放

【基本观点之三】 精神突围彰显着思维自由的勃勃生机，它是民族创新的源头活水

【精神突围的遐想】 对思维自由之美理想与信念的梦呓

在有形的阅读教学的课堂里“精细中有法度、有空间，甚至有大空白”。世界的多样性、人生背景的异质化、思维的“飘忽”性，都是“精神突围”的资源，是思维自由神韵的“温床”与“摇篮”，在这里我们每个人都在缔造着思维自由之美，享受着思维自由之美。

（江苏省灌云县伊山中心小学　侍作兵）

《翱翔在语言的天空里》评点

读洪榴老师《翱翔在语言的天空里》一文，感受着思考与行走的力量！

“天空”是广阔美好的。语文教材中的选文是展开阅读的载体，对于同一个文本，因文本解读的“细度”和“角度”的不同，所以教师能捕捉到的语言学习的生长点就不一样了。在洪老师的眼里，精彩的语段是“散落的珍珠”，让学生一一俯拾；文本的空白点，是建构丰富的意象、实现语言再创造的切入点……即便是“感动中国年度人物的颁奖”“一场不期而遇的蒙蒙细雨”都是教师引领学生阅读的文本。语言的天空是多么广阔美好！

“翱翔”是自由畅快的。飞鸟翱翔于天空，时高时低，时而直冲云霄，时而盘旋山脊，时而停歇树梢……一幅怡然自得的生动画卷。而读书也是一次愉快的旅行，在文字的天空里翱翔。从文中案例叙述中，我们能感受到孩子潜心阅读、自由表达的快乐。

让孩子翱翔在语文的天空，这样的标题原本就是对语文学习本质的概括。

初读此文，“批注”“续编”“仿写”等语言实践的策略，似乎没多大的创新，在我们教师的课堂上屡见不鲜。而洪老师的见地和举措的独特之处就在于——

基于问题的思考。文章引言部分，对当前阅读教学现状作了简要列举和深入剖析。可见洪老师在日复一日的课堂上，没有思维的倦怠，而是敏锐地发现了普遍性的问题：孩子们言语能力的失落。究其原因，是教师霸占了课堂，禁锢了学生的思维，剥夺了与文本的亲密对话。洪老师从语文的根本、语文教学的根本出发，做出深层次的追问，于是有了话题的凝聚，使文章观点鲜明、富有理性的美感。这种由“问题”出发的研究型思维方式，也容易引发读者的比照和思考，从而认同当前语文阅读教学“把课文都讲‘肿’了，学生语言能力却‘瘦’了”的批判性言论。

整合融通的技巧。确实，洪老师列举的几个举措并不鲜见，但它的内涵在于找准了人文与工具、内容与形式的契合点。讲形式、论表达，都不能生硬地从具体语言环境中剥离出来，而是应该引导学生从课文的具体内容出发，经过学生自己的朗读、思考、体会，自然悟到表达方面的特点，或产生表达的强烈愿望。因为没有内容，形式也就变成了空洞的、毫无价值的容器。洪老师不管是指导“仿写”还是“批注”或“续编”，都遵循了具有一定阅读能力的人“语言和形式”整体融合、同步交叉进行的规律。实践，因为科学而有效。

朴素情怀的坚守。洪老师在“获奖感言”中提及，本文是她和孩子们相伴6年、2000多个日子的缩影，文中摘录的来自学生的精彩语言和独特感悟是“必然”的结果。由此，我们不仅为耕耘之后的丰硕成果而赞叹，更是被浸透在字里行间的一份朴素的情怀而钦服。只问耕耘，不问收获，我们感动于这份坚守，也从中获得深刻的启示，好文章是“写”出来的，更是“做”出来的！

愿更多的语文教师，和洪老师一样，“带着语言文字的体温、带着文学经典的张力、带着文化的意义与价值，拥抱孩子，让孩子有着飞翔的文化诗意和思想与精神的力度。”

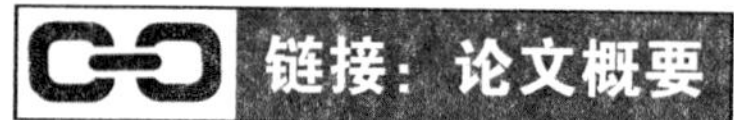

翱翔在语言的天空里

——阅读教学问题与策略例谈

语文教学是母语教学，很久以来，总认为浸润在母语的包围中，不会遭遇“哑巴英语”之类的尴尬，然而当我们走近语文教学，亲历阅读教学课堂时，却愕然发现，“费时多而收效甚微”的局面仍然存在，我们正面临着孩子们言语能力的失落，想象力和创造力的衰退，语文综合能力堪忧的严峻现实。著名作家吴伯箫曾经这样评价阅读教学：“把课文都讲‘肿’了”。与此同时，学生语言能力却“瘦”了。

阅读教学中读与写严重脱节，是学生语言能力提高的一个重要障碍。我们常常忽视了儿童语言习得的规律，那就是在阅读中习得，在运用中历练。

策略一：批注，俯拾散落的珍珠

阅读是学生的个性化行为，不应以教师的分析来代替学生的阅读实践。要珍视学生独特的感受、体验和理解。在阅读过程中，让学生动笔批注，在圈、画、

◎“生成性”是对“接受性”的一种批判和超越，是对“预设性”的补充和修正。生成虽是“无法预约的美丽”，但生成却“青睐有准备的大脑”。

品、读的基础上，将自己的阅读感受用散句短语的形式，记写在文本旁边或是字里行间。这个批注的过程就是学生接受文本语言，同时融入自己知识、经验之后，进行的再创造的语言实践过程。

案例：苏教版第十二册《黄果树瀑布》教学片段。

在初读课文，了解大意之后，教师请学生自由阅读课文。

师：请同学们跟随作者的笔触，自由漫步在黄果树瀑布景区，在你欣赏的地方留下你的足迹，写下你所见所闻所感。

学生批注选摘：

·在太阳光的照耀下，飘飘悠悠的水花变成了金色的轻纱一般笼罩着大街小巷。水珠在大街小巷中飘浮，扑面而来，和着花草、泥土的芬芳，让游人心旷神怡。（陈姚）

·一个“灌”字，写出了瀑布力量的大和人在不知不觉中深受的感染。（沈怡琦）

·那雨雾随风飘飞，到处迷迷蒙蒙。在阳光的照射下，形成一道道七色彩虹，虽然摸不到，可是你的手心还残留着一些晶莹的水珠，一会儿就被阳光照射后，轻轻悄悄地蒸发了。一阵微风吹过，那雨雾像一条条透明的纱巾舞动着，翻卷着，迎面而来，拂过脸颊，于是一股清凉溢满齿颊。刚被吹散，又被另一阵雨雾所笼罩。（陈南喻）

或长或短的语句，传达着学生清新活泼、真实的阅读感受，每一个阅读的感受融合的是学生不同的生命个体。

策略二：仿写，燃烧独特的体悟

简洁，是我们必须掌握的一项文字表现本领，让学生懂得如何将事物描写具体生动的同时，也要给予他们能用较少的文字表现较多的意思的这种意识和能力。

每年央视的“感动中国年度人物颁奖”，不仅是对每一个人情感上的一次洗礼，简练、凝重的颁奖词更是极好的语言范本。苏教版第十二册课文有不少写人的，学生品读了感动中国年度人物颁奖词之后，进行了仿写。

《海伦·凯勒》中的海伦·凯勒：从不幸的谷底到文学的高峰，不屈不挠的她给我们展现了一个热爱生活的顽强女子的坚定形象，呈现出生命的奇迹！（项英）

《给家乡孩子的信》中的巴金：这支蜡烛，照亮了一个世纪的文学圣杯；这条春蚕，倾吐这一根根交织人生的丝线；这棵青松，激励着一代代人的精神。他，苍翠百年，风采耀人。或许，病床上的他很虚弱，但是炽热的心，如火炬般永存在人们心中！（吴艳若）

《一算惊世界》中的史丰收：执著＋智慧＝成功。这是他花一生做的一道算式。他攻克了数学堡垒，创造了神的奇迹。（席颖卓）

《孔子游春》中的孔子：他是中国儒家的创始者，他循循善诱，把自己的思想传授给弟子。他一生坎坷，却矢志不渝报效国家。他的精神，永远激励着炎黄子孙。（王雯佳）

将对文本的阅读感受、对人物的理解，用最为凝练的话语传达，这是对学生语言能力的一种锤炼。语文丰富的人文性在学生语言的繁简中展露。思想和语言成为学生翱翔在语文世界里的美丽双翅。

策略三：拓展，触发智慧的火花

阅读是吸收的通道，表达则是个人积累的外化形式，没有倾吐的动机与愿望，积累的好词佳句就永远只是苍白的语言符号，沉寂在孩子记忆的角落里。拓展学生的阅读空间，打破严严实实的教室四壁，向生活开放，在大自然中“阅读”，自然的灵气会触发孩子们与生俱来的智慧的火花。

案例：《雨中校园》即兴写作三部曲

一个细雨蒙蒙的早晨，我让孩子们分成小组，走进雨中的校园，用心去看、去听。然后每人写下一段自己看到的听到的雨中校园景色。

第一部曲：走进校园，用心感受。孩子们有的靠在窗口、凭窗俯视，有的索性撑起花伞走进小花园。短短十分钟后，孩子们回来了，开始静静地写下自己

教育絮语

◎教育是阳光事业，必须走阳光大道，剑走正锋，不能剑走偏锋、走旁门小道。

◎语文老师应该有语文的气质，一走上讲台“我”就是“语文”。

的感受。小片段写好，组长负责将组内同学的片段收齐，仔细阅读，然后编上序号。

第二部曲：高手打字，QQ传稿。班级中打字速度较快的几个同学，把每一组零散的文稿整理成一篇，通过QQ传给我。

第三部曲：小组修改，集体欣赏。将成篇的稿子发给小组，在组长的带领下进行修改。最后，由组内推荐一名朗读出色的同学，全班朗读欣赏。

孩子们从亲历中学会用心观察，从合作修改中学会准确的用词造句，从聆听赏析中，感受多角度观察和表达的方法。在语言的天空里，不能让学生如飞鸟般滑过而不留痕迹。教师应立足文本，充分挖掘教材资源，让学生借助思维和想象的翅膀，轻盈地飞舞在语言的天空里，让每一位学生的语言能力，在生活的、情趣的、真实的课堂里得到实践和提高。

（常熟市实验小学　洪　榴）

《故事:感动心灵的影像》评点

相对于“乱花渐欲迷人眼”的阅读教学现状,金东旭的课型研究就显得难能可贵,其贵在有“格”。面对大家似乎熟悉的、比较常规的“叙事类文章”的教学,他能先“入格”——厘其概念、梳其特征,再“定格”——找出节点、建构课型,然后聚焦其“育人价值”、强调其实施要点而留有余地地“出格”。文章章法严谨,分析入理,可见金老师独具匠心,从熟悉处赏得优美风景。

一是“叙事性文章”特征梳理连接“地气”。基于金老师23年在“小学语文”园地的躬耕,缘于他对阅读教学、儿童学习特点的理解,更因为他对此类文本教学任务的准确把握,梳理出了“叙事类文章”教学的三大特征“人不离事、事不离人”“以像感人、以情动人”“既见森林、又见树木”。诚然,阅读教学须有“场”,师生间安全的“对话场”才能促成“‘像情’而情动,情动而辞发”的境界。先“入”后“出”的方法也能建构实在的“语用场”,让儿童浸润在文章的境界中先行整体把握,再行咬文嚼字深深地“犁过”,从而实现语言的“生长”。金东旭的这些提法都是儿童本位的、源自实践的,所以是连接“地气”的。

二是“叙事性文章”流程制定颇有“底气”。金东旭把教学实施流程绘制成了清晰的“节点”图,并就每一节点进行了到位分析。这是大量实践的提炼,也有丰富学养的支撑。如“节点一”的论述印证了“课标”语言“教学应激发学生兴趣”“为学生创设良好的自主学习情境”。如“理文顺脉”一说与叶圣陶老先生“作者思有路,遵路识斯真”理论不谋而合。如“大语文观”支撑下“读写迁移”“拓展延伸”的做法架起了由课内到课外的桥梁,通过教学驶向文学的彼岸。

更可贵的是,金东旭对课型“节点”的论述留有“变式”,以广阔的视野概括了一类文的教学,富于实践指导意义。犹如“独孤九剑”虽只九式但变幻无穷。

三是“叙事性文章”要点强调十分“硬气”。歌德说过“内容人人看得见,涵义只有有心人得之,而形式对于大多数人是一个秘密。”金东旭的“语文意识”直指文本形式,强调精读具体场景、矛盾冲突、典型言行、细节描写“食之裹腹”,强调掌握文章线索“提领一顿，百毛皆顺”，强调聚焦“语用”、实现美育达到“言意共生”。既关注文本的思想内涵，又促进了学生语言“生长”，强调得很“硬气”。

熟悉的地方有风景，关键要有一双慧眼去留意。像金东旭这样，在平常中发现与提炼，做的是真研究，绘成的是别具一“格”的美丽！

链接：论文概要

故事：感动心灵的影像

——也谈“叙事类文章”的教学

“叙事类文章”指的就是以叙事为主要表达方式，有较完整的故事情节和鲜明的人物形象的作品。而本文所说的“叙事类文章教学”则指教师在充分研读教材育人价值的前提下，通过教学内容的选择和重组，以师生和生生的多向、多维、多层互动为载体，分析、鉴赏、探究某篇具体的叙事类文章的教学活动。

一、“叙事类文章”的主要特征

叙事类文章的教学应呈现出“人不离事，事不离人”的特征，在了解课文事件梗概的基础上，依托于事情的发生、发展和结果，把握行文的思路和结构，让学生在经历作品中的“人物经历”的同时，逐渐走进人物的内心。

叙事类文章的阅读教学对话过程呈现出了典型的“以‘像’感人，以‘情’动人”的特征。这一方面是由学生的心理发展特征决定的，另一方面也是由我们的教学内容决定的。

叙事类文章的教学应该牢固树立“既见‘森林’，又见‘树木’”的意识，从理解其主旨出发，兼有欣赏一些精彩章节或词句的要求，或者从文章的构思、情节安排等角度去做一些探索。

二、“叙事类文章”的实施流程

定向话题，产生期待。在这个节点上，教师要善于根据文章的内容，创设恰当的话题情境，打通学生生活世界和书本知识之间的壁垒，使学生对即将阅读的故事产生强烈的阅读期待。

理文顺脉，感知内容。这个节点是学生感知事情发生、发展过程之初始阶段。要求教师抓住行文特点和线索安排，通过灵活多变的教学活动设计，引导学生对故事的来龙去脉进行“抽象”。

入情入境，说人解事。此为叙事类文章教学的核心环节，教师应该带领学生借助于文本中的具体语句，通过对事件的还原和创造，让学生结合生活的体验、感悟，深入领悟文本的内涵。

读写迁移，活化积累。在叙事类文章的教学过程中，教师应首先引导学生从具体的文字中解读作品的思想内容，然后活化学生的阅读积累，即经历从思想到内容的分析过程，这个过程侧重于运用。

拓展延伸，丰富体验。课外拓展阅读是语文学习的重要途径。教师在叙事类文章教学中，应该善于点燃学生课外阅读的激情，结合当下学习的文章，适时、适度地开展主题拓展阅读。

三、“叙事类文章”的实施要点

强调文本精读，满足实际需要。具体为精读具体场景、矛盾冲突、典型言行、细节描写。

掌握文章线索，选准教学落点。只有理清了线索，文章的结构、事件的来龙去脉以及人物思想情感的变化才能清晰。

了解表达方式，感知文体知识。在学生已经对故事情节和人物形象有了深刻的理解之后，去探究不同表达方式的运用及表达效果。

丰富多彩内涵，实现美育功能。叙事类文章的教学在引导学生关注世界、人类和自然等方面起着重要的作用，它必须承担起这类文本最重要的育人功能。

（常州市局前街小学　金东旭）

《解放阅读：语文教学的应然回归》评点

面对被赋予了众多内涵与功能的语文教学，教师往往会感觉到手脚束缚、无从着力。阅读教学的境况也大致如此。王晓奕老师从文学阅读的视角去寻找阅读教学的突围路径，提出“还学生以纯粹的文学阅读”的观点，犹如一股清新之风，拂去繁杂与纷扰，回到阅读教学的本真意义上来。

当越来越多的文学作品进入小学语文教材，确认教材“选文”类型及不同类型选文的功能发挥方式，变得尤为重要。正如王老师所言，对于文学作品的阅读教学，应该不同于一般语文课文的教学，需具备和反映文学教学的性质和特点，将学生获得阅读审美情趣和习得文学阅读技能作为主要目的——“纵其个性，顺其天性，解其束缚，放其自由”，这也就是“解放”与“回归”的题中之意。

从作者的思考中，我们确乎能感受到“在课堂教学情境中的学生阅读，含有高于学生在非此情境中所获得的‘滋味’”。这也是阅读教学之所以为教学的理由：

首先，从教材的角度关注阅读功能。新的《语文课程标准》虽然没有明确文学教学的概念，但从其对语文课程人文内涵的重视，对整体感悟、个性体验的倡导看，文学教学已开始凸显出其特有的性质。王老师对此有着敏锐的直觉：要实现文学教学与语言教学的区分，便应将阅读文本首先看成文学作品而不仅仅是文化的、思想的、经验的载体或借以认知学习语言的资源。只有重视作品在陶冶性情、丰富心灵感受、抒发感情、获得美感、享受阅读乐趣等方面的意义，才能以此构筑文学教学的教学理念和策略。

其次，从教学的角度关注阅读本义。寻找隐藏的叙事结构，关注陌生的语言形式，还原作品的生成语境，回归自然的阅读状态，无不是文学作品阅读的本质要素，也是王老师“带着语文眼镜，从语文角度揣摩一番”的思想成果。语文阅读教学确实需要这样一种独特的阅读视角，慧眼发现、会心解读、绘意诠释，“入乎其内，出乎其外”，在引领学生沉浸到文本所营造的情意空间的同时，领悟其言语发生的特征和技巧，磨砺对语言及言语形式的敏锐感，这也是语文教学的要义所在。

再次，从学生的角度关注阅读原点。学生是一切教学活动的旨归。要让学生成为“理想的读者”，必得回归常态下的阅读，关注不同的文本样式和阅读目标，并在具体的“读什么”上作细微的点拨与指导；必得关注学生已有的阅读积累与阅读经验，用学生似乎已知已会其实未知未能的“图式”唤起阅读期待，实现文本背景与生活背景的对接。有王老师这样的独特领悟，我们的阅读教学才能带着学生由远及近走进文本，变浅读为深读，化平淡为神奇。

链接：论文概要

解放阅读：语文教学的应然回归

区分语文教材中的文学作品与文章作品，还学生以纯粹的文学阅读，是语文教学的应然回归，也是阅读教学的突围路径。

一、寻找隐藏的叙事结构

文学作品中的故事属于叙事学，而叙事学关注的焦点在文本的结构肌理，一般不对作品作审美判断。故事的阅读，只要学会了对故事中人物功能的把握，便找到了故事隐藏着的叙事结构。而对情节曲折复杂的故事来说，不得不问的是：故事的那根线头在哪儿？由此，阅读时需要在杂乱无章中找到某种秩序。寻找这种秩序，凭借是“叙述者”的身份确认。文学的接受过程是读者期待视野对象化的过程，也是读者不断建立、改变、修正其期待视野的过程。学生阅读作品，都是凭借自己已有的阅读经验(结构)，边读边想，猜测故事情节的发展趋势，假设人物命运的起伏变化等，这样的阅读状态正是学生产生阅读期待的表现。因此，我们要善于发现不同作品的结构特点，促使学生产生深入探究的阅读欲望。

二、陌生熟知的语言形式

语文阅读教学天生就要让人“具备一种研究的气质，一种独特的阅读视角。无论你说什么，我都要带着语文眼镜，从语文角度揣摩一番。”语文阅读教学就要让学生“主动”地阅读，对文本进行研究、考察：它为什么能够感动我们呢？同样讲到这些事物，如果换一种说法，是不是也能够感动我们呢？

文本中的语言，初看学生都读得懂，一旦你追问一下其中的“言外之意”，进而追究一下“其所以然”，就能变“熟悉”为“陌生”，就能凸显这些语言的阅读价值，引起学生的关注和深究，消解那种“浮光掠影”的浅读习惯。

三、还原作品的生成语境

言语作品是作者在特定语境下言语活动的智慧结晶，语境与言语一道生成，作品一旦完成，语境随之消失。而阅读的心理过程实质上是一个由言语作品到语境生成的逆向转换过程，这个过程就叫“语境还原”。读者凭借作品中的语言描述，设身处地地像作者当时那样地去想、去写，就能最大限度地体验到作品中蕴含着的独特思想与情意，进而能更加真切地领会作者如此说、如此写、如此遣词造句的奥妙所在。可以说，“语境还原”方能进入作者的内心世界，方能进入作品的深层结构，领略到阅读的无限乐趣，获得语境中的言语智慧。

四、回归自然的阅读状态

不管是何种阅读方式，都须与生活中的常态阅读方式相一致，回归常态下的阅读，才是我们阅读教学的原点。指导学生学习何种阅读方式与方法，主要取决于不同的文本样式和不同的阅读目标。

面对一篇具体的课文，究竟要在哪些地方去读，要从中读到些什么，这是需要教师作精心的阅读指导的，如果一味地让学生自己阅读、发现，难免陷入空泛的泥潭。其实，训练学生的阅读方法与阅读能力，就是要在具体的“读什么”上作细微的点拨与指导。

解放阅读，实质上是对阅读者心灵的解放与个性的召唤。

（苏州市吴江区盛泽实验小学　王晓奕）

《“基于供给”与“基于需求”》评点

教师发展是优质学校建设的基本维度之一，是学校工作的永恒主题。本文选取独特视角，通过“基于供给”与“基于需求”“教师需要”与“发展需要”的不同价值期待的比照分析，积极探索教师专业发展路径，力图找寻最恰切的教师培养模式。论述不是无的放矢、蜻蜓点水，而是基于学校调研，遵循教师成长规律，通过系列研究，探求出影响教师发展的主要因素和途径方法，并给出了富有实践价值的发展愿景，具有非常可贵的现实意义。具体来说，有以下三方面的特点。

一是根植学校现实。教师发展是提高学校凝聚力的核心要素。一个学校有没有向心力，有没有向上的力量，教师是关键。论文基于学校现状和师资实际，对教师发展的概念定位、教师发展的需求、发展平台等影响教师发展的因素进行了问卷调查，掌握了教师对自身发展以及学校层面对教师发展的价值期待存在的不相符合的地方，为寻求教师发展和学校发展的新路径提供了具体可信的基础依据。

二是聚焦“80后”教师。以人为本不是抽象的概念，关注教师发展，让教师在职业体验中感受创造性工作带来的充实与幸福，获取人生价值的永存和人格的升华，这才是以人为本的核心。作者把占学校大多数的“80后”教师作为主要的研究对象，分析了“80后”教师的特点及优缺点，对现代教师的生力军代表进行了全方位的剖析，也为这部分教师的专业发展提供了可选择的内容与策略，不仅关注了教师发展的工具性价值，更指向了教师精神建设，从而使教师发展的策略选择更为丰富、全面和厚实。

三是彰显实践价值。意义总是在人的能动的实践中显现，人通过实践所实现的也正是对意义的理解、追求和创造。本文不仅对教师发展这一主题进行了独到的理论研究分析，更为唤醒教师的专业自觉，促进教师的角色重建提供了可资借鉴的实践操作模式。如打造“普遍期望的环境”，构建起“差异发展、教研

教育絮语

◎任何一堂成功的课，都要有一个基调，这种基调是围绕着教学目标的达成而逐步铺成的，它是课堂教学的主旋律，是课堂灵魂的引领。

引领”的发展平台，重视差异需求，为新教师、骨干教师、成熟期教师度身定制发展计划，提出发展目标，最终形成学校积极的生态文化等。

除上述特点外，本文整体思路清晰，逻辑性也较强，引言部分简单介绍了教师发展的背景与现状，正文第一部分基于问卷调查分析了关于教师发展两种不同的价值期待，第二部分进行了教师发展意义的认同，第三部分阐述最为具体，即学校、教师共同找寻教师发展的平衡点，第四部分为教师发展的理想追求。各部分关联紧密，行文亦流畅自然、可读性强。

链接：论文概要

“基于供给”与“基于需求”

——另一只眼看教师发展

教师发展的历史坐标意义主要体现在社会转型时期国家宏观发展对教育的需求以及新课程改革背景下对教师发展的需求。许多学校始终把教师发展的问题放在重要的位置，在教师发展的问题上出台了一系列的措施。我们学校也不例外。为了深入了解教师发展的情况，明晰今后的工作思路，这学期我们对本校教师进行了问卷调查。此次被调查的人群主要以“80后”教师为主，共65人参与。问卷调查及最后座谈的结果反馈了一定的信息，也进一步引起了我们对教师发展这一话题的审视。

教师发展：两种不同的价值期待。调查的结果发现教师与学校层面对发展的价值期待不尽相同,甚至有些是相悖的。前者大多定位于个体相当强的原始享乐本能和自我中心本能,而后者更多的是定位于学校发展的需要,某种意义上也或多或少存在校长个人的功利色彩。两种不同的价值期待,所产生的教师发展模式不外乎是“供给式”的。这就不难看出,为什么在学校花足力气给教师多种发展际遇的情况下,收效却往往无法满足学校的需求了。因此,关注“基于供给”的前提应是“基于需求”。

意义认同:教师需要不等于发展需要。教师的需要不应等于教师发展的需要。学校对促进教师发展采取一定的策略并不会因迁就教师的需要而搁浅甚至放弃。而教师要谈发展,多少要放下以个体自身为中心的某些需要。这个观点是否能得到教师的普遍认同?面对大多数自我中心本能的“80后”教师,这种意义认同实际是一场观念的冲突。作为学校层面,不会也不能因为教师的需要而放弃教师发展的方向性目标,而在于如何寻找到教师愿意发展的契合点。

诉求支持:“基于供给”与“基于需求”的平衡。从调查问卷中,我们还是看到了教师发展的诉求,主要涉及发展的方向问题以及策略问题,最主要的是发展的适切性问题。审视已有的教师发展模式,如何体现适切性,“基于供给”与“基于需求”需要平衡的点,这个点应该落在学校为教师建构的各种平台上。我们根据教师队伍的现状,基于“供给”与“需求”的平衡考虑,针对不同的对象,构建差异发展的目标,把新教师发展的目标定位于入门、入格,打造有效课堂;把骨干教师的发展目标定位于打造个性化的课堂;成熟期教师的发展目标则是打破高原期瓶颈,获得再发展等;为发展意识强、发展可能性特别大的教师搭建适切的平台。总之,变教师的“被发展”为“发展的自觉”,这是每个学校孜孜以求的美好愿望。因为,主动即自由。

（常州市武进区星韵学校　蒋惠琴）

《专业成长:从“众人推车”到“发动引擎”》评点

教育科研论文,重在事实性地阐发、原始性地解剖,因为这种解读更加符合本质。《专业成长:从“众人推车”到“发动引擎”》就是这样一篇范文。

第一,注重事实性地阐发。新课程改革已经十年了,随着课程改革的进一步深入,实验中的一些问题浮出水面。这几年,教师培训取得了丰硕的成果,积累了不少有益的经验,各地教育行政部门、教研部门做了大量的工作,花费了极大的人力与财力。但是,问题依然不少。课程改革是一项专业而持久的静悄悄的革命,我以为,教师的专业成长是课改深入推进的津梁,除了外部的督促与指令,教师个体内部自我提升的愿望是更重要的,也是真正具有决定性意义的。段老师缘于在全市青年教师脱产轮训班上所做的一次无记名调查,发现教师专业成长之“五多五少”不良现象,并提出建议——唤醒青年教师内在的成长需求。立意精准,有的放矢,有感而发。

第二,注重原始性地解剖。段老师对问卷结果的呈现,有确凿的数据和案例,有形象的统计图表呈现,更有详尽的剖析和推演,从“调查结果”“现状分析”到“成长建议”,从“给教育主管部门和学校的建议”到“给教师的建议”,论述严密而有逻辑性。当我们越来越多地沉溺于琐碎而庸常的日常教育生活之中,当我们发现自己的教育生活状态有些疲劳、单调、乏味之时,当教师个体的生命状态处在低迷的、低质量的阶段时,段老师建议教师保持“积极的工作心态”“上进的成长心态”“积极变革的决心”“好学上进的合作心”“落实规划的持久心”。教育是一门闲暇的艺术,我们需要适当地从庸常化的教育生活中找到闲暇的心灵空间,并且把日常教育生活作为个人专业发展的源头活水。

第三,注重文本的和谐性。《左传》有言,“言之无文,行而不远”。言,需要规范的概念和严密的推理;言,需要得体的言辞和文风;言,需要充实的内容和新颖的观点。段老师以调查问卷及多年的实践体验作为基础,行文构思看重整体与局部的和谐,看重细节与关键的和谐,看重言语与逻辑的和谐,看重论据与主见的和谐，看重科学性与艺术性的和谐，产生的文字效果具有原生态的可品读质量。

教师成长，唯有走向教师自觉，才能“诗意地栖居。”诗意总是向上的，缺少了诗意，我们的空间就是狭小的，而栖居总是向下的。正是向上与向下的结合，一方面让我们的人生拥有踏实的根基，另一方面让我们拥有开阔的生命视野。向下扎根，向上生长，这是树的风采，也是研究者共同的选择、共同的夙愿。

链接：论文概要

专业成长：从“众人推车”到“发动引擎”

——教师专业成长现状调查及建议

笔者在全市教师培训会上做了几次匿名调查，调查结果显示，当前青年教师专业成长主要存在“五多五少”现象：日常事务多，学习研修少；被动应付多，主动进取少；经验复制多，反思改进少；单兵作战多，合作交流少；漫无目的多，科学规划少。当前教师专业成长，存在着学校愿望迫切，教师发展被动，外力大于内力的不良现状。如果把教师专业成长喻为高速公路上的汽车，青年教师就是端坐其中而不得发动引擎要领的车手，专家等是车后的推手，而缺乏内驱力的车辆怎么能跑得快呢。

基于现状，笔者认为学校应以“营造氛围，变推为引”为策略，启动教师专业成长自觉自发，教给教师发动专业引擎的要领。

一、给主管部门和学校的建议

成立名师工作室，充分发挥名教师的辐射与引领作用有利于青年教师快速成长起来。构建专业发展共同体，把本地区同学科的骨干教师组织起来，让大家在专业发展共同体中取长补短、共同提高。规划好校级名师工程，就学校来讲，首要解决的问题是规划好学校名师工程，制定好学校中长期名师发展规划、近三年培养规划和年度教师培养计划。营造好专业成长环境，环境对一个人的成长起着至关重要的作用。教师专业成长的环境，包括宽松和谐的心理环境、积极向上的外部环境、广阔多元的交流平台等。完善好评价激励机制，为了进一步加强教师队伍建设，促进教师专业成长，我们研究制定了教师专业成长“奖励条例”，鼓励教师追求学术地位、争先创优。

二、给教师的建议

紧握专业成长方向盘：意识 ＋ 规划。教师专业成长空间是无限的，成熟是相对的，成长是绝对的。一个教师从踏上工作岗位起，就要启蒙自我，树立自觉的专业成长意识，制定和实施“个人发展规划”。

启动专业成长助推器：阅读 ＋ 实践。苏霍姆林斯基曾经说过：“一些优秀教师教育技巧的提高，正是他们持之以恒地读书，不断地补充他们的知识大海。”每天再忙再累也要坚持读一会书，让阅读和实践成为我们专业成长的助推器。

添加专业成长原动力：反思 ＋ 写作。青年教师要想尽快成长、成熟起来，学会反思是一条经实践证明的专业发展捷径。青年教师如果能够长期这样坚持下去，其自身的整体素质和教学水平就会呈螺旋式的全面上升，从而促进自己专业成长和成熟。

教师专业成长，如果仅仅是依靠外力推动，那等待我们的将是职业倦怠。反之，如果能够唤醒教师成长需求，教给“发动引擎”的方法，那么这种触及精神世界和灵魂深处的力量，将使我们不断超越自己，体悟到生命的要义，饱享职场的幸福感和自豪感。

（浙江省宁波滨海国际合作学校　段安阳）

《讲述："被时代"教育困境中的美丽》评点

"经验＋反思＝成长"。这是波斯纳关于教师专业成长的著名公式。自我反思——作为课程改革倡导的以校为本的教学研究的三个基本要素之一，对于养育教师理性精神的作用和价值，在不同学科两位普通教师的教育之旅中得到充分的印证。

这是一次有意思、有意义的教育反思之旅，因此成就了"被时代"教育困境中的美丽。

首先，反思主体是搭班的不同学科的两位普通教师。从生活中的朋友成为教育反思共同体，超越"专业发展的功利比较"，逾越"小我的比较"，4 年的教育生活相伴相随，面对同一班学生，一起经历各自的课堂，互相解决问题，消除职业焦虑。这样的共同反思，视点独特，同伴互助、持久跟进，克服了个体反思可能的狭隘、游离与单薄，内涵丰富而又耐人寻味。

第二，反思指向教育困境中的"儿童本位"和"课堂愉悦"，触及了教育生活的核心地带。对于"儿童是什么"的研究，由"一切为了孩子"的质疑诘问开始，进行科学解析，实施理性关怀，循序渐进的实践路径，呈现了对教育本义的孜孜求索和逐步逼近；为了师生生命活动场所——课堂的"真正愉悦"，用心呵护"真学生"，虔诚追寻"反教案"，执著坚守"走课堂"，脚踏实地的行动充满劳绩，又洋溢着诗意情怀。执著向往，深刻思考，不断地自我否定与自我超越，彰显了教师实践研究的专业品质。

第三，反思以教育生活中的关键事件贯穿始终。两位普通教师浸润于具体的教育场景之中，以坦诚与开放的心态直面自己的实践，讲述亲身经历的故事，选择了一些典型的行为，聚焦了一些复杂的情景，留意了一些有意义的具体细节，真实地展示了事件过程与心路历程。在讲述中，对自己的专业活动有更深入的理解，发现其中的意义，从内部建构实践性知识。真实的图景、真切的感受和生活化的语言，仿佛在素描我们每个人的教育日常，使人卷入并觉醒，获得视

教育絮语

◎教学就是在不断地发现问题、提出问题和解决问题的螺旋上升中让学生顺利完成认知意义、情感价值的建构。

◎校长要“渡人渡己”：成就学校，成全他人，成功自己。

界的敞亮。同时，这种感性的话语方式没有停留于肤浅与宽泛的表象描述，而是进行了深度的意义探寻，达到了激情与理性和谐共生。

尤为巧妙的是，作者找到一个年度新词“被时代”来表达教育生活所遭遇的种种尴尬。身处困境，自主反思却从未停止，忙碌的自己不断与宁静的自我进行对话；冲动的自己不断接受理智的自我批判；实践的自己不断接受理论的自我省察。两相比照，可贵的专业自觉和纯粹的教师气质跃然纸上、令人感佩。

加拿大学者马克斯·范梅南说：与孩子一道生活并反思我们与孩子们生活的方式，这两者都是我们的教育性生存的表现。两位不同学科的普通教师的反思之旅，一路积累了支撑和激励他们未来教学的力量，教育呼吸也更深沉更健康，这样的教育行走无疑是幸福的。加入这样的旅程吧，在生动的体验与经历中寻找教育的真谛、衍生教育的智慧，进而逐渐走向教育精神上的真正独立。

链接：论文概要

讲述：“被时代”教育困境中的美丽

——不同学科两位普通教师的教育反思之旅

反思者吴：小学语文教师，善于反思自己的课堂和教育，可是常常陷入自责的境地。

反思者张：小学英语教师，常常会和她的团队反思英语教学和教育。

一、在教育困境中拔节成长的“儿童本位”

1. 一切为了孩子？——“被文化”下的班级竞争机制。

“龟兔接力赛”这一班级竞争机制下的孩子们，在我们设想中应该是积极、向上的，可是孩子的真实表现、家长和同事的质疑不得不让我们反思：这时的孩子怎么了？我们的付出，孩子感受到了吗？我们是不是在用心中的孩子去体量眼中的孩子？这时的儿童也许只是在我们付出后的期待里，以“龟兔接力赛”名义为首的班级竞争机制只是想借某种外在的力量去驱赶孩子，并没有让孩子自己真正启动。

2. 孩子，我想读懂你！——“被班级”下的特殊孩子解析。

“明星班级”这一名称的出现，只是班级“被”了。当我们从内心褪去这些外在的干扰，用对待稚子的情怀去对待我们的学生，也就能很释怀地去解读他们，给他们一片宽容温暖的空间。我们对孩子爱了，可能是爱错了方式，用我们的理解去理解他们，想用我们的想法去左右他们。成人是会抽象地演绎生活的，而孩子却是具体的情感生活者，教师对孩子的爱只有真正触及并适应儿童心理发展的需要，那才能称其为爱。

3. 孩子就是孩子……——“被家长”下的执著理性关怀。

面对家长类似讨伐般的对我们教育的否定，我们亮出了作为教师的立场，即便一时遭到学生父母的质疑，也不感情用事地放弃。所以，我们在一次“我读孩子的日记”活动中明白地回复家长：去解读孩子的真实吧，贴近她的这些真实，你能倾听到真实的声音，享受到真正的幸福。

二、在微弱光芒中惺惺相惜的“课堂愉悦”

1. 不愿“被学生”，用心呵护“真学生”。

呵护“真学生”，就是保护学生的“可能性”。“可能性”就是“还没有成熟”。没有成熟，就会有缺点、犯错误。把孩子的缺点与错误，不妨看作是“营养不良的优点”，满怀信心地去鼓励、引导他们。如果，作为生命活动的场所——课堂，不能让学生感受自己因真思考而带来的“愉悦”，而任凭其他的因素介入，课堂怎能让学生产生深深的眷恋呢？所以，我们始终不愿“被学生”，而是努力让他们的真性情在课堂这个特殊的学习磁场得以展现。

2. 不想“被教案”，虔诚追寻“反教案”。

反教案的过程就是对“课堂愉悦”的真实追寻过程。细细回味我们初出茅庐时课堂上的战战兢兢、对教案的“唯命是从”，到如今的很多时候自觉地“反教

教育絮语

◎整个教育学，归纳成一句话，那就是“研究学生”。每研究一个学生，就预示着教育的真正进步。

◎心中要有标，眼中要有人，肚中要有货，手中要有法，脚下才有路。

案”，我们更留恋醉心于如今胸怀、学生的课堂。这份追寻不自觉地在我们的日常教学行为中一点一滴地展开、积累，我们怀揣着美丽的心情在期待光亮中惺惺相惜。

3. 不想“被课堂”，执著坚守“走课堂”。

我们不愿成为课堂上形神分离的教案执行者，成为知识与精神的“贩子传播者”。课堂作为教师、学生双向互动实现生命价值的场所，永远不能“被”，只能“走”。课堂，如果被置于教案的执行与规划中，那么一切生命都终将在被动中长期处于压抑状态，郁郁寡欢而不得快乐。执著坚守“走课堂”，就是对“反教案”的追寻与“真学生”的呵护。课堂永远是我们追寻职业幸福和愉悦的最佳场所与“本土家园”。

（常州市武进区湖塘桥实验小学　吴　英　张素玉）

《在爬坡与拐弯的节点上审查“十岁”的新课程》评点

在没有哪位专家会用“成功”“失败”之类的话语来评价十年课改的今天，一位一线教师竟能“在爬坡与拐弯的节点上审查‘十岁’的新课程”，并“给十年课改打分”，这不能不让每一位扫过题目者留驻目光、驻足一睹。论文没有案例但数据鲜明，更多剖析但语言生动，话题宏大但着力有型……于是渐渐明白：题目的霸气严苛实为大气严谨，文章的底层视角实为高位审视，内容的回望过去实则引向未来。

论文的最大特点，是把“审查课改”这一宏大主题写得笃实细腻，真正体现了“大处着眼，小处入手”。从论文的主题来看，很是大气，站在课改十年的历史节点上审慎地回望。但作者没有泛泛而谈，而是巧妙地通过“已经交卷的”和“没能答卷的”，梳理了课改生机勃勃的一面——“触动了传统观念”“适应了新编教材”“拓展了教学时空”“转变了教学观念”；也一针见血地挑破了课改蒙蔽着的面纱——“没有能够为学生减负”“没有能够正确地导航”“ 没有能够远望未来”“抹杀了传统的生存空间”。“大处”无痕地化为“小处”，理念与实际紧密相连，可谓水乳交融。

最难能可贵的是作者没有仅仅局限于站在课改十年这一节点打分，而是建设性地提出了“课改十年，我们以后还需要做的”，向读者昭示，促使课改不断走向深入走向高峰的核心要素即教师，展示了其思想的深度与广度。做“终身读书分子”“教坛易中天”和“真诚的人师”，是在阐述教师唯有终身读书、广泛涉猎，才能成为新课改需要的教师——既有丰厚的学养积淀，又有高尚的人格魅力；做“透视型教师”和“智慧的裁判”，是在点明新课改的明天更需要教师拥有优秀的专业素养和教育智慧；做“创感设计师”，更是在呼唤，要做“时尚”的新课改教师，要有创造意识、创新素养。

教育絮语

◎在课程与课堂之间,应该加个“课题”,它是桥梁与纽带,通过课题研究,能使课程落到实处,课堂教在关键处。

文章观点鲜明、思想深刻,点明了课改该坚守与突破的究竟是什么,其背后支撑着的意义和价值,让我们坚信——“过去因我们而改变,未来从这里出发”。

链接:论文概要

在爬坡与拐弯的节点上审查“十岁”的新课程

——一位一线教师给“十年课改”的打分

课改十年,是一个重要的中国式回望点;课改十年,正行走在爬坡与拐弯的节点上。步入课改后十年时代,我们作为一个有道义感的教师,应该回望过去、调整现实、展望未来。

课改十年,我们更新了思维。“死抓分数”“过多作业”“满堂灌”等等做法被很多教师所摒弃。“全人化发展”“素养”“生活体验”“学习方式”“自主建构”等词语在我们的交流中热了起来。适应了新编教材,并创造性地使用教材,逐渐地领会了教材编辑的意图,提升了本我备课的品质,让理想的课程实实在在地着陆了。拓展了教学时空。为了建构充满生命力的课堂教学运行体系,我们把课程的触角延伸到了课堂之外、学科之外、学校之外。转变了学习方式。实现了“三个转向”——由他主学习转向自主学习、由个体学习转向合作学习、由接受学习转向探究学习。

但,课改十年,我们被知识绑架,没有能够为学生减负。教育依旧将压力转嫁到学生身上,导致学生身心负担过重是众多教师最无奈的唯一选择。我们违心地评价,没有能够正确地导航。一味地赏识教育,自始至终的软教育,评价偏于表扬，让学生无法正确地认识自我、评价自我，这不利于班级人际、学习氛围的营造，有悖于学生的健康成长。我们相当地近视，没有能够远望未来。我们更多地只看到自己的"显绩"，而没有关注自己的长远"潜绩"。一味地盯在课堂的高频率、学生作业的高质量、学业成绩的高均值等显性指标上，就是对学生终身发展的不负责任。我们抹杀了传统的生存空间。在技术化、标准化、虚拟化、商品化的世界里成长起来的孩子，过早地脱离自然、脱离活生生的生活体验。

因此，课改十年后，我们要做"终身读书分子"，真正进入超级读书分子的行列，只有坚持长线阅读，个人的专业成长才能不断升级。我们要做"创感设计师"，效仿丹麦的儿童教育，从"人"出发，激发儿童的好奇心，训练孩子跨领域的知识运用、探索兴趣，多元地认识自己。我们要做"透视型教师"，去建立具体的教研观，重视琢磨、思考教室中的教学实况和每个学生的具体学习。我们要做"教坛易中天"，走向儿童，走近儿童，用游戏进行一种具有强大力量的心灵沐浴。我们要做"智慧的裁判"，"再多几把尺子"去评价学生，温暖每一个生命的心灵。我们要做"真诚的人师"，既要教学生成才，更要教学生成人。教育的内容必须从"技巧——方法"的层面向"学理——智慧"的层面转变，最后达到"理念——教化——创造"这一教育理论和教育实践的最高层面。

（南通市通州区实验小学　陈志祥）

《养正:校本化教师文化场的构建》评点

"养正",国学经典的精髓,一个很中国的词,出自《易·蒙》:"蒙以养正,圣功也。"意即从童蒙时代开始就应施之以正确的教育,这是培养"圣人"的基本功夫。"养正",作为无锡市荡口实验小学的校训,传承了百年,影响了一代又一代的教师、学子,并得以不断丰富、浸染与滋养,成为学校独有的文化场、最具个性的"文化印记",正真实、自然、生动地开放着,使学校散发出成为"这一个"的独特气质。

《"养正":校本化教师文化场的构建》一文之所以能够在众多文章中脱颖而出,最主要的就是因为在"文化经营"的今天,我们更需要找到一条崭新的、具有突破性的"文化立校"之路,这也是"学校特色"发展的必然归宿。而撰写者以敏锐的视角抓住了"校本",突出了"这一个",从"文化场"的角度,从核心因素"教师"出发,关注学校文化的深层建构:营造心理场,减轻压力;打造读书场,提高实力;构造个性场,释放魅力。三位一体、兼修并蓄,形成强大的"养正"势场,凝聚人心、构筑愿景,成为共同信守的文化。因此就论文写作选题而言尤具现实性与前瞻意义,不仅有理论研究的价值,还具可操作的实践意义,更给我们启迪与深思,学校文化要"向何处去"深度追寻。

最难能可贵的是,钱音老师一直是"养正文化"的自觉践行者,从教以来就耳濡目染、浸润其间,蒙受"养正"之熏陶、洗礼、净化、滋养;始终以饱满的激情、全部的真情积极地投入参与学校"养正文化"研究、建设、实践。所以,与其说在写作论文,不如说在讲述自己的生活感悟、做事方式、成长经历,她就是在这样的"柔性管理、知性管理、个性管理"中一天天生长起来的,恪守着"养正"的追求,见证着"养正"的力量,丰富着"养正"的意义……所以整篇文章如小溪般娓娓道来,少条分缕析,多亲切细腻,不能不令人信服向往,一口气读完而觉醇美留香、酣畅淋漓。

什么样的文章是好文章?视点新、有内涵、有个性,让人读了想再读再回味的文章！我们期盼“养正这一个”，在秉承与创新中不断融合，在理念与实践中不断对接，在理想与现实中不断超越……

链接：论文概要

“养正”：校本化教师文化场的构建

“养正”是荡小校训，也是学校特有的文化场。如何让“养正”的力量保持更强的生命力，成为更具特色的文化场，推动教师成长发展，推动学校持续发展？

柔性管理，减轻压力

——用心于营造温暖和谐的心理场

重柔性管理，以“养正”激励，用心于温暖和谐心理场的营造，增加组织的人情味，提高教师工作的科学含量与快乐含量，给每个教师“家”的归宿感、责任感，也孕育出源源不断的能量与创造力。

——我的“地盘”我做主。管理者只在意工作中教师主动性、创造性的发挥，期冀像“第 56 号教室”那样的奇迹而呈现她的多彩与美丽。

——特别的“心情假”。荡小的教师可以享受每学期两天的心情假，根据自己的意愿放飞心情、调节情绪，工资奖金不受休假影响。

——“茶歇室”的故事。茶歇室是教师的心灵之家，累了渴了去坐坐，师徒结对或贴心的教师去聊聊，温暖而充满团队凝聚力。

知性管理，提高实力

——倾心于打造共享共进的读书场

遵从“养正”精神的召唤，以“书”之精华夯实自然之道，以“德”之品行涵养浩然之气，引导教师做有文化、有内涵的知性人，通过“读书—发展教师—发展学生—发展学校”。这是“养正”学校文化传承与发展新的生长点。

——行动向往：从“读书人”到“文化人”

读书成为每个教师的自觉行为，要耐得住寂寞，以古典的心情、从容的气度诵读古今中外的经典，力求在智慧光芒的照耀下，建立有价值的人生，奠基一生的幸福。

——行动自觉：从自己读书到共同读书

教师自己读书，学习欣赏前人的智慧和精神成果；团队更一起读书，成立“养正”读书会、特设“书香”专项奖、关注教师团队的“分享式阅读”等支持全校教师一起共享共进，从而蓄积起强大的学习精神，塑造出充满特色的养正教师学习文化。

个性管理，释放魅力

——醉心于构造独特张扬的教育个性场

醉心于独特张扬的教育个性场的构造，努力实施个性管理，将潜在于教师个性中的那种无形的教育力量——教育个性充分地弘扬、完美地释放，让它成为教育教学重要的资源。

——多一点发现。相信每个教师都是一座金矿，走进他们生活，熟悉他们教育个性素质，了解他们教育个性发展需求，帮助他们找到个性潜能发展的独特领域和生长点，引导他们在教育实践中发现、发掘、发展自己的教育个性。

——多一点引领。相信每个教师内心都有人生发展的梦想，并通过设立目标来一步步引领。先“入格”，做像一个教师；然后“上格”，做好一个教师；再“出格”，做有个性的老师，实现教育个性最大程度的发展。

——多一点机会。倡导“百花齐放，百家争鸣”，尽可能创设条件，通过举办基本功比赛、搭建个性展示平台、推出品牌教师等为教师教育个性的发展提供机会、实现自我价值。

“养正”，校本化教师文化场的构建，以无形的潜在凝聚着每个教师的心，成为一种精神、一种品位、一种境界，更成为一种使命与责任，深深体现在员工的精神形象中，并构筑起共同的发展愿景，形成共同信守的文化。

（无锡市荡口实验小学　钱音）

《“精唱”与“泛唱”:共奏音乐课堂的纯美和声》评点

在我看来,好文章有的是以“势”见长,它气势如虹、酣畅淋漓;有的是以“理”服人,它环环相扣、滴水不漏;有的则以“奇”制胜,它独辟蹊径、让人耳目一新……

品读曹元玲老师的文章,我以为:作者以“唱”为原点、以“精唱”和“泛唱”为支点巧做文章,可谓是一篇实践性和操作性都较强的好文章。该文不强势、不说理、不矫情,要说其好处和妙处,我觉得作者的不简单,应在于她以“清”出彩——

其一,基于问题的思考,作者是清醒的。文章一开始,作者就对缘何会提出“精唱”与“泛唱”这一概念作了诠释与现状分析。对“如何在新教材歌曲作品多、一学期无法深入完成”这一教学困境中找到突破口,提出了自己大胆的构想。的确,教学中,我们往往更多关注教学环节、内容等是否有利于教学目标的达成,教学过程是否能保持学生学习的积极性,是否能丰富学生的情感体验……而忽视最初的问题,就是学生能否或愿否思考的问题。因此,我以为作者提出的“精唱”与“泛唱”教学,它既有对“教”的考虑,也有对“学”的思量,是具有实用价值的。

其二,基于学情的思量,作者是清晰的。站在学生的角度,从学生学习的规律入手进行音乐教学,才是真正有意义、有价值的教学,这是作者在文中急切、迫切想要表达的一个观点。的确,引领学生在大量的音乐实践中掌握表现音乐的能力,是音乐教学的独当之责。只有学生个体亲自参与音乐活动,并经过长期规范的音乐熏陶,感染内化为自己的音乐行为,才能真正形成具有个性的音乐能力。基于此认识,作者提出“精唱”与“泛唱”实践研究,是在真正意义上为学生的学习成长需要掂量轻重、抉择取舍,这应该算是歌唱教学中一次智慧的华丽的转身。

其三，基于实践的思路，作者是清楚的。真正推动教育变化的是我们的日常教学行为。为了学生更好的发展，作者思考的不仅仅是学生要怎样完成学习任务，而是怎样让学生在音乐实践活动中感受到快乐，怎样让学生带着欣赏美的眼光发现音乐的美，怎样让音乐在学生的心中发酵……的确，真正意义上的歌唱，应该是歌者与作品的心灵对话，而歌唱的过程则应是一个"物我回响交流"的过程。从文中，我感受到作者用"词"与"曲"的和谐交融，让歌唱有了底蕴；用"形"与"神"的和谐交融，让歌唱有了深度；用"浓"与"淡"的和谐交融，让歌唱有了生命。

可以说，优化歌曲教学方式、提高学生歌唱兴趣、加快音乐课堂从"时效性"向"品质性"转变，让学生的歌唱获得一种沉醉神往的体验、一种优雅纯洁的解脱、一种畅达淋漓的飞翔、一种诗意脱俗的栖息，作者做出的努力是值得很多一线教师学习与借鉴的。

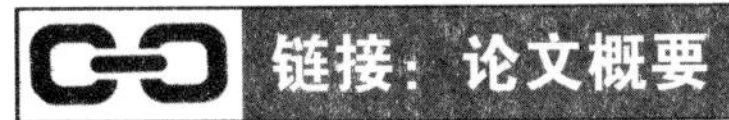

"精唱"与"泛唱"：共奏音乐课堂的纯美和声

音乐课堂是歌曲教学的主要阵地，如何使学生真正享受歌曲这种音乐形式的特殊魅力，一直是我探讨的问题。针对新教材歌曲作品多、一学期无法深入完成的困境，我进行了"精唱"与"泛唱"共奏音乐课堂纯美和声的实践。

所谓"泛唱"：指尝试、了解性地演唱一些歌曲作品。其目的是多积累对不同时代、地区、风格的中外曲目的了解和认识。

所谓"精唱"：要求演唱者以音乐要素为切入点，把一首歌曲从情绪、音高、节奏、速度、强弱等方面准确地表现出来。其目的是培养学生的节奏感、音高感、旋律感、和声感、结构感、形象感等。

在音乐课堂实践中，优化设计"精唱与泛唱"歌曲教学方式，我主要采用了以下几种切实有效的方法：

1. 铺设"精唱"与"泛唱"浓厚氛围，点燃孩子歌唱激情。在教学活动中运用情景教学法，创设一种情感和认知相结合、生动真实的教学环境，能激发学生积极的情感，让学生在轻松愉快的教学气氛中有效地获得知识。为孩子创设一个怎样的环境，我遵循以下两点原则：一是“精唱”，不用牵强的情境“伤”了孩子；二是“泛唱”，创设和谐的意境、妙趣横生。通过创设与歌曲相适应的情境，培养学生感受美、欣赏美、创造美的能力。

2. 遵循先入耳，后入心，再动嘴的递进原则。音乐是一门听觉艺术，聆听音乐是学生学好音乐的基础。在歌曲教学的过程中，我努力遵循先入耳、后入心、再动嘴的递进原则。采用“张开耳朵听，动着嘴巴哼，带着感情唱”等方式，让学生多听、多模唱，在听准的基础上精练，使学生在演唱时能感受到旋律优美、感情浓郁、精神震撼的纯美享受。

3. 挖掘词、曲内涵的深度，再次创作。“精唱”歌曲，我从“重视歌词诵读，强调歌词重音、把握押韵尾音、演绎歌曲特性”等方面入手，循序渐进地引导学生对歌曲作品进行个性化、创造性的表达。“泛唱”歌曲，我要求学生在课堂上能“了解歌词含义，懂得歌曲情绪，哼唱出主旋律”即可，但鼓励孩子们可以通过网络和其他途径自学，拓宽音乐视野，增强学生对音乐学习的热爱。

4. 重塑孩子的歌唱音色，紧扣作品主题。许多教师在歌曲教学中会忽视对歌唱音色的塑造。如提示“用轻声唱”“用最美的声音唱”等，这些都缺乏对演唱音色具体的引导和启发。针对这一现象，我对“精唱”与“泛唱”进行了不同的目标设定：“泛唱”——保持孩子的固有音色，尽力而为；“精唱”——着力重塑孩子的音色，力求完美。旨在引导学生用心、用情歌唱，达到真正的审美教育。

可以说，“精唱”与“泛唱”的有机结合，是小学音乐歌曲教学的重要途径，对于优化歌曲教学方式、提高学生歌唱的兴趣、加快音乐课堂从“时效性”向“品质性”转变都具有很强的现实意义。让我们的音乐课堂有张有弛，“淡妆浓抹总相宜”，充满激情和快乐，共奏音乐课堂的纯美和声。

（连云港市墟沟小学　曹元玲）

后 记

从教30多年来，一直在多重角色的交错中平衡、前行。当过小学教师，也当过中学教师；当过小学校长，也当过教师进修学校的校长；2001年起又担任无锡市锡山区教育局副局长，后来又兼任锡山区人民政府教育督导室主任。我热爱语文教学，那是我几十年情有独钟的事业；我又热衷教育管理，那是我本科和研究生学习的专业；我还热心教育科研，那是从“七五”到“十二五”沉浸其中的志业。也许是骨子里的某些性格特征，养成了自己隐忍、坚韧的品性，总想做一行、钻一行、做好一行，既想做好一个优秀的教师，又想做好一个称职的领导，还想做成一个研究型学者。于是，我过得很累，经常筋疲力尽，但从中又品尝到很多的乐趣，便乐在其中了。

这么多年来，我把自己定位为一名“行动研究者”，尽最大的努力追求教学、管理不偏不倚，研究、写作相得益彰；我总在寻找自己行走教育的姿态：专业视野，草根情怀，课程管理，课堂本源。这样的日子过得久了，也就见到了一些成效：每年从所听的100多节课中，我找到了思想的源泉；每年码出的20多篇文章，我有了表达观点的场域；每年所作的几十场学术报告中，我有了教研相长的讲堂；每个五年计划所做的课题研究中，我有了提升自我的压力……累积到一定时候，便有了结集成册的动机，再加上业内一些友人的敦促，也便忙中偷闲地干了起来。

本书是我的另一本专著《用生长定义教育——孟晓东与语文生长课堂》的姐妹篇，收录的是近十年来所写的一些关于教育的言论，其中有应邀为教育刊物和个人著述写的序言，有为各类杂志写的卷首、视点，有已发表的一些专栏文章，有为他人的论文作的一些点述评论，还有自己在专题会议、日常讲话中的一些“教育絮语”，林林总总，汇成一本书，取名为《从原点到远点——守望在生长教育的田野》。

之所以取这个书名，那是因为我坚信着“教育即生长”的理念，也提出了“用生长定义教育"的概念。生长是极其复杂的生命现象,从物理的角度看,生长是树的增高、增粗;从生理的角度看,生长是树木细胞的增殖和增大;从热力学角度看,生长是能量输入与输出的差值;从教育的角度看,生长是对学生从原点到远点发展的守望。如果把教育看作是希望的田野,想在这片肥沃的土地上获得丰收,需要温暖的阳光、湿润的雨露,需要教育人的辛勤耕耘、田间劳作……我把学校的校本发展、教师的专业成长看作这片田野中的一棵棵"树",有的可能还在拔节,有的已然成了大树,都要为它写上我的期许和祝福;我把自己的一些教育观点写成文章,那是我实践的心得,尽管是这片田野中的"草根",我也守望着它破土而出,给大地带来绿的色彩;我把这么多年的"教育絮语"看作这片田野里的"小花",等待着它给田野以点缀,带来春的气息……我守望"田野",因为那里充满着自然的魅力、生命的活力、教育的真正动力。

在成书过程中,得到了各位领导的关心支持,得到了业内朋友的热忱帮助,得到了专业杂志的常年垂爱,得到了家人的悉心照顾……我的一些同事也为本书的顺利完稿,在整理文稿、录入文字、收集资料等方面不遗余力,在此表示深深的感谢!特别要感谢中国教育学会常务副会长刘堂江先生拨冗为本书专门写序,感谢江苏凤凰教育出版社为本书出版给予的大力支持,感谢责任编辑朱凌燕女士的鼎力相助。在成书过程中,我还参考、引用了不少专家、学者的研究成果……在此一并表示衷心的感谢!我相信,我们都是教育田野的忠诚守望者!

限于时间的仓促和个人能力的局限,书中缺点、错误肯定难免,尚祈批评、指正是幸。

2016 年早春于闲云居